情報科学

編著者：谷口 哲也
著者：宇田川 誠一／宮田 洋一郎／田中 有希

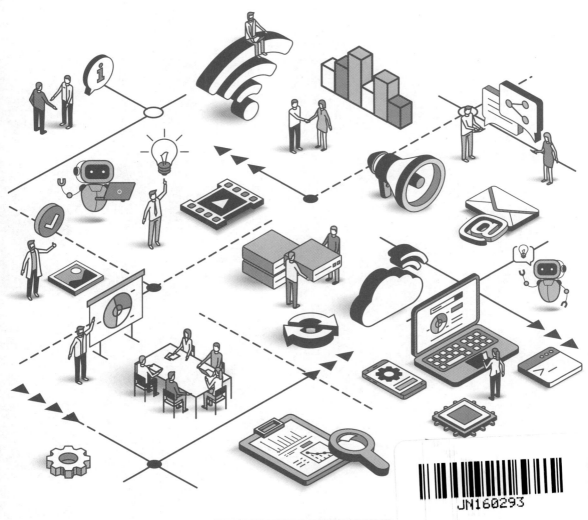

アイ・ケイ コーポレーション

まえがき

　本書は，情報科学を学ぶための大学初年級向けにやさしく解説した教科書です。情報科学は，現代社会でとても重要な知識と技術を提供する分野です。本書では，情報科学の基本的な考え方から最新の技術までを幅広く紹介し，皆さんが情報科学の全体像を理解し，実際に使えるスキルを身につけることを目指しています。

　前半の第1〜6章までは，情報化社会と関連するAI，ロボティクス，IoT，Chat GPTなどについて解説します。また，ネットワーク倫理において必要不可欠な情報リテラシーについても解説します。その後，様々なネットワークの中からインターネットに焦点を合わせ，情報工学の観点から解説します。後半の第7〜9章では，大学におけるレポート作成やプレゼンテーション，表計算やグラフ作成等を目標とし，ワード，パワーポイント，エクセルにおいて，実際に操作しながら学習できるような自学実習の形式となっています。よって，後半の3章を大学初年次リメディアル教育として独立に利用することも可能です。

　第1章「情報科学の概要」では，情報科学とは何か，その歴史と発展，そして他の分野との関わりについて説明します。情報科学は，情報を集めたり，処理したり，保存したり，伝えたりするための理論と技術を学ぶ学問です。情報科学の歴史を振り返り，その発展を理解することで，今の情報技術の基礎を学びます。また，医療などの様々な分野で情報科学がどのように使われているかも紹介します。

　第2章「情報化社会」では，情報化社会とは何か，その影響について考えます。第四次産業革命やデジタルディバイド（情報格差）といった現代の課題に触れ，情報化社会での「情報」の役割を探ります。また，インターネットと民主主義の関係や，ネチケット（ネット上のエチケット）についても説明し，情報化社会で生きるための基本的なルールを学びます。さらに，人工知能（AI）の歴史と現状，そして今後の展望についても触れます。

　第3章「情報リテラシー」では，情報リテラシーの重要性とその具体的なスキルについて説明します。情報リテラシーとは，情報を正しく集め，評価し，活用する能力のことです。批判的思考能力やインターネットと民主主義の関係，論文の書き方と引用のルール，サイバー犯罪とその対策など，情報リテラシーに必要な知識とスキルを学びます。また，SNSの利用における注意点や，デマ情報の拡散を防ぐための方法についても説明します。

　第4章「コンピュータサイエンス」では，コンピュータの基本構成や情報の単位，アルゴリズムとプログラミングについて学びます。コンピュータのハードウェアとソフトウェアの違いや，数の処理方法，アルゴリズムの基本形とその設計方法について説明します。また，プログラミングの重要性と，プログラムがどのように実行されるかについても説明します。

第5章「情報工学」では，情報の表現方法やネットワークの基礎について学びます。情報のモデル化や情報量の概念，インターネットの歴史と通信規約，IPアドレスやドメインの仕組みについて説明します。また，モバイルデータ通信や公衆無線LANの危険性，通信が社会に与える影響についても考えます。

　第6章「アナログとデジタル」では，連続量と離散量の違いや，標本化，量子化，符号化の過程について学びます。アナログとデジタルの違いとそれぞれのメリット・デメリットを理解し，具体例として画像や音声のAD変換について説明します。また，アナログ情報がデジタル化される際の情報の切り捨てについても考えます。

　第7～9章「Wordによる文書作成」，「PowerPointの使用法とその実践」，「Excelの統計学への応用」では，Microsoft Officeの基本操作について学びます。第7章では，Wordの基本操作や日本語入力の方法，文章スタイルの設定や校正について説明します。第8章では，PowerPointの基本操作やスライドの作成方法，アニメーションの設定や印刷方法について学びます。第9章では，Excelを用いたデータ解析の基本操作やグラフの作成方法，標準偏差や度数分布表の作成方法について説明します。

　本書を通じて，皆さんが情報科学の基礎をしっかりと身につけ，実際に使えるスキルを習得することを願っています。情報科学の知識は，現代社会で生きるうえでとても大切なものであり，本書がその助けとなることを期待しています。

2024年12月

編著者　谷口　哲也

目　次

第1章　情報科学の概要

01 情報科学とは何か ……………………………………………………………… 2

02 情報科学の歴史と発展 ………………………………………………………… 3

 (1)　情報理論の確立
  （1940年代〜1950年代）　3
 (2)　コンピュータ科学とコンピュータの発展
  （1940年代〜1960年代）　3
 (3)　インターネットの誕生と普及
  （1960年代〜現在）　4
 (4)　デジタル革命と情報化社会
  （1980年代〜現在）　4

03 情報科学と私たちの関わり ………………………………………………… 5

第2章　情報化社会

01 情報化社会 …………………………………………………………………… 6

 (1)　情報化社会とは　6
 (2)　情報化社会の歴史　7
 (3)　第4次産業革命　8
 (4)　Digital Divide（情報格差）　10

02 「情報」の語源と意味 ……………………………………………………… 11

 (1)　語源と国語辞典から考える「情報」　11
 (2)　情報と知識とデータ　12
 (3)　情報とは　13

03 情報化社会で生きるとは …………………………………………………… 14

 (1)　生き方とネチケット　14
 (2)　ネチケットの実例：メールマナー　16

04 人工知能（AI） ……………………………………………………………… 25

 (1)　AIの歴史　25
 (2)　人工知能はどこで「知能」といえるのか　29
 (3)　Generative AI（生成AI）とのつき合い方　30
 (4)　AIと人との違い　31
 (5)　AIと未来　31

第3章　情報リテラシー

01 情報リテラシー ……………………………………………………………… 34

 (1)　批判的思考能力　34
 (2)　インターネットと民主主義　35
 (3)　情報リテラシーとは　35
 (A)　STAP細胞研究の不正　39
 (B)　骨粗しょう症の診療根拠が不正研究　40

02 サイバー犯罪 ……41

- (1) サイバー空間　41
- (2) サイバー犯罪とは　41
- (3) サイバー犯罪がなぜ多いのか　43
- (4) 身近なサイバー犯罪　43
- (5) サイバー犯罪から身を守るには　44

03 情報セキュリティ ……45

- (1) セキュリティの概念　45
- (2) 認証　46
- (3) 情報セキュリティの定義　47
- (4) 不正アクセス　47
- (5) 情報セキュリティと法律　48
- (6) マルウェア(コンピュータウイルス)　49
- (7) 不正攻撃から身を守る主な手段　51
- (8) パスワードとは　52
- (9) 公衆無線 LAN の危険性　52

04 SNS の光と闇 ……53

- (1) Social Media と SNS　53
- (2) 日本における SNS 普及率　53
- (3) SNS の利用心得　54
- (4) 写真の情報(ジオタグと Exif 情報)　54
- (5) SNS 炎上事件の例　56
- (6) なぜ SNS で炎上が起こるのか　57
- (7) スモールワールド現象　58
- (8) SNS と災害時の情報リテラシー　58
- (9) なぜ SNS でデマが流れるのか(同質性,エコーチェンバー,確証バイアス)　59
- (10) SNS における注意事項　59

付録 論文とは ……60

- (1) 論文の定義　60
- (2) 論文の執筆者　61
- (3) 論文の基本構成(10 の要素,5 の核心要素)　62
- (4) 要旨(Abstract)の重要性　63
- (5) Impact Factor とは　63
- (6) 論文を調べる方法　63
- (7) 引用　65
- (8) 資料の種類　65

第4章　コンピュータサイエンス

01 コンピュータの構成 ……68

- (1) ハードウェアとソフトウェア　68
- (2) コンピュータの5大機能　68
- (3) 中央処理装置と主記憶装置　69
- (4) OS：Operating System Program　70
- (5) 情報の単位　71

02 コンピュータと数 ……72

- (1) 身近な進法(10進法と60進法)　72
- (2) 2進法,16進法　73
- (3) コンピュータの計算,実数と整数　76
- (4) なぜコンピュータが間違えるのか(補数計算と小数計算)　78
- (5) 文字コード　79

| 03 | プログラミングとプログラミング言語 81

(1) なぜ今，プログラミングが必須とされているか　81
(2) プログラムとは，プログラミングとは　83
(3) プログラミング言語の種類　84
(4) プログラムの実行と動作環境　85

| 04 | 問題解決とアルゴリズム 86

(1) 問題解決とアルゴリズム　86
(2) アルゴリズムに必要な条件　87
(3) アルゴリズムの基本形　88
(4) 変数の役割とアルゴリズムの例　89
(5) 定番アルゴリズム　93

第5章　情報工学

| 01 | 情報の表現 100

(1) 情報源符号化定理　100
(2) 通信路符号化定理　102

| 02 | 情報理論 102

| 03 | ネットワークとは何か 113

(1) ネットワークの定義　113
(2) 様々なネットワーク　113

| 04 | 通信の基礎 115

(1) データ通信とは　115
(2) 通信の歴史，インターネットの歴史　115
(3) インターネットの情報の流れ　117
(4) 通信プロトコル（Internet protocol suite）　119
(5) ネットワークの性質と伝達性能　125
(6) モバイルデータ通信　126
(7) 通信と社会への影響　128

第6章　アナログとデジタル

| 01 | 連続量と離散量 132

| 02 | 標本化と量子化，符号化 133

(1) 具体例「音声（音楽）」　135
(2) 音声の情報量　136
(3) 具体例「画像」　136
(4) 具体例「動画」　139

| 03 | アナログの情報を切り捨てるとは 140

(1) 再現性の問題　140
(2) 正確性の問題　140
(3) 直感的理解の問題　141

第7章 Word による文書作成

- 01 Word の起動 ······ 142
- 02 Word 画面の構造 ······ 143
- 03 Word の保存 ······ 143
- 04 オプション ······ 144
- 05 文字の入力 ······ 146
  - (1) 英数文字の入力　147
  - (2) 日本語の入力　147
  - (3) かな漢字変換，文節変換　148
  - (4) 記号や難しい漢字の入力　149
- 06 文字の装飾と段落 ······ 149
  - (1) フォントの書式　150
  - (2) 段落の設定　151
- 07 文書の作成 1 ······ 152
  - (1) 図形の挿入　152
  - (2) 画像の挿入　153
  - (3) ヘッダーの挿入　154
- 08 文書の作成 2 ······ 154
  - (1) ワードアートの挿入　154
  - (2) 改ページ　154
  - (3) 表の作成　155
  - (4) 図形の挿入とグループ化　157

第8章 PowerPoint の使用法とその実践

- 01 プレゼンテーション用アプリケーションとは ······ 160
- 02 PowerPoint の起動 ······ 161
- 03 PowerPoint の保存 ······ 162
- 04 PowerPoint の構造 ······ 162
- 05 スライドのサイズ変更方法 ······ 165
- 06 スライドの追加方法とレイアウトの変更，スライドの削除 ······ 166
- 07 スライドの順序を変える ······ 167
- 08 文字の装飾と段落 ······ 167
- 09 スライドの再生 ······ 168
- 10 プレゼンテーションの実行中の操作方法 ······ 168

| 11 | スライド実行時のオプション | 169 |
| 12 | 実際に作成する | 170 |

 (1) タイトルページをつくる（表紙） 170
 (2) ワードアートと表（3枚目） 173
 (3) スライドデザイン，テキストボックス，グラフ（4枚目） 177
 (4) 箇条書き，インデント，図形，外部リンク，図の挿入（5枚目） 181
 (5) 目次をつくる：特定のスライドにリンクを貼る（2枚目） 187

| 13 | 印刷をする | 193 |

第9章　Excel の統計学への応用

| 01 | Excel の基礎 | 194 |

 (1) Excel の基本画面 194
 (2) 文字と数値の入力，計算方法 195
 (3) セルに入力した文字等の書式設定，表の作成（セルの書式設定を使う） 196
 (4) Excel の関数利用 198
 (5) データの追加 199
 (6) セル記号を用いた計算式の入力 200
 (7) グラフを描画 201

| 02 | Excel のグラフの描き方 | 206 |

 (1) 散布図と近似曲線 206
 (2) ヒストグラム 210
 (3) 複合グラフ 213

| 03 | 2種類のデータ間の相関関係と相関係数 | 218 |

 (1) グラフを描く 218
 (2) 分散，共分散および標準偏差 219
 (3) 相関係数 222
 (4) 近似直線（回帰直線）を挿入して回帰直線の方程式を求める 222
 (5) Excel の関数 223

| 04 | データの処理（最大値・最小値），度数分布表とヒストグラム | 224 |

 (1) データの処理，最大値と最小値 224
 (2) 累積度数，度数，累積相対度数，相対度数 225
 (3) ヒストグラムの作成 227
 (4) 四分位数 229

| 05 | データの整理：列の追加，データの種類別ソート，データの並べ替え | 231 |

 (1) Sheet 1 のデータの入力 231
 (2) 列を追加して，BMI を計算 231
 (3) フィルター（MRS か単純肥満か）でデータを分類 232
 (4) 並べ替え（データの BMI の数値による並べ替え） 235
 (5) グラフ化 238

索　引　243

第1章 情報科学の概要

概要 私たちは情報や情報網，情報技術に囲まれて生きている。例えば，大学のレポートをパソコン(Personal Computer)で書く，実験データをパソコンで解析する，パソコンでプレゼンテーションをつくる，LMS(Learning Management System)で講義の内容を確認する，メールでやり取りをする，スマホ(Smart Phone)のチャットアプリで連絡をとる，目的地までの運賃や経路を地図アプリで調べる，スマホのゲームで時間をつぶす，SNS(Social Networking Service)で交流する……など，情報や情報技術がない生活は，おそらく考えられないだろう。その「情報」を扱う分野の一つが「情報科学」である。この章では，「情報科学」という学問分野の意味や歴史について言及する。

01 情報科学とは何か

　情報科学(computer and information science)は学問分野の一つに挙げられるが，実はどこからどこまでが情報科学の分野とは明確には定まっていない。情報科学の中には，たくさんの学問領域が含まれており，例えば，情報工学，情報システム工学，情報理論，データサイエンス，人工知能，情報セキュリティ，計算機科学，アルゴリズム，データ構造など多岐にわたる。

　とはいえ，この教科書の立ち位置を定めるため，改めて情報科学*という言葉を辞典から引用し，考えてみよう。

＊情報科学：情報の生成，伝達，変換，認識，利用などの観点からその性質，構造，論理を探究する学問，およびその具体化を行う計算機を中心とする情報機械のハードウェア，ソフトウェアの理論と実際に関する学問の分野　　　　　　　　　　　　　　　　　岩波情報科学辞典[1]

　つまり，情報科学には主として情報理論(Information Theory)を含むソフトウェアの部分のInformation Science，ハードウェアの部分のComputer Science，そしてその応用があるといえるだろう。

　まず，Information Scienceとは，情報理論そのものと，情報をどのように扱うかについて考究のことであり，情報処理や情報学とよばれる部分となる。そしてComputer Scienceとは，情報と計算の理論的基礎のことであり，計算機上への実装と応用ということになる。さらにInformation ScienceやComputer Scienceのそれぞれの応用または統合された分野，情報化社会などの情報科学が社会へ与える影響なども情報科学の中に含まれるといえる。

　ただし，大学などで学ぶ一般的な実習を伴う情報の講義では，「情報処理をするのにコンピュータを使う」という授業が多い。それでは情報処理とは何だろうか。情報処理(Information processing*)という言葉を情報処理学会[2]の辞典から引用する。

*情報処理：目的を達成するためにシステムに情報を入力し，加工し，活用すること。

ISディジタル辞典—重要用語の基礎知識—第二版[2]

　つまり，情報処理とは，『目的に添って情報（データ）を集め，集めた情報の形式を整えて記憶・貯蔵し，その記憶貯蔵した情報を加工・分析することによって新たな情報を導き出し，そしてその新たな情報を伝達する一連の仕事のこと』ということができる。これは難しい話ではなく，情報処理は，皆さんが日常的にやっていることである。例えば，好きになったアーティストの情報を集めて整理しておく。そして，友だちにそのアーティストを好きになってもらうために，お勧めの曲を1，2曲聞いてもらう，これも立派な情報処理であり，このような一連の流れを，コンピュータでやっているだけのことである。

　以上をまとめると，情報科学とは，情報に関連する様々な側面を研究し，理解することを目的とした学問分野である。元々は科学や工学的な分野を指していたが，今では，社会分野を含めて多面的展開をみせている。

02　情報科学の歴史と発展

　情報科学という言葉は1960年代につくられたという説があるが，詳細はわからない。また，情報科学の歴史は，広範囲であり多様な分岐がある。よって，情報科学を通史で示すのは大変困難だが，少なからず情報の概念や処理方法の変遷，機器の開発とともに，歩んできた。よって，ここでは，情報科学における概念の節目[1),3),4)]を示すこととする。

（1）　情報理論の確立（1940年代〜1950年代）

　情報科学の起源はノーバート・ウィーナー（Norbert Wiener）が1948年に提唱した「サイバネティックス（Cybernetics）：動物と機械における制御と通信」であるといわれている。様々な学問領域が共同して新しい課題の道を開くという，現在の複数の分野が絡む情報科学の道を切り開いた。具体的に情報理論をつくったのは，クロード・シャノン（Claude Elwood Shannon）である。情報理論の父とよばれるシャノンは1948年に「Mathematical Theory of Communication（通信の数学的理論）」を発表し，情報の伝達から情報理論を提唱し，情報の基本単位であるbitを提唱，情報はパターンであることを見いだした。また，情報量という概念を打ち出した。この情報理論は，現在の様々な情報分野を支えている。

（2）　コンピュータ科学とコンピュータの発展（1940年代〜1960年代）

　そろばんに代表されるアバカス（abacus：串で刺した珠を動かすことで計算する）などのアナログ計算機は紀元前からあり，また，機械式計算機も古代から中世にかけてつくられた。

　現在のコンピュータ（電子式計算機）の原形ができたのは第二次世界大戦中で，軍事利用という側面からもコンピュータの技術開発は世界的に活性化した。1936年に現代計算機科学の父とよばれるアラン・チューリング（Alan Mathison Turing）が計算機械の「チューリングモデル（マシン）」を提唱して，計算の原理を数学的に明らかにした。そして，それを基に

1945 年にジョン・フォン・ノイマン（John von Neumann）がノイマン型コンピュータ（電子計算機の理論設計序説）を設計し，現在のコンピュータの原型となった．

また，この時期にプログラミング言語は発展した．1940 年頃に，コンピュータの父とよばれるイギリスの数学者のチャールズ・バベッジ（Charles Babbage）が，初期の機械式計算機を作り出し，この頃には機械言語でプログラミングをしていたという．そして，1940 年代に低水準言語のアセンブリ言語（アセンブリ）が使われるようになっているという記録が残っている．そして，世界初となる高級プログラミング言語の FORTRAN は IBM 社のジョン・バッカス（John Warner Backus）によって，1950 年代に誕生した．そして，1959 年にはアメリカ海軍の軍人で計算機科学者のグレース・ホッパー（Grace Brewster Murray "Amazing Grace" Hopper）によって，今日も使われている COBOL（Common Business Oriented Language）が開発された．また，知能をもった機械としての人工知能（AI：Artificial Intelligence）の考え方はこの時期からある．1958 年には，人工知能の名づけ親とよばれるジョン・マッカーシー（John McCarthy）によって，人工知能で使われる LISP の開発もあった．以上の3つの言語が今も古くから使われている歴史ある言語である．

(3) インターネットの誕生と普及（1960 年代～現在）

インターネットの原形は，1969 年にアメリカ合衆国の国防総省が導入したコンピュータネットワークの ARPANET（Advanced Research Projects Agency Network）である．最初はアメリカの大学と研究所の4台のコンピュータが電話回線でつながったものだった．その後，1970 年代から 1980 年代にかけて TCP/IP 等の規約（インターネットプロトコル）の開発があり，その後，1989 年にはティム・バーナーズ・リー（Tim Berners-Lee）による www（World Wide Web）の考案などを経て，現在のインターネットが出来上がった．

日本のインターネットの原形は，1984 年にスタートした JUNET（Japan University Network）であり，電話回線を用いた研究用ネットワーク（academic network）だった．その後 1988 年に発足した WIDE プロジェクト（Widely Integrated Distributed Environment Project）が今も日本のインターネットを支えている．

(4) デジタル革命と情報化社会（1980 年代～現在）

情報（通信）革命とよばれる第3次産業革命は，20 世紀半ばから 20 世紀後半だといわれる．これにより，現在の情報化社会が到来した．通信デジタル技術が急速に発展した結果，情報のデジタル化とパソコン（Personal Computer）の普及が急速に進んだ．また，コンピュータによる自動化も進み，脱産業化社会が一気に進んだともいわれている．

日本では，インターネットが一般に普及し始めたのが 1995 年以降とされ，2000 年に IT 基本法が整備されて以降，ICT（Information and Communication Technology）のインフラ整備が進んだ．これにより，データ処理，通信，情報セキュリティ，データサイエンスなどの分野が発展した．そして，2015 年前後から現在にかけて，第4次産業革命の時期にきている．第4次産業革命では，IoT（Internet of Things）や AI，ビックデータなどを中心にスマート化が推し進められ，情報技術の新たな領域が登場しつつある．

03 情報科学と私たちの関わり

　情報科学の基礎知識は私たちの生活に欠かせない。例えば，機器の仕組みを知らないと，情報機器を買うときにどのスペックや機種を買えばいいかがわからない。ソフトウェアの話を知らないと各機器にそのアプリ（アプリケーション）がインストールできるかがわからない。セキュリティやURLの仕組みを知らないと詐欺にあう可能性がある。2進法や16進法を知らないと，デジタルの意味がわからない。アナログとデジタルの違いを知らないと，デジタル化のメリットとデメリットがわからない。通信の仕組みを知らないと，インターネットがつながらない理由がわからない。Officeの使い方を知らないとデータ処理ができない，プレゼン資料がつくれない，レポートが書けないなど様々な弊害が出る。情報科学の基礎知識は，私たちにとって必要不可欠なのである。

　例えば，医学分野を考えても，今の医学は「医学」の知識だけで解決はできない。医療施設内は電子化が盛んである。以前は紙のカルテだったが，現在は電子カルテで検査の指示から会計まで行うのが当たり前になった。それぞれの部署ごとの管理システムと内部のネットワークにつながることで，患者さんのデータを表示することができている。これらの医療情報のデータを扱うためには，ネットワークの知識，情報リテラシー・情報倫理の知識が必要不可欠である。様々な検査はすべてデジタル化されて管理されている。例えば，画像診断の画像はデジタルデータである。そもそも検査をする機器そのものが，今ではアナログ機器ではなくデジタル機器である。つまり，アナログとデジタルの知識が必要である。デジタル化を理解するには，2進数や情報量の知識が必要不可欠である。また，地域医療との連携もよくとりざたされている。地域医療との連携にも，ネットワークが使われている。さらに，最近では保険証をマイナンバーカードで紐づけることもされており，生涯にわたる健康医療情報を扱う立場にもなってきている。上記と同じように，ネットワークの知識，情報リテラシー，情報倫理の知識が必要不可欠である。さらに，最近ではAIで診療を手助けする研究も盛んであり，悪性腫瘍の転移を調べる画像診断において，病理医とAIの成績を比較したところ，AIが医師の平均を大きく上回った例や，眼底画像の疾患検出などにおいて，高い感度を示したことも報告されている。したがって，AIの得意不得意を知ることも重要であり，また知識も必要である。加えて，症例などを論文化したり，学会で発表したりするためには，各データを統計ソフトなどで解析したうえで，まとめなければならない。

　このように，何か違う分野が専門だからといって，情報科学が必要ないということはあり得ない。情報科学は，様々な分野と連携しており，自分の分野で活躍するためには，必要不可欠な知識となり得るのである。

＜参考文献＞　＊　＊　＊　＊　＊　＊　＊
1) 長尾真 他：岩波情報科学辞典，岩波書店（1990）
2) 一般社団法人情報処理学会：ISディジタル辞典―重要用語の基礎知識―第二版，https://ipsj-is.jp/isdic/
3) 廣野喜幸：" 情報科学の歴史(1)―情報科学の成立1936-48."『国際哲学研究』別冊12(2019)
4) Araújo, Carlos Alberto："Foundations of the information science. History and contemporary theories." JLIS. it 12.3(2021)

第2章 情報化社会

概要 私たちは「情報化社会」や「情報社会」に生きているといわれる。だが,「情報(化)社会とは何か説明をしなさい」と聞かれて,きちんと答えられる人は少ないのではないだろうか。また,そもそも「情報とは何か説明しなさい」という問いに答えられる人も少ないのではないだろうか。

この章では,情報化社会(情報社会)とは何かを学ぶ。そして,情報化社会に関わる用語(AI,ロボティクス,IoTなど)について説明し,情報格差を含め,私たちの生きる情報化社会を考えてみることとする。さらに,その情報化社会の「情報」という言葉について言及する。「情報」という言葉の語源を考え,データと知識の違いについて言及することにする。

また,このような情報化社会の中で生きるということはどういうことなのかについて,説明をする。ネチケットの考え方について説明し,学生生活や社会人生活の中で重要となる「メールマナー」を例にとり,説明することとする。

最後に,現在話題になっている人工知能(AI)について簡単な歴史と,AIにできることとできないことを説明し,また今後の関わり方について説明する。また,生成AIとの関わり方についても言及する。

01 情報化社会

(1) 情報化社会とは

私たちが生きている現代社会は,高度な情報化社会(Information Society)といわれる。情報化社会*という言葉を辞典から引用する。

* **情報化社会**:情報が物質やエネルギーと同等以上の資源とみなされ,その価値を中心にして機能・発展する社会

広辞苑第5版[1]

つまり,物理的ではない情報に価値や力があり,情報に感化された社会であり,情報によって社会が動いている,ということになる。つまり,データである情報そのものに価値を見いだしている社会である。

では,社会とは何だろうか?情報化社会とは,情報化という特徴からみた社会の名前である。ここにおける社会は,人が活動するという意味において通常の社会と変わるところはなく,特別な社会を意味するものではない。社会*という言葉を辞書から引用する。

* **社　会**:人間が集まって共同生活を営む際に,人々の関係の総体が一つの輪郭をもって現れる場合の,その集団。諸集団の総和からなる包括的な複合体ともいう。(中略)家族・村落・ギルド・教会・会社・政党・階級・国家などが主要な形態

広辞苑第5版

つまり,社会とは人と人がコミュニケーションを行うことによって成り立つ世界のことである。例えば,国際化(グローバル化)社会,高齢化社会,近代化社会などいろいろな社会の名前があるが人々の集団をどのような視点でみるかで,社会の名前が変わるに過ぎない。

よって，情報化社会をまとめると，情報化という特徴からみた社会の名前であり，物理的ではない情報に価値を見いだす，情報をコミュニケーションの手段とする社会のことであるといえる。

♣用語「情報化社会」と「情報社会」
情報化社会も情報社会もほぼ同義として扱われているが，正確には微妙に違う。Fig.2-1のように，「情報化社会」とは，現在の社会を支えている情報技術は常に発展・変化している，つまり発展途上であると考えている。「情報社会」は，現代の社会は現時点の技術をもって，情報を用いた社会がすでに成立していると考えている。つまり，同じ社会をみていることに間違いはないが，現在地点，そして未来をどう考えるかの違いである。

なお，他に類義語として
高度情報化社会(Advanced Information Society)
デジタル社会(Digital Society)
ネットワーク社会(Network Society)
情報ネットワーク社会(Information Network Society)
グローバルネットワーク社会(Global Network Society)などがある。

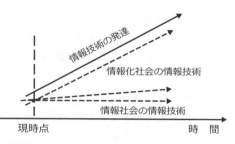

情報化社会
「情報を用いた社会」は発展途上である。これからも発展していくだろう。

情報社会
すでに「情報を用いた社会」が成立している。ここから発展していくかもしれないが，しなくても現状で十分情報が使えている。

Fig.2-1　スタート画面

(2) 情報化社会の歴史

日本の情報化社会の幕開けは，エネルギーや資源ではなく情報や知識に重要な役割を見いだす社会である脱産業化社会(post-industrial society)が到来した，1960年代半ばであるといわれる。この1960年代半は，情報技術(IT：Information Technology)やコンピュータネットワーク技術(Computer Network Technology)が急激に発達した時期である。

まず情報化社会を支えるインターネットの歴史を簡単にみる。詳しくは第5章で説明するが，インターネットの技術的な起源は，1969年(1967年)にアメリカ合衆国の国防総省の研究開発部門 ARPA が主導して開発を始めた世界初のパケット通信である ARPANET (Advanced Research Projects Agency Network：高等研究計画局ネットワーク)であるといわれる。そして，日本のインターネットの起源は，1984年に稼働した JUNET[2] (Japan University Network)にある。そして，1988年に WIDE Project[3] (Widely Integrated Distributed Environment)が始動し，アメリカ国立科学財団の CSNET (Computer Science Network)に，1989年に日本のネットワーク WIDE をつなげた。このときに TCP/IP のプロトコルを使った，今のインターネットの原形が出来上がったといえる。

そして，一般的にパソコンの普及率が上昇し始めるのは1995年以降，インターネットが一般的になるのは1996年以降である。これらの原因としては，先ず日本では1995年11月23日に Windows95 が発売されたこと，そして同年の1995年1月17日に既に起こっていた阪神淡路大震災の被災者情報交換で，インターネットの潜在的な可能性に着目されていたか

ら[4]だといわれる。

　以上はターニングポイントとなった歴史的な事柄ではあるが，実は，ここから先の情報化社会の中身を体系づけて説明するのは難しい。なぜなら，情報化社会は計画的に段階づけられて発展していったものではないからである。つまり，ユーザーの需要や社会の必要性に応じて情報技術が発展し，その情報技術の影響を受けて社会が発展したため，特に情報技術の体系と関連づけて考えることは大変難しいのである。したがって，情報化社会の構造を情報技術と分離し，ミクロな視点である情報技術から社会をみるのではなく，コンピュータネットワークを用いた社会全般であるマクロな視点を身につけるようにしていくべきである。

(3)　第4次産業革命

　人類には折々で後に革命とよばれる変革があった(Table 2-1)。その中でも，第4次産業革命は現在進行中の革命であるが，先ずは先史をみていきたい。

　最初の変革である新石器革命は，5000〜2000年前ぐらいにかけて，人類が農耕や牧畜を始めたことである。新石器時代に起こった革命であり，狩猟や採集に頼っていた獲得経済から，安定した生産を可能とする生産経済へと移っていった。また，社会は集落社会となっていった。

　次の変革は18世紀から始まった産業革命である。産業革命には，第1次〜第4次までであり，第3次・第4次は特に情報革命ともいう。

　まず第1次産業革命は，18世紀後半にイギリスで起こった木綿工業の機械化に始まった軽工業の機械化と，蒸気機関の出現とその改良，石炭の利用といった生産技術とエネルギーの変革である。産業革命の始まりの時期については諸説あるが，1733年にジョン・ケイ(John Kay)が飛び杼を発明した時期からという説や，18世紀半ばにワット(James Watt)が蒸気機関の改良に成功した時期からという説もある。資本主義社会の到来もこの時期である。

　第2次産業革命は，19世紀後半にアメリカやドイツを中心に，急速に重化学工業が工業の主力となった産業の変革とエネルギーの変革のことである。重工業や重化学工業から始まり，エネルギーは石炭から電力や石油へと移った。また，グラハム・ベル(Alexander Graham Bell)による電話の発明やマルコーニ(Guglielmo Marconi)による無線電信などの通信革命も第2次産業革命に入る。

　第3次産業革命・第4次産業革命は情報革命ともいう。まず，第3次産業革命は，20世紀半ばから20世紀後半までだといわれ，コンピュータの登場，産業用ロボットによる労働のあり方の変動，電子工学や情報技術を用いたオートメーション化，そして世界規模のネットワークであるインターネットの普及が進んだ革命である。エネルギーは引き続き電力や石油だが，原子力エネルギーの活用，再生可能エネルギーへの着目もあった。さらに，エネルギーや資源だけでなく，目に見えない情報や知識，サービスなどを扱う第三次産業の占める割合が大きくなり，脱産業化社会になった。なお，第3次産業革命の途中からを情報化社会とよぶ。

　第4次産業革命は今まさに起きている革命であり，第3次産業革命の発展上にある。IoT(Internet of Things)およびビッグデータ(Big Date)，人工知能(AI：Artificial Intelligence)，

ロボティクス(Robotics)などがキーワードになっている。また，第3次産業革命で生まれたインターネットは必要不可欠なインフラとなった。第4次産業革命に伴い，産業構造や就業構造が劇的に変わる可能性があるといわれている。

Table2-1 人類の変革

産業		年代	内容
新石器革命(農耕革命・定住革命・食糧生産革命)		5000〜2000年前	・農耕社会の幕開け
産業革命	第1次産業革命 Industry 1.0	18世紀後半〜	・イギリスが中心 ・産業社会，資本主義社会の幕開け ・軽工業の機械化，蒸気機関の出現と改良，交通革命 ・ワットによる蒸気機関の改良により，作業が機械化された
	第2次産業革命 Industry 2.0	19世紀後半〜	・アメリカ・ドイツが中心 ・重工業や重化学工業 ・電話や電信などの通信革命 ・エネルギーは電力・石油
情報革命	第3次産業革命 Industry 3.0	20世紀後半〜	・情報(化)社会の幕開け ・コンピュータによる自動化により，脱産業化社会が到来する
	第4次産業革命 Industry 4.0	2015年前後〜	・近年の動きであり，IoTおよびビッグデータ，AIによるスマート化が実現し始める

なお，余談だが，2016年に閣議決定された「第5期科学技術基本計画」において，内閣府は日本が目指すべき未来社会の姿としてSociety 5.0という概念を提唱した。各Societyは，狩猟社会のことをSociety 1.0(旧石器革命以前)，農耕社会のことをSociety 2.0(旧石器革命後)，工業社会のことをSociety 3.0(第1次産業革命後)，情報社会のことをSociety 4.0(第3次産業革命後)と定義している。また，Society5.0では，仮想(サイバー)空間と現実(フィジカル)空間を高度に融合させたシステムにより，経済発展と社会的課題の解決を両立する，人間中心の社会を目指すとしている。

♣用語「IoT」

IoTは英語Internet of Thingsの略称であり，日本語にすると，モノのインターネットということになる。私たちの周りにある様々な機械(情報機器)には，コンピュータが組み込まれている。その機械(情報機器)がインターネットにつながり，様々な活動(機械の動作の状況を知る，動作の命令を行える)ができるようになった状態のことをいう。

例えば，暮らしの中でのIoTとしては，スマート家電(デジタルTV，レコーダ，調理機器等，見守り家電 など)が代表例となる。また，産業用IoTは，自動販売機などの監視，建設機器を監視する(コマツ)，スマート交差点(ホンダ)など，色々な仕組みが考え出されている。また，最近では，IoTに，インターネット必須ではなくなってきており，例えば，Bluetoothなどを活用する技術もある。なお，日本では，2017年に複数の会社・大学によって「コネクティッドホームアライアンス(https://www.connected-home.jp/)」という団体が設立され，産官学一体となり，暮らしのIoTの理想を目指そうとしている。

♣用語「ビッグデータ」

ビッグデータ(Big Data)は，その名の通り，大量のデータのことを示す。近年，今まで取り扱えなかった大量かつ多種多様なデータであるビッグデータから新たな情報を導き出すことができるようになった。この背景にあるのは，コンピュータの性能の発達，アルゴリズムや数学の進化である。

ビッグデータは，Volume(量)，Variety(多様性)，Velocity(更新速度)の3Vをもつデータといわれてきたが，近年ではValue(価値)とVeracity(正確さ)を伴わせて5Vともいわれる。

- Volume(量)：数億から数兆の大量のデータ
- Variety(多様性)：多種多様なデータで，取り扱うためのモデル化(観点の明確化)が行われていないデータ
- Velocity(更新速度)：データの入出力の速度。データの更新スピードと，データの処理スピード両方をいう
- Value(価値)：データそのものの価値と，データを使って生み出された価値のこと
- Veracity(正確さ)：真実性に疑いがあるデータも存在するので，データ自体の信憑性に吟味が必要である。

これらのビッグデータを利用して，今まで発見されていなかったデータの相互性を見いだすことをデータマイニングという。

(4) Digital Divide（情報格差）

Digital Divideは，情報化社会が引き起こした新たな問題の一つである。総務省の平成23年の情報通信白書[5]の定義によると，「インターネットやパソコンなどの情報通信技術を利用できる者と利用できない者との間に生じる格差」である。そして，これらの格差は，地域格差による地域間，個人の身体的・社会的条件(性別，年齢，学歴など)による個人間・集団間，国際間格差による国際間の3つの要因で論じられることが多い。

情報格差は，情報技術と民主主義の議論の中の，重要な論点である。今後さらに，情報技術にふれる機会がある人はますます情報を手に入れ，反対に情報技術に触れる機会がない人はますます情報が入らなくなっていくことになるだろう。例えば，現在，情報技術は，教育を平等化する技術として理解され，注目されている。論文などの文献を図書館に行かずに読めたり，遠く離れた美術館に展示してある作品をオンラインで楽しめたり，もちろん，コロナ禍でもオンラインで講義が受けられたのもその一つであろう。だが，それは情報機器があり，インターネットが十分な速度の場合である。例えば情報機器がそろわない，インターネットの速度が遅いなどの不平等があるとかなわない，それは将来において，雇用や所得，社会的地位などで不平等さが生まれることになるかもしれない。これは，Digital Divideが民主主義に対する脅威となる可能性があることを意味している。

つまり，情報化社会を支える情報技術は，様々な格差を引き起こすことがあることを理解しておかなければならない。

02 「情報」の語源と意味

　情報化社会における重要なキーワードである情報だが，ご存じの通り，情報は物理的な物体ではない。だが，情報を流す，情報を交換する，情報を吟味する，情報を欲する，情報が洩れるなど，情報をあたかも物理的なものかのように扱う。物理的な形がないのに，なぜそのようなことができるのであろうか，情報の語源と意味を考えみよう。

(1)　語源と国語辞典から考える「情報」

〔語源1〕 「information（英）」の訳語

　一つ目の語源は英語のinformationの訳語としての情報である。そもそもinformationは，Oxford English Dictionary[6]によると，「The imparting of knowledge in general. (一般的には知識を与えること)」となる。ただし，今では廃止されたがという条件つきで，14世紀には，「The shaping of the mind or character; communication of instructive knowledge; education, training (心や性格の形成；有益な知識の伝達；教育，訓練)」という意味があったと載っている。また，Informationはinformの名詞系であり，その語源はフランス語（enfourmer）とラテン語（informare）にあり，以下のように書かれている。

　　「Middle English enforme, informe 'give form or shape to', also 'form the mind of, teach', from Old French enfourmer, from Latin informare 'shape, fashion, describe', from in - 'into'+forma 'a form'.」

「give form or shap」は「姿，かたちを与える」，「form the mind of, teach」は「心（精神）を形づくる，教える」という意味になる。つまり，本来のinformationは，今のinformationの意味とは少しずれており，「人の心（性格・精神）にはたらきかける何か」だったということがわかる。

　なお，日本において，informationの訳語として「情報」[7]〜[11]という言葉が割り当てられたのは第二次世界大戦以降であり，ここから科学的な意味をもつようになったといわれるがラルフ・ハートレー（Ralph Vinton Lyon Hartley）やクロード・シャノン（Claude Elwood Shannon）の情報理論が日本に導入された当時は，informationの翻訳語に苦慮したといわれる。単語をそのまま使うか，「インフォメーション」とカナ書きで使っていた。ところが，1951年頃から電波監理総局が「information theory」を「情報理論」と積極的に訳し始め，多くの紹介記事を書いたといわれる。ただ，当時は後述する兵語としての「情報」のイメージが強く，まだ日常語としては受け入れられなかったという。また，1960年に，「情報処理学会」ができたが，この名前は当初はあまりよい印象だけではなかったといわれる。

　なお，第二次世界大戦より前にも，インフォメーションという言葉は日本の書物に残っている。1879年に福沢諭吉が記した「民情一新」の中にインフヲルメーションという言葉が出てくるが，これは情報と直接は結びついていない。また，1941年の国防保安法の第八条で情報という言葉は出てくる。この際，貴族院で情報の定義が論争されている記録も残っている。

〔語源2〕　フランス語の Renseignement，ドイツ語の Nachricht の訳語

　「情報」という単語は，和語，つまり日本でつくられた言葉である。「敵情（敵状）の報知，報告」の簡略語として，「情報」と「状報」という言葉が考えられた。つまり，元々は軍事上の言葉（兵語）であり，情報と諜報が似通った概念だったことがわかる。

　最初に書物として出てくるのは，1876年（明治9年）に酒井忠恕が訳した「佛國歩兵陣中要務實地演習軌典」の中である。この中では，敵情（状）の様子や知らせという意味で情報という言葉が現れている。さらに，1882年（明治15年）の「野外演習軌典（第一版）」では既に情報は多用されている。また，1901年（明治34年）に森鴎外がクラウセビッツの「戦争論（戦論）」を訳した際に，「情報とは，敵と敵国とに関する我智識の全体を謂ふ」と明確に定義している。

〔国語辞典の「情報」〕

　国語辞典に「情報」という言葉が載ったのは，1905年（明治38年）の「新式いろは引節辞典」であったという記録がある。また，1941年（昭和16年）に，法文として初めて「国防保安法」に「情報」という言葉が載った。

　そして，現在の国語辞典の広辞苑の「情報*」では，以下のようになっている。

＊情　報：①あることがらについての知らせ

　　　　　②判断を下したり，行動を起こしたりするために必要な種々の媒体を介しての知識

『広辞苑』第五版

　広辞苑の第1版（1955年）では「事情のしらせ」となっており，第2版（1969年）では「或ることがらについてのしらせ」となっていた。つまり，情報に知識という意味がついたのは後づけであることがわかる。

　以上2つの語源と国語辞典からの流れを考えると，情報とは，本来，知識という意味はない。そして，流動的で断片的かつ非体系的，時として虚偽まで含まれたお知らせの総称であることがわかる。

(2)　情報と知識とデータ

　上記したように情報の意味として，知識というのは歴史的に考えても，後づけの意味である。また，情報に欠かせないのはデータだが，情報はデータでもない。情報と知識とデータは，別物であるといえる。データは，客観的な事実に基づくものであり，潜在的な価値のみの存在であるといえる。情報は，データに意味づけを行い，評価が加わったもので，受け取り手の価値観を変化させるものである。ただし，情報は主観的でも客観的でも構わない。最後に，知識は情報の中から精査されたものであり，役立つ情報の集まりである。これから先，情報と知識，そしてデータは混同しないようにしてもらいたい。

　なお，余談だが，DIKW モデル（Knowledge Hierarchy, the Information Hierarchy, Knowledge Pyramidなどいろ

Fig. 2-2　DIKW モデル

いろな呼び方がある)というものがある(Fig.2-2)。これは，データ(Data)，情報(Information)，知識(Knowledge)，知恵(Wisdom)の頭文字をとったものであり，知の構造・機能の関係を表すモデルである。2007年にジャニワー・ローリー(Jennifer Rowley)が出した論文[12]によれば，情報や知識の論文や本で広く認知されており，当然のことと考えられている基本的なモデルとなる。このモデルではピラミッド型に表されることが多く，データ(Data)が最下層にあり，昇華していくと知恵(Wisdom)になるというものである。データ(Data)は，使用可能(伝達可能)ではないもの，単なる数字や記号の羅列のことで意味をもたないもの。情報(Information)は，人に伝達するためにまとめられたもので，データに加工を施し，意味をもつようにしたもの。知識(Knowledge)は，情報から更に精査されたもので，認識や理解ができるもの。そして，最後に，知恵(Wisdom)は，知識を活用して判断したものとなる。ただし，このDIKWモデルは間違っていると主張する研究者もいるため，参考として理解しておくとよいだろう。

(3) 情報とは

情報は，語源などからもわかるように，大変曖昧なものである。繰り返しになるが，情報は物理現象ではない，物理的な形もない，具体的でもない，知識でもない，様々な変化に応じる概念であり，その場限りの便利な用語であり，単なるお知らせのことである。

例えば，「そこに石がある」という情報(お知らせ)は，情報を定義する人がいないと，情報として成り立たない。情報は，定義する人(認識する主体)がいないと情報とはならないのである。なぜなら，情報は物理的なものでもない単なる概念であるため，情報を定義する人がいなければ，そのあるはずの情報は，存在すらしないことになってしまうからである。そして，情報を定義する人が必ず必要であるということは，情報を定義する人によってその情報は変質してしまうということを意味し，さらにその情報によって情報を定義する人(認識する主体)の価値観を変えてしまう可能性もあるということである。これが，情報が客観的でも主観的でも構わないといわれる要因である。そして，その情報を表現して伝達し，観測しなければその情報は事実にはならない。そこにまた情報を定義する人(認識する主体)がいて，情報は伝わっていき，また情報は変質していく。

また，単なるお知らせのことであれば，お知らせには虚偽や間違いが含まれるのも当然のことである。したがって，情報化社会において，情報を精査する能力，虚偽を見抜く能力が必要となり，それがよくいわれる「情報リテラシー」となる。情報リテラシーに関しては，第3章にて詳しく述べることとする。

ただし，情報には情報量という物が存在する。物理的なものではないのに量が存在する理由は，情報はパターンであるという考え方である。1928年にアメリカの電気工学者，ラルフ・ハートリー(Ralph Hartley)が，「Transmission of Information(情報の伝達)」[13]という論文を発表し，測定可能な情報の量を考えたところから話が始まる。その後，1948年に，アメリカの電気工学者，クロード・シャノン(Claude Elwood Shannon)が，「A Mathematical Theory of Communication(通信の数学的理論)」[14]を発表し，情報理論が学問分野として確立，情報を科学的に扱えるようになった。情報量等に関しては，第5章にて詳しく述べるこ

ととする。

　情報は概念であるからこそ，いろいろな見方ができる。情報を定義する人がいないと情報としてなりたたないというのは，人からみた情報だろう。情報は表現され，伝達されなければならない。次に，情報化社会の仕組みや，情報化社会におけるシステムは，社会的な側面からみた情報だろう。さらに，得た情報を機械で処理をする，あるいは，プログラミングなどをして情報を操作するのは，何らかの問題解決をするためである。これは，機械（コンピュータ）的にみた，あるいは情報量などの情報学からみた情報である。このように，情報は多くの側面からみることができることを認識しておくべきである。

03　情報化社会で生きるとは

（1）　生き方とネチケット

　前述したように，情報化社会も，人間が活動するという意味において通常の社会と変わるところはなく，特別な社会を意味するものではない。よって，現実社会を考えれば自ずと，情報化された社会の生き方もわかる。

　現実社会では，自分が心地よく生きるために，自分の属する社会のルールを守って生きている。例えば，日本という国に生きる人間は日本の法律を守り，大学に生きる人間は日本の法律を守ったうえで大学のルールを守る。大学にいるからといって，大学のルールだけを守ればよいわけではない。大学の規則に殺人や窃盗を犯してはならないと書いていないのは，日本のルールを守ったうえで，時間割などのルールを守らなければならないのが当たり前だからである。より小さい社会になればなるほど，大きい社会のルールを守ったうえで小さい社会のルールを守る必要がある。つまり，ルールは部分集合のようなものである。それはインターネットの世界でも同じである。

　また，私たちは自分が心地よく生き，そしてトラブルや犯罪に巻き込まれないために，他人を尊重する「礼儀」（英：Manners，仏：Etiquette）を守り，安全安心に生きるために物理的な「セキュリティ」などで防犯する。それと同じように，情報化社会で生きるために必要なのは，ネチケット（ネットワークのエチケット）を守り，そして情報セキュリティ（ネットワーク上のセキュリティ）を意識することである。なお，情報セキュリティに関しては，第3章で詳しく説明するため，本項目はネチケットについて記述することとする。

　ネチケット（Netiquette）は，ネットワーク（Network）とエチケット（Etiquette）を合わせた造語であり，インターネット上の礼儀ともいえる。元々の礼儀とは，社会生活において人に不快感を与えないために，どう行動すべきかを判断したうえで行動することという意味であるが，社会生活の状況が変われば礼儀は変化し，礼儀の判断基準は環境によって異なる。

　例えば，食事のマナーを考えてみよう。食事のマナーは人に不快感を与えないということが大前提でつくられている。そのうえで，日本における麺文化と，海外における麺文化を考えてみる。日本の蕎麦は啜って（音を立てて）食べてよいことになっている。ところが，他の国では，音を立ててパスタを食べる，スープを飲むという習慣はほぼない。日本では啜る

からといって，海外で同じように啜ると，それはマナー違反となってしまう。つまり，それぞれの場にあった食事の方法をしなければならない。これは，郷に入れば郷に従えともいえる。

人とのコミュニケーションの基本は，インターネット上も同じである。食事のマナー同様，人に不快感を与えないようにするという根本の変わらない部分を踏まえたうえで，その場に応じた礼儀を考えなければならない。つまりこれは，その場のルールを理解するという社会性の問題といえる。人とのコミュニケーションの基本はインターネット上でも現実社会でも同じである。インターネット上には，一般社会とは異なるようにみえる礼儀や知識がある。例えば，メールマナー，ネットにおける著作権，ネットにおける心理学，情報化社会を生き抜くための情報リテラシーなどである。だが，これも現実社会の手紙のマナーや，著作権，心理学，情報リテラシーと本質は全く変わらない。人に不快感を与えない，常識を考える，礼儀を守る。これだけのことである。

以上を踏まえると，ネチケットは，「信義則*」を守ればよいという話に収束する。

*「信義則（信義誠実の原則）」：権利の行使及び義務の履行は，信義に従い誠実に行わなければならない。

「民法」第1条2項

信義則（信義誠実の原則）は，民法の言葉であり，社会を構成する一人ひとりが，すべての行動を信義に従って誠実に行うことで，自分を守り，人を守ることになるという意味である。つまり，相手を尊重し，自分を大切にすることを大前提とした社会生活の営み方であり，これはまさにネチケットにもいえることである。

現在の世の中は情報化社会であり，インターネットは日々進化し，新しい技術や新しいコンテンツが日々生み出されている。これは，細かいネチケットは日々変わっていくことを意味する。日々変化する社会で細かいマナーを常に更新していくことは不可能である。したがって，基本概念である「信義誠実の原則（信義則）」を理解して，変わることのない根本の礼儀を理解すべきである。

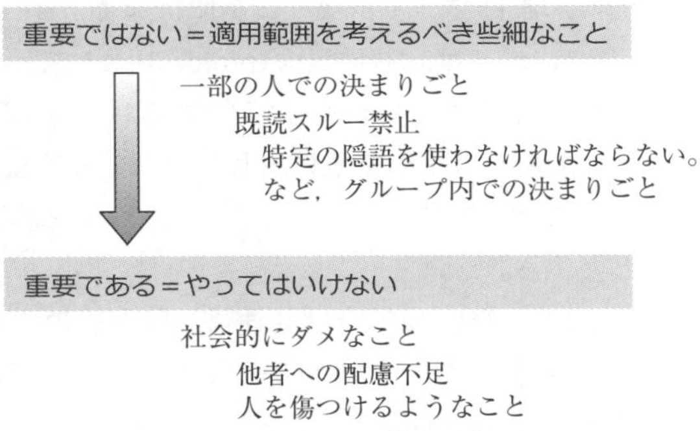

重要ではない＝適用範囲を考えるべき些細なこと
　一部の人での決まりごと
　　既読スルー禁止
　　特定の隠語を使わなければならない。
　など，グループ内での決まりごと

↓

重要である＝やってはいけない
　社会的にダメなこと
　　他者への配慮不足
　　人を傷つけるようなこと

Fig.2-3　ルールの重要性

なお，前述したが，ルールとローカルルールがある。ローカルルールが多いのもまた，インターネットの世界である。よって，ネチケットの適用範囲（Fig.2-3）は考えておく必要がある。もちろん，問題外の禁止事項は，法律違反になることである。例えば，著作権，肖像権，知的財産権，刑法（脅迫，威力業務妨害），サイバー犯罪（電子計算機損壊等業務害）などはネチケット以前の問題である。それ以外の場合で重要なのは，社会的にだめなこと，つまり他者への配慮不足や人を傷つけるようなことであり，重要ではないのは，既読スルー禁止などの一部の人での決まりごとである。

(2) ネチケットの実例：メールマナー

ネチケットの中から，実例としてメールマナーを取り上げることとする。

メールマナーのメールというのは，電子メールのことである。電子メールは，インターネットを介して，郵便のように情報などを交換・伝達する手段である。電子メールは，簡便性（手軽さ），即時性，データや内容の保存性，データ加工やプリントアウトの自由性が確保されるのが特徴である。その特徴を上手く利用すると，効果的なコミュニケーションが取れるが，相手の顔がみえない状態のため，言葉が直接的に伝わってしまい，相手を不愉快にし，取り返しのつかない悪印象を与えることになりかねない。メールマナー自体には賛否両論ある面はあるが，守らずに悪印象を与えるほうがリスクは高いので，メールマナーを意識することを推奨する。

① 電子メールの種類

電子メールは，「ユーザー名＠ドメイン名」で成り立っており，インターネット上のアドレスともいえる，世界に一つしかない唯一のものである。また，メールアドレスはすべて半角英数で成り立っており，日本語を含めた全角文字は使えない。

電子メールとよばれるものには，主に2種類ある。PCメールともいわれるE-mail（Electronic mail）と，キャリアメールともいわれるMMS（Multimedia Messaging Service）である（Table 2-2）。

E-mailは，通常，テキストや画像，添付ファイルなど，様々な種類のメディアを含むことができる電子メールである。E-mailの中にも種類があり，会社や大学の独自ドメインによるメールアドレス，プロバイダのメールアドレス，フリーのメールアドレスがある。基本的に，添付ファイルなどに制限はなく，E-mailのアドレスで世界中どこでも通信可能である。E-mailは，通信規約（protocol）として，SMTPとPOP3，IMAPが使われている。特に，会社や大学等のドメイン（大学ならば，＠＊＊＊.ac.jp）は親しい人以外へも使えるメールアドレスであり，その組織に属していないと使えないため，一種の身分証明ともなる。ぜひ活用することを推奨する。なお，ドメインや通信規約については，第5章で詳しく説明をすることとする。

次に，MMSは携帯電話通信会社が提供するキャリアメールと混合されるが，本来は携帯電話番号とリンクしたサービスであり，必ずしもキャリアメールがMMSとは限らない。MMSは，Softbankやauなどのキャリアメールが対応しているサービスであるが，実はdocomoは対応していない。また，E-mailとも混同されるが，MMSは，通信規約（protocol）がE-mailとは違うため，本来は別物である。ただし，MMSに対応しているキャリアメールはE-mailとしても使えるため，少々ややこしい。E-mailとしてのキャリアメールは，迷惑メールの設定などを強くできるため，キャリアメール同士での送受信のみなどの設定が可能である。ただし，これは各個人の設定に任されるため，迷惑メール対策の強さが一定ではない。一般的なE-mailに送信したはずなのに相手には届かなかったり，相手のE-mailから返事がきたはずなのに届かなかったりするため，キャリアメールは使い勝手がよくない面がある。よって，親しい人以外への送受信にキャリアメール（MMS）は使わない方がよいといわれるのは，このためである。

また，MMSと似たものに，SMS（Short Message Service）とよばれる携帯電話の電話番号

で届くメッセージサービスがある(Table 2-2)。最近では，LINE をはじめとした他のメッセージサービスが普及したため，SMS はメッセージを送るのにはあまり使われなくなった。だが，ウェブサービスなどでの，SMS 認証(SMS にパスワードを送る)などで個人認証をすることに使われることが増えているため，欠かすことはできない存在となっている。

Table 2-2 メールの種類

	E - mail：Electronic mail	MMS：Multimedia Messaging Service	SMS：Short Message Service
種類	独自ドメイン(会社や大学等のドメイン)のメールアドレス プロバイダーメール フリーメール	携帯電話番号と携帯電話会社のキャリアメール(ただし docomo は非対応)	携帯電話番号
回線	インターネット 携帯電話のネットワーク	携帯電話のネットワーク インターネット	音声通話の回線交換のネットワーク
制限	基本文字制限はない	機種や契約キャリアで異なる	文字数制限がある 題名がつけられない
添付	可能 テキストや画像，添付ファイルなど様々な種類のメディアを添付できる 添付サイズには制限がある場合はあるが，一般的には MMS より大きなサイズが送れる	可能 マルチメディア(画像や音声，ビデオなど)のみ 　添付のサイズに制限がある	不可能
料金	インターネット料金	データ通信料(パケット代金)	受信時は無料 送信時に送信文字数によって料金が変わる(同キャリア内は無料などのサービスもある)
親しい人以外への送信	推奨される	推奨されない	

② 情報伝達手段における，速度，丁寧度，拘束度

大学生や社会人になって，メールを活用するようにいわれる理由は，情報伝達速度と丁寧度，そして拘束度の関係からであると考えられる。

世の中には様々な要件伝達の手段がある。その要件(情報)の伝達速度と丁寧度の関係のグラフが Fig.2-4 である。このグラフは，X 軸がプラス方向にいくほど情報の伝達速度が速く，Y 軸のプラス方向にいくほど丁寧度が高いことを示す。

それぞれの要件伝達手段には，それぞれを使う理由がある。例えば，社会において，信頼性や丁寧度を考え，郵便を使用することが多い。しかし，郵便ではやり取りに時間がかかるので，まずは E - mail(PC メール)で内容をやり取りし，決定事項を郵便で送る，ということも最近ではよく行われる。それぞれの伝達手段のルールや特徴をよく理解して使いこなすことが大切である。

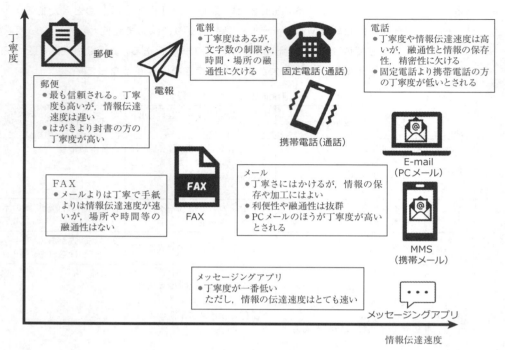

Fig.2-4　情報伝達手段

　次に，時間の拘束度と場所の拘束度の関係を表したのが，Fig.2-5である。X軸は時間拘束度，Y軸は場所の拘束度を意味し，いずれもプラスに行くほど拘束度があがる。

　時間であれ場所であれ，相手を拘束するというのは相手に負担をかける行動であり，相手にとって負担を極力かけないよう拘束度を減らす工夫が必要となる。例えば，社会人が携帯電話をかけるときに「今大丈夫ですか？」といういい方をするが，これは時間的な拘束を考えた行動の結果である。

　以上のように，拘束度や情報伝達速度，丁寧度をすべて考慮すると，相手に最も負担をかけない手段はE-mail（PCメール）である。さらに，前述したが特に大学や会社の独自ドメインのメールアドレス（例：大学の場合は，***@***.ac.jp，官公庁の場合は，***@***.go.jpなど，ドメイン名にその組織や業種の情報が詰まっている）は，その組織に属している証拠，一種の身分証明になるため，積極的に使うようにしていくとよい。その他の携帯電話のメールアドレスは，携帯のキャリアの情報しかなく，日本の携帯電話がもてるという保証しかない。そして，フリーのメールアドレスの場合の保証は，ほぼないと認識しておくとよい。また，携帯電話のキャリアメールは，親しい人相手の連絡手段だと思っておくとよい。重複した説明になるが，携帯電話のメールには，迷惑メールのフィルター機能がついている。そのため，例え自分が相手のE-mail（PCメール）にメールを送り，相手が返信してくれても，フィルターでブロックされ，メールの交換ができない可能性もある。これは，自分も不快だが，相手もさらに不快な思いをすることにつながる。

　以上より，E-mail（PCメール）をいかに効率的に，正しく使いこなすかが不可欠である。

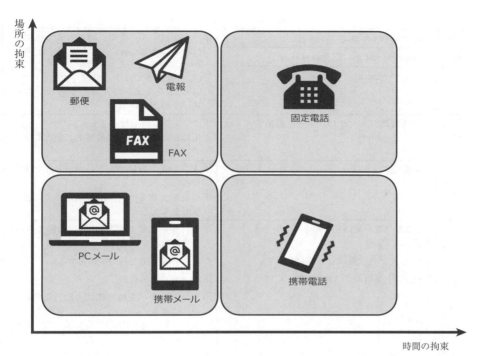

Fig. 2-5　情報伝達手段と拘束度

③　メールマナー

　メールマナーは，基本的にはメール作成のポイントを守れば難しくない。メールの構成を考え，相手に伝わりやすく，不快感をもたれないようにすればよい。特に重要なポイントは9つ (Table 2-3) あるといわれる。なお，メールの作成例は，最後の Fig. 2-6 に (p.24) 示している。

ポイント①　To，CC，BCC を正しく使い分ける

　To はメールを送りたい相手のメールアドレスを書き，CC (Carbon Copy) は参考に送っておきたい相手のメールアドレスを書き，BCC (Blind Carbon Copy) は送信したことを宛先や CC の人に知られたくない相手のメールアドレスを書く。この使い分けをきっちりすることで，To の人は返事をしなければならないが，CC の人は返事をしなくてよいなどの判断ができる。

　使用例1：大学の講義で，グループでレポートをつくり，教員にそのレポートをメールに添付して送ることになったとする。この場合は To には教員のメールアドレスを書き，CC にはグループの学生のメールアドレスを書き，BCC には自分の個人的なメールアドレスを書くなどするとよい。CC にグループの他の学生のメールアドレスを書くことで，自分が責任をもって To の教員にレポートを提出したことが示せ，BCC で自分の個人的なメールアドレスを書ききちんと送信できたことを確認することができる。

Table2-3 メール作成のポイント

項目	内容	ポイント
To	XXX@*****.ac.jp	ポイント①　To（宛先），CC（Carbon Copy），BCC（Blind Carbon Copy）を正しく使い分ける Toは要件を伝えたい相手 CCは参考までに送っておく相手 BCCはToとCCの人にわからないように参考に送っておきたい相手
CC	YYY@*****.ac.jp，ZZZ@*****.ac.jp	
BCC	AAA@…….ne.jp	
件名	○曜△時間目××学のレポート提出	ポイント②　件名は必ず書く 用件がわかるように具体的に簡潔に書くことを心がける
添付	****.docx	ポイント③　容量の大きいファイルの取り扱いに気をつける 予め許可を取るか，Cloudサービスに預けるなどの対応を考える
本文	XXXXX学部　XXXXX学科 XXX　XX先生 何時も大変お世話になっております。 XXX学科 学籍番号XXXXXの○○です。 （要件） 以上，大変お忙しいところお手数をおかけいたしますが，どうぞよろしくお願いいたします。 *************** CCC大学 DDD学部 EEE学科 学籍番号 123456 E - mail: BBB@*****.ac.jp 山田 太郎 ***************	ポイント④　本文の書き出しには宛先を明記 相手の敬称を間違えない ポイント⑤　出だしの挨拶をする ポイント⑥　名乗る ポイント⑦　本文は明確に，改行を使い，見やすいように書く もしメールを「引用」するなら，できるだけ必要最小限に抑える ポイント⑧　自分だけの主張ではなく，相手を思いやる一言を書く ポイント⑨　署名は必要事項を簡潔にまとめる

　　使用例2：大学の教員が，数人の学生に同文のメールを送りたい場合があったとする。この場合は，Toに教員自身のメールアドレスを書き，BCCに送りたい複数の学生のメールアドレスを書く。こうすることで，誰に送ったかわからないようになった状態で，複数の学生にメールを送れることとなる。

ポイント②　件名のつけ方

　　件名は具体的につけるとよい。一番重要なのは，メールの目的を簡潔に表現することである。また，とても重要度が高いときに，「重要」などを件名につけておくと相手の目に留まりやすく，さらに「要出席連絡」など，相手が次にとるべきアクションがある場合は書く場合もある。簡潔に，相手の立場で件名をつけると，メールの有用性が一目でわかり，トラブルが少なくなることを覚えておくとよい（Table2-4）。
　　なお，迷惑メールとして処理される可能性を減らすために，件名が空白，あるいは漠然とした件名は避けるべきである。

Table 2-4 メールの題名

よくない例	わかりやすい例
お世話になっております。 よろしくお願いします。 先日お願いした件について，質問です。 ○○様	△曜○時間目　XXX学のテスト範囲についての質問 レポート提出します　（△○　XXX学　XXXX　○○　○○） 参考資料を教えてください（△曜○時間目　XXX学） 〔重要〕次回の○○委員会は○月×日です 〔要出欠連絡〕　○月×日のサークル会議へ出席してください

ポイント③　添付ファイル

　添付ファイルの容量（重さ）に気をつけるとよい。データ量が大きい添付ファイルは，サーバーに負担をかけるため，敬遠されることがある。よって，送信相手に対して，予め許可を取るなどの対応も考える必要がある。また，メーラーによっては大容量の添付はできなくなっている。その場合はオンラインストレージサービスなどを使うとよい。

　なお，オンラインストレージサービスとは，インターネット上でファイル保管用のディスクスペースを貸し出すサービスのことである。使い方としては，よくリムーバブルメディアの代替，バックアップ，ファイル転送，共有ディスクなどが挙げられる。有名な物には，DropBox，Googleドライブ，Microsoft OneDrive，Boxなどがある。

ポイント④　本文の冒頭 「宛先」

　本文の最初は，メールの受信者（To）を書く。場合によっては，メールの写しを受信した人（CC）の名前も書く。こうすることで，メール受信者にとって，受け取ったメールが自分宛であることが明確になる。万が一，メールの送信先を間違えた場合などに相手が混乱しないようにする役割も担える。

　なお，相手に対して，敬称は必ずつけるようにする必要がある。敬称は，相手に応じて変える必要があり，日本では，主として「先生」，「様」，「殿」，「さん」を使う。教員に対しては，「先生」が適当であり，「様」や「殿」は避けた方が無難である。また，会社組織の場合，例えば「○○部長」，「○○課長」などは，役職名であり，敬称ではなく，失礼になる。よって，「部長　○○　○○様」などとした方が無難である（Table 2-5）。

　海外の場合は，「Mr./Ms.」が一般的である。だが，相手が大学の教員である場合は，博士号を持っている先生が多いため，「Dr.」とつけておくのが無難である（なお，博士号の取得の有無がわからない場合も，Dr. をつけておくのが無難である）。また，相手が教授職だとわかっている場合は，「Prof.」という敬称もありうる。他にも，「Sir.」は，本来ナイトの資格をもつ人に対する敬称（女性の場合は「Darm.」。ただし，アメリカ英語では，慣習的に「Mr.」の丁寧な形で使うなどの変化形もある）など，様々な敬称があるので，相手に対して適切な敬称を使うべきである。なお，「Miss.」は未婚女性，「Mrs.」は既婚女性に対する敬称だが，近年では，既婚・未婚を問わず広く用いられる「Ms.」が一般的である。

　最後に，日本語の場合，相手の名前の漢字を間違えないようにするのも礼儀の一つであるため，必ず気をつけること。

Table2-5 メールの宛先

他組織	同一組織
△△大学 ○○学部　XX学科 □□　□□　先生(様) 株式会社　△△　○○部 部長　□□　□□　様(殿)	○○学部　XX学科 □□　□□　先生(教授／様　等) 基本は，事務の人などには「様」，先生には「先生」をつける

ポイント⑤　書き出し，簡単な挨拶

　本文(文章)の書き出しでは挨拶を一文入れるとよい。もちろん，手紙のように時候の挨拶は省略されるのは一般的だが，挨拶の一文が入るか，入らないかだけでメールの印象が大きく変わる。メールの好印象，あるいは悪印象は，そのままメールの送信者への印象となるので，十分注意が必要である。なお，メールの最初の挨拶については要らないという意見もあるが，通常はこの一文を入れる場合が多い。よって，なくてわるい印象をもたれるより，あって「次回からは要らない」といわれる方が，印象をわるくする確率が少ない。

　なお，挨拶は，Table2-6のようなものが考えられるが，必ず場合に応じて，使い分けをする必要がある。

Table2-6　挨拶

> いつもお世話になっております。(いつも大変お世話になっております。)
> ご無沙汰しております。
> 先日はありがとうございました。
> 突然のメール，大変申し訳ありません(お許しください)。
> 初めてメール致します。
> 早速のご連絡(お返事)ありがとうございます。
> ご連絡(お返事)が遅くなり，大変申し訳ございません。
> など。

ポイント⑥　書き出し，名乗り

　挨拶が終わったら，必ず名乗る必要がある。手紙では，差出人は，開封時にすぐに確認できる。だが，メールは必ず上から下に向かって読み進めるため，名乗りがなくては，メールの受信者(相手)は，メール送信者(自分)が誰かわからない状態で読み進めることになる。また，たとえ文末に署名をつけていたとしても，文末をみないと確認ができない状態は，相手にとってストレスであり，内容を把握する妨げになる。また，必ず自分がどこの誰であるかを，相手が一目で理解できるように具体的に書く必要がある。したがって，名前の前に所属や肩書を書いたうえで，名前を書くことが一般的である(Table2-7)。

　例えば，学生の場合は，大学の正式名称と所属学部・学科を書き，その次に名前を(最初のメールではフルネーム)を書くことになる。また，初めてメールを送る場合には，簡単な自己紹介をつけ加えるとよい。

Table 2-7 名乗り

○○○大学　○○部　○○科　○年生の□□　□□と申します。
○曜日□時間目の××授業を受講しております，××学科(学籍番号＊＊＊)の□□　□□と申します。
○○大学○○学科の□□と申します(です)。(2回目以降)
など

ポイント⑦　本文

　書き出し(挨拶・名乗り)が終わった後，本題に入る。まずはメールの主旨を簡潔に説明するとよい(Table 2-8)。

Table 2-8　メールの趣旨説明

○○学のレポートの内容について質問があり，メールいたしました。
先日のミーティングについてのお礼を申し上げたく，メールいたしました。
○○についての会議についてご報告させていただきたく，メールいたしました。
など

　簡単にメールの内容を説明した後に，本文を書くが，原則的には結論から前に書くと，相手は把握しやすい。また，以下のようなことに気をつけると相手は把握しやすくなる。
- 6W3Hを心がける(Table 2-9)。

Table 2-9　6W3H

・ What (何を)	・ When (いつ?)	・ Where (どこで)
・ Why (理由)	・ Who (誰が)	・ Whom (誰に)
・ How to (どのように，状況，様子)		・ How many (どれだけ，数量)
・ How much (いくらで，金額)		

- 改行と空白行を効果的に使うことにも気をつけるとよい。改行をせずに書くと，内容を把握しにくく，間違えられる可能性がある。
- また，複数のトピックが同一メール内にあるときには，見出しをつける。
- 1文1文は短めに簡潔に表現し，箇条書きにする。

ポイント⑧　本文のラスト

　本文のラストには相手を思いやる一言を書くと，印象がよい。例えば，「お忙しいところ申し訳ありませんが，よろしくお願いいたします」や，「どうぞ今後ともよろしくお願いいたします」などの簡潔なものでよい。必ずしも必要な情報ではないが，あるとよい印象を受けるのは確かである。

ポイント⑨　署　名

　署名は，メールにおける名刺だと思って，予め登録しておくと便利である。そして，場合

によって，署名は使い分け，つけ足し，一部削除などしたりするとよい。例えば，学生の場合，学部や学科内であれば，学籍番号があると便利だが，サークルの一員としての他大学の学生にメールである場合，サークル名を書き，学籍番号を削除するなどの対応をするとよい。

ポイント⑩　メール作成におけるその他の注意

その他のメール作成における注意点を以下に列挙する。

- 送信形式はテキスト形式が望ましい。これは，メールの受信者の受信時の環境が様々であるため，文字化けなどを避けるためである。
- 英数文字，記号は基本的に半角のものを使う，あるいは全角に揃えるなどの工夫をし，見やすくすること。ただし，「半角カナ」は，文字化けする場合が多いので使わないほうが無難である。
- 機種依存文字（文字コード依存文字）は使わない。また，「〓」（通称ゲタ）は，みつからない文字の代わりに入れられる記号であるため，模様のつもりで使わない。
- 顔文字や絵文字は公的なメールでは，絶対使わない。
- 自分の携帯電話，パソコンの受信拒否設定を見直す。
- 敬語や尊敬語を含め，言葉を適切に使う。
- 自分で調べればわかることを質問しない。

```
To    ******@□□□.ac.jp
CC    staff@○○○.ac.jp
件名   20XX年度　○○○大学　学園祭「○○○祭」のご案内
添付   学園祭のポスター.pdf
------------------------------------------------------------
□□□□□大学　□□□□サークル
□□　□□□様

初めてメールさせていただきます。
私は，○○○大学　○○サークルの○○　○○○○と申します。
先日の△△△△△交流会では，大変お世話になりました。
早速ですが，先日の交流会でお話をさせていただきました，学園祭のご案内を送らせていただきたくメールさせて頂きました。
今年度の○○大学学園祭「○○○祭」は，XX月XX日～XX日に開催されることになっております。

今年度の目玉企画は「○○○○」と「○○○」です。
また，例年，好評いただいております「○○○○○」企画もお勧めです。

会場　○○○大学　○○○○○○キャンパス
アクセスマップ：http://www.○○○.ac.jp/access.html
日程　20XX年XX月XX日～XX日
時間　9:00～18:00　（最終日は16:00まで）

詳細は添付ファイルをご覧ください。

なお，○○サークルでは，○号館前にて，焼きそばの模擬店を開くことになっており，当日は私も売り込みをしております。
お忙しいとは存じますが，足を運んでいただけますと，大変うれしく存じます。
```

また，ご質問等ございましたら，遠慮なく下記にお問い合わせいただければ幸いです。

以上，どうぞ今後ともよろしくお願いいたします。

******
〇〇〇大学　〇〇〇学部　〇〇〇学科　〇年
〇〇サークル
E‐mail：〇〇〇　＠〇〇〇．ac．jp
〇〇　〇〇〇
******

Fig.2-6　メールの例　「学園祭の招待状」

04　人工知能（AI）

　人工知能（AI：Artificial Intelligence）[15)～18)]とは，人工的につくられた知能をもつ実態，人間の知能を機械で再現する技術，人間が知能を使ってすることを機械にさせようとする技術，学習・認識・推論・判断などを行える技術のことである。また，AIが初期から期待されていることは人に代わるロボットである。

　最初に人の知能でできることと，AIでできることは違うということを認識してほしい。人の知能は，計算・判断・推理・予測・学習・創造などができる。これは外界の情報（状況）を知覚し認識，理解するということであり，その情報と元々ある知識を用いて，出会った問題に対して処理，適応をする，つまり幅広い分野の問題解決ができる。対して，現状のAIは，画像認識，音声認識，気象災害の予知，自動運転，診察の手助け，ゲーム対戦，顧客案内，株や為替の価格予想など，様々な分野で活躍し，また，最近では学習したことのアウトプット（生成AI）ができるようになった。これは，特定の情報を人間が与え（あるいは，人間が学習する範囲を設定し），学習し，認識することができ，そして特定の問題解決ができるということである。そのうえで歴史や現状のAI，AIとの関わり方，未来について簡単にみてみよう。

(1)　AIの歴史

　AIの歴史[19)]を簡単にみることとする。

　フィクションの世界では，AIという定義ができる前から知的な人造のものは存在する。例えば，紀元前8世紀頃のホメロスの叙事詩イーリアスには金属製の黄金の美女が登場し，紀元前3世紀頃のギリシャ神話ではクレタ島を守る青銅製の自動人形であるタロス（タロース）が登場している。また，AD1000年頃の数学者・天文学者であるローマ教皇シルウェステル2世が青銅製の頭部をつくり喋らせたという伝説がある。さらに，1813年に発表されたメアリー・シェリーの「フランケンシュタイン」，1941年に発表されたアイザック・アシモフがの「われはロボット」，1952年に発表された手塚治虫の「鉄腕アトム」など，様々なフィクションで語られている。

① AIの黎明期・第一次人工知能ブーム

　AIのきっかけは複数あるが，一番影響を与えたのが脳のニューラルネットワークの解明とコンピュータの開発であったといわれる。まず，ニューラルネットワークの基礎をつくったのは，アメリカの外科医のマッカロ(Warren Sturgis McCulloch)と数学者のピッツ(Walter J. Pitts)が出した1943年の論文(神経回路網理論)だといわれ，大脳における神経活動は命題論理であり，神経回路網(ニューロンネットワーク)のモデルに数理理論学を導入できる[20]と発表した。そして，イギリスの数学者アラン・チューリング(Alan Mathison Turing)が1947年にLecture to London Mathematical Society(ロンドン数学学会での講義)にて，現在のAIの概念を提唱した[21]といわれている。また，チューリングは，コンピュータがない時代に，現在のコンピュータの原形となるチューリング・マシン[22]という理論を考え出した。さらに，チューリング・テスト[23]とよばれる知能をもった機械かどうかを判別する手法を考案し，チェスの手計算プログラムを考えだした。つまり，アルゴリズムやコンピュータの原形をつくったのがチューリングである。また，この時代に，アメリカの数学者ジョン・フォン・ノイマン(John von Neumann)が，プログラム内蔵方式(ストアード・プログラム方式)のコンピュータ動作原理[24]を発表した。これは，ソフトウェアとハードウェアを分離して考える現在のコンピュータの原形である。また，ノーバート・ウィーナー(Norbert Wiener)が1948年に動物と機械における制御と通信であるサイバネティックス(Cybernetics)を提唱した。

　以上のような，ニューロンのモデル化，AIの概念，コンピュータの開発などがあったうえで，実際のAIは始動した。「人工知能(Artificial Intelligence)」という言葉[25]は，1956年，当時最高のコンピュータサイエンティストが，ジョン・マッカーシー(John McCarthy)のよびかけでダートマス大学にあつまった会議(通称ダートマス会議)で決まり，同会議は世界初のAI開発会議となった。このときに議論されたのは，脳のモデル，ニューラルネット，定理証明，オートマトン理論などであったという。その時にこの会議に参加していたのが，「人工知能の名づけ親」とよばれるジョン・マッカーシー(人工知能の先駆者で，AI用のプログラミング言語の研究をし，AI研究をけん引した)，「人工知能の父」とよばれるマービン・リー・ミンスキー(Marvin Lee Minsky：コンピュータ科学者で認知科学者)，「情報理論の父」とよばれるクロード・シャノン(Claude Elwood Shannon：アメリカの電気工学者で数学者)，ナサニエル(ネイサン)・ロチェスター(Nathaniel(Nathan)Rochester：世界初量産汎用コンピュータであるIBM701の設計を行い，最初のアセンブリ言語の開発をした，IBMのコンピュータ科学者)の4人である。ただ，この当時，AI自体は楽観的に考えられていたといわれる。

　1960年から1970年にかけてのAIは，記号主義とコネクショニズムによるアプローチであり，探索と推論が主である。まず，コネクショニズムは，脳の神経ネットワークの再現であるニューラルネットワークを目指すアプローチであり，人工知能の学習に必要な情報を与え，成長させていくものである。人間が言葉で説明できない問題や経験から学んだ方が速いものに強いが，どのように思考しているのかの詳細は人間にもわからない。また，良質な「問題と答え」が必要であり，ニューラルネットワークの成長は情報の質に依存する。この動き

は，現在のディープラーニングにつながっていく。次に，記号主義は，知能や知識は何らかの言語や数式，つまり記号で表現できると考えるアプローチであり，マニュアルに従わせることで，知能らしきものを生み出すことができるものである。選択基準によるものなので，マニュアルを増やしていけば簡単に知能が増える。この時点で最初に成果を出したのは，記号主義である。

だが，1969年にジョン・マッカーシーらが指摘したAI研究における最大の難問にして，未だ解決されていないフレーム（枠）問題[26],[27]，が現れる。フレーム問題とは，人間の頭脳のもつ世界理解（大きな世界の理解），つまり無限の知識量を，AIに再現させることが困難だという問題である。例えば，人間に"猫"を理解させるのは簡単である，これは人間には世界理解があるため，猫の姿形や生態，その他あらゆる情報を基に瞬時に猫を猫として判断することができる。ところが，AIにとっては"猫"の厳格な定義が必要となる。猫という言葉自体は記号化できたとしても，猫という生物は，生物であることから定義し，そもそも生物とは何かを定義し，行動をすべて定義し，そもそも物質とは何かから定義し……，という形で猫であることをいうには，猫に関するすべての関係を定義する必要がある。これが枠（フレーム）であるが，そうなると，AIには，この世のすべての知識を与えなければならないことになるが，それは不可能である。したがって，数学的・論理的な高度な推論より，人間なら幼児でも身につけている世界知識を獲得する方が，多くの計算資源を要し，不可能であるという「モラベックのパラドックス」は，未だに解決しない問題となっている。また，この当時，ノーム・チョムスキー（Avram Noam Chomsky）が生成文法について提案し，後の自然言語解析の基礎となった[28]が，当時の計算機の計算能力はこれについていけず，また1966年に提出されたALPAC（Automatic Language Processing Advisory Committee）レポートが機械翻訳の可能性を否定してしまい，頓挫した形となった。

黎明期・第一次人工知能ブームのAIは，コネクショリズムはまだコンピュータの計算能力の限界もあり，賢さが足りない。記号主義はフレーム内でしか物事を考えられないということで，フレーム問題とコンピュータの計算能力の限界で道が閉ざされた形となる。

② 第二次人工知能ブーム

第二次の人工知能ブームは，第一次人工知能ブームの後も開発され続けてきた，探索・推論の技術，知識表現の技術を実問題へ適用とする試みからスタートする。つまり，AIに一般常識である世界理解を求めず，得意な分野で実用化を図ったのである。

1970年代，「エキスパートシステムの父」とよばれる，エドワード・ファイゲンバウム（Edward Albert Feigenbaum）は，きわめて狭い専門分野の知見の中で，ある条件の測定結果があれば，ルールベースで推論が可能であるとした。得意な専門知識を取り込んで計算・推論する専門家的なプログラム（エキスパートシステム）をつくり，知識を与えることでAIを実用可能な水準にまで引き上げた。これにより，一時，このエキスパートシステムは一大ブームがおきたが，結局，人間からの質問が定型から外れた場合に対応できない，そもそも専門家の経験の定式化が難しいという問題が起こる。以上のように，再びフレーム問題で躓いてしまい，ここからAI研究の冬の時代が訪れる。

③ 第三次人工知能ブーム

1990年代の当時のAI研究は，ジューディア・パール（Judea Pearl）が提唱した，コンピュータは確率計算を用いれば正しい結論をたどり着くという考えである「確率論的AIの推論ロジック」による「機械学習」が主流となっていく。この機械学習は，ニューラルネットワーク（人間の脳神経ネットワークを模したもの）であるAIプログラム自身が，過去のデータや統計から学ぶため，コンピュータの演算能力が必要不可欠であった。1980年代～90年代にかけて，コンピュータの演算能力が飛躍的に向上・低価格化し，更に世界レベルでコンピュータをつなげるインターネットが登場したことが，この機械学習の後押しをした形である。

機械学習のAIはAIとはよばれず，様々な業務システムに採用された。なお，この機械学習には教師あり学習（Q&A型），教師なし学習（Qオンリー型），強化学習（報酬型）がある。教師あり学習とは，人間が正しいと判断したデータ（教師データ）をシステムも正しいと判断できるように，反対に人が正しくないと判断したデータ（教師データ）をシステムも正しくないと判断しないように重みづけをすることを何度も繰り返し，正しい判断をするように学習させる方法である。教師無し学習とは，教師データを使わず，データをたくさん入力し，自動的に何通りかに分類（クラスタリング）し，その分類のどれに合うかを判断させる方法である。最後に，強化学習（報酬型）とは，人間がデータを与えず，判断に点数をつけるルールだけ与えて，人工知能が自ら学習する方法である。例えば，チェスや将棋などの学習において，最初はRandomに手を打ち，その勝ち負けを評価して，負ける手には低い評価を，勝つ手には高い評価を与え，この評価を何度も行うことで非常に強いニューラルネットワークができる。そして，機械学習のAIであるIBM社のディープ・ブルーが，チェスの世界王者であるガルリ・カスパロフに勝利した瞬間から，再びAIに光が差し込んだといわれる。

④ 第四次人工知能ブーム

2010年頃から盛んなのがディープラーニング（深層学習）である。別名，特徴表現学習ともよばれ，ニューラルネットワークを何段にも重ねてデータの特徴を見いだしていく方法である。従来のAIでは人間が対象をどうみるかを設定していたが，ディープラーニングでは自動的に行われる。特徴抽出能力に優れ，自ら見つけだした特徴により，様々な認識ができるようになった。なお，機械学習同様，ニューラルネットワークを使うディープラーニングの発想自体は，2000年代に出されたものではなく，第一次人工知能ブームのときのコネクショニズムが原型である。

この背景にあるのは，AI研究を推進させる様々な技術が整ったことにある。スマートフォンやパソコンなどの情報機器，インターネット，ビッグデータ，脳科学，そして今までの機械学習のAIである。膨大な情報と計算能力の獲得により，機械学習でも使われていたが，ニューラルネットワーク自体が見直された。

ディープラーニングのメリットは，自己学習ができ，成長でき，層を重ねるほど様々な情報が処理できることである。対してデメリットは，層を重ねるほど学習が難しくなり，誤りなどの特定が困難であることであるが，この部分は技術面で突破してきたともいわれている。ディープラーニングにより，現在のAIは画像認識，音声認識で人間を超えたといわれている。

(2) 人工知能はどこで「知能」といえるのか。

　知能の有無を見分ける有名な方法は，前述した「チューリング・テスト」である。アラン・チューリングが提唱したテストで，試験官役の人間が複数のAIや人間とチャット機能を通じて会話を行い，どれが人間でどれがAIかを見分け，試験官役の人間がAIを「人間だ」と解答したら知能があるとするものである。

　だがこれは，ジョン・サール（John Rogers Searle）によって，「中国語の部屋」[29]とよばれる反論があった。例えば，応対についてのマニュアルがおかれた部屋に，中国語のわからない人を配置し，部屋の外にいる中国人と手紙で会話させる。逐次対応（返答）がすべて決まっていれば，意味がわからずとも対応できる，つまり記号主義によるパターンでも突破可能だという考えである。

　結果として噴出したのが，AIは言葉を認識しているのか，どのようにAIは言葉と記号を結びつけているのかという，シンボルグラウンディング問題（記号設置問題）[30]である。例えば，人間は"猫"といわれると，動物の猫の概念（生物，動物，にゃーと鳴く，など）を想像できる。これは猫という記号が，猫の概念に接地しているからである。ところが，AIは，"猫"という言葉から猫の概念は結びつかない。猫は猫という言葉に過ぎない。また，よく挙げられる例でシマウマがある。シマウマは，馬と縞模様を表す記号文字列であり，人間はシマウマを見たことがなかったとしても，言葉から縞模様のある馬を想像できる。ところが，コンピュータはシマウマのシマと馬は単なる記号であり，シマウマの意味とは結びつけられない。記号と世界が結びついていないのだ。

　また，画像認識や音声認識に比べ，自然言語処理（NLP：Natural Language Processing）は遅れをとった。言葉は複雑な意味があり，状況や文脈で意味が変わってしまうため，時間とリソースを要したためである。だが，現在は，インターネットの膨大なデータベースを使ったおかげで，自然言語処理の性能が向上している。そして，比較的に正解・不正解を出しやすい機械翻訳で実用化が進み，現在では自然な形での受け答えができるようになっている。

　では，現状のAIの言葉の理解はどうなっているのかというと，人の言葉を正確に聞き取り，質問や指示のキーワードから関連性の高いものをデータベースから見つけ出し，会話パターンによって返答を返している。つまり，AIは未だ，言葉の概念・意味，そして抽象的な概念そのものは理解していない。パターンや文脈に基づいてテキストを処理し，大量のデータから統計的な関係を学ばせ，一般的な言葉のパターンを把握している，つまり単語やフレーズの組み合わせによるパターン認識である。よって，前後に出てくる単語の関連度から，意味の数値や単語やフレーズのパターン，統計情報に基づいた，その言葉がもつ意味の数値に基づいて応答を生成しているに過ぎないのである。

(3) Generative AI（生成AI）とのつき合い方

　生成AIとは，データ・コンテンツから学習するディープラーニングが使われているAIのことを指す。有名なものとして，OpenAI社のChatGPT（Generative Pre-trained Transformer）や，Google社のGemini，Adobe社のFireflyなど，様々なものがある。生成AIはその名の通り，テキスト生成，画像生成，動画生成，音声生成ができ，アイディア次第で様々な活用ができ，業務の効率化が図れるだろうといわれている。

　だが，一方で，生成AIは常に正しい情報を提供しているわけではないことを認識しておかなければならない。これは，AIが学習した先の情報が，常に正しい情報とは限らないためである。また上記したように，今のAIは言葉も意味も理解する能力はない。単なる出現パターンの統計的傾向から答えを返しているだけであることにも注意が必要である。

　このような生成AIとどう付き合っていくかは，以下に列挙する。

① 「間違い」を「間違い」と見抜ぬける範囲で使う

　情報リテラシー（第3章で説明する）であるが，デマをデマと見抜けないなら，絶対に使わないことが大切である。言い換えるなら，自分が間違いだと見抜ける範囲で使うべきである。たとえ，生成AIで何かしらの答えを得たとしても，多重の情報源，信頼性の高い情報源，専門書を参照し，ファクトチェックを行う必要がある。最終的に判断が出来るのは，人間しかいないことは忘れてはならない。

　また，最近では，あたかも本物のようなディープフェイク（deepfake）も存在する。これは，深層学習（deep learning）と偽物（fake）からの造語であり，人物の動画や音声を，人工的に合成する処理技術のことである。AI技術の進化に伴い，高度なディープフェイクの動画や音声がつくられるようになってしまった。これにより，巧妙なだましのテクニックとして使われることも少なくない。これも嘘を見抜けるかだが，不自然に動かない場所などの違和感のある箇所や，瞳の瞳孔などで見抜く方法が研究されているが，いたちごっこになっている。よって，こちらに関しても，最後は自分自身で判断するしかないのが現状である。

② AIには「限界」がある

　前述したが，AIは，様々な情報源から学習するが，その学習した先が正しいとは限らないため，正しい情報が提供されるとは限らない。また，公開されているAIは，あくまで公開された時点でのデータであり，最新の学習データではないため，最新ニュースはフォローできない点にも注意が必要である。

③ 著作権違反になるかもしれない[31]

　生成AIが出すものそのものに著作権はないが，著作権にひっかかるものを学習している可能性があり，ユーザーの方で確認や検証を行わなければならない。AIは自ら起こした問題に対して責任を負えない。

④ 情報漏洩になるかもしれない。

　例えば，Chat GPT[32]や他の生成AIサービスに投稿されたデータは，AIモデルの改良のために利用することがあると明言している。そんな中，サイバーセキュリティ企業であるCyberhavenの調査では，従業員の10.8％が職場でChatGPTを使っており，8.6％が企業データを貼り付け，4.7％の人が一度は会社の機密情報をChatGPTに入力したという。もちろん

これは，個人にもいえ，様々な情報を漏洩する可能性があることは認識しておくべきである。
　以上を踏まえたうえで，自分がわかる範囲で使うことが大事である。

（4）AIと人との違い

　最後に，最初に認識してもらったAIと人との違いを改めて考えることとする。
　まず，人について説明をする。人はとにかく汎用性が強みである。人の知能は，基本的には生存のためにあり，あらゆる事態に対応できるようになっているため，広く浅い。そしてタスクを満遍なく，時には複数のタスクを同時並行できるが，完璧にはできない。新たなものを創造する，物事の効率化を測る，想定外の事態に対処することに長けている。
　次にAIについて説明をする。AIは何かに特化していることが強みである。AIの知識は，人によって特定のタスクのためにつくられているため，狭くて深い。1つのAIで1タスクだが，もちろん，複数のAIで協力することはできる。人と違って疲れないため，定型の仕事，長時間正確にやる仕事などを対応することに長けている。
　なお，AIが暴走することはないのかというと，もちろん十分考えられる。実際，Facebook社が開発したAI同士が独自の言語で会話を始めた事例や，Microsoft社が開発したAIが突然不適切な発言をするようになった事例がある。なお，後者の事例は，悪意のある改ざんが成されたものだった。また，度々AIが人を侵害する可能性も指摘される。だが，AIはあくまでプログラムである。よって，まずはAIに対して規制を設ければよい。それでも暴走する場合は，プログラムに何らかの異常があったと考えられるので，非常停止をすればよく，その後，対応を考えればいい。この点が人の犯罪とは違う部分である。

（5）AIと未来

　2005年，Google社のレイ・カーツワイル（Ray Kurzweil）が提唱したシンギュラリティ（Technological Singularity，技術的特異点）問題がある。進化は加速するという考え方に基づき，「現状のスピードでAIが発達した場合，AIの性能が人間の知能を追い越す瞬間は，2045年までに訪れるだろう」と予言した。このシンギュラリティの到来を肯定的に受け止める人と，否定的に受け止め，AIの脅威を主張している人がいる。だが，上記したように，現状としてAIはまだ言葉すら理解していない。例えば，産業技術総合研究所人工知能研究センターの野田五十樹博士[33]は，「シンギュラリティ問題は，SFめいた話であり，そもそも「知能」が何を示すのか，定義をせずに語っても意味がない」と語っている。そして，「仮に知能が計算力を指しているのであれば，80年代からとっくに人間の能力を超えている。人工知能学は，「知能とは何か」という中心のテーマを追い求めているものであり，「知能とは何か」がわからない限りは起こりえない」としている。
　一方で，生成AIに限らず，様々なAIとの付き合い方は十二分に考えていく必要がある。2023年に，言語学・言語哲学の父とよばれるノーム・チョムスキー（Avram Noam Chomsky）は，「現状のAIには知性が欠如している」と語っている[34]。「それは人間側の問題であり，人間側の盗用といった道徳感の欠如である」とし，「生成AIは法律の問題や倫理観はなく，事実関係や倫理を逸脱した情報が膨張していくリスクがある」としている。また，Microsoft社

のビル・ゲイツ（Bill Gates）は，「AI の時代が始まった」という記事を公開した[35]。「AI に移行していく仕事がある一方で，最終的な意思決定が人間に求められる仕事の AI は，常に補助であり，より効率的な仕事ができる」としている。「最後に AI の時代には機会と責任が伴う」，とし，「あくまで人間が管理できる」という見解になっている。

また，一方で AI だからこその問題が存在する。例えば，AI の倫理である。AI は人間と違い，自分がやったことに対しての責任が負えない。予め，AI の責任をだれが負うのかをルール化しなければならない。また，今後 AI 技術がオープン化していけば，さらに技術は悪用され，サイバー犯罪などが増える可能性がある。

AI は様々な形で今後も広がり続けるだろう。現時点でも画像認識や機械翻訳，音声認識などはすでに欠かせない技術であり，あらゆるところに組み込まれて，存在すら意識しなくなった。AI はこれからも発展し，AI はより人間に近く，人間をサポートする存在になっていくだろう。だが，AI 自体は，何かができるわけではない。あくまで行動を決めているのは人間である。停止してしまえば，AI は何もできないということを念頭に，AI をうまく使いこなしていくことが重要である。

<参考文献>　　＊　　＊　　＊　　＊　　＊　　＊

1) 新村出：広辞苑 第5版，2880 (1998)
2) https://www.wide.ad.jp/About/history.html
3) https://www.wide.ad.jp/
4) 総務省：平成23年版情報通信白書，http://www.soumu.go.jp/johotsusintokei/whitepaper/h23.html 27 (2014)
5) 総務省：平成23年情報通信白書，http://www.soumu.go.jp/johotausintokei/whitepaper/index.html (2011)
6) Oxford English Dictionary, https://www.oed.com/?tl=true
7) 小野厚夫：45周年記念特別寄稿：情報という言葉を尋ねて (1)，情報処理 46.4, 347-351 (2005)
8) 小野厚夫：45周年記念特別寄稿：情報という言葉を尋ねて (2)，情報処理 46.5, 475-479 (2005)
9) 小野厚夫：45周年記念特別寄稿：情報という言葉を尋ねて (3)，情報処理 46.6, 612-616 (2005)
10) 長山泰介：情報という言葉の起源，ドクメンテーション研究 33.9, 431-435 (1983)
11) 小野厚夫：明治期における情報と状報，全国大会講演論文集情報科学一般，43-44 (1991)
12) Rowley, Jennifer : The wisdom hierarchy : representations of the DIKW hierarchy, Journal of information science 33.2, 163-180 (2007)
13) Hartley, Ralph VL : Transmission of information 1, Bell System technical journal 7.3, 535-563 (1928)
14) Shannon, Claude Elwood : A mathematical theory of communication., The Bell system technical journal 27.3 379-423 (1948)
15) 人工知能学会：What's AI?, https://www.ai-gakkai.or.jp/whatsai/
16) 人工知能学会監修：「人工知能とは」近代科学社 (2016)
17) 前田隆，青木文夫：「新しい人工知能 基本編」Ohmsha (1999)
18) 三津村直貴：「図解まるわかり AI のしくみ」翔泳社 (2022)
19) B. G. Buchanan : Brief History of Artificial Intelligence, http://aitopics.org/misc/.
20) McCulloch, Warren S and Walter Pitts : A logical calculus of the ideas immanent in nervous activity, The bulletin of mathematical biophysics 5, 115-133 (1943)
21) Turing, Alan M : Lecture to the london mathematical society on 20 february 1947, MD COMPUTING 12, :390-390 (1995).
22) Turing, Alan Mathison : On compuTable. numbers, with an application to the Entscheidungsproblem, J. of Math

58. 345-363: 5 (1936)
23) Turing, Alan M : Computing machinery and intelligence. Springer Netherlands (2009)
24) Von Neumann, John : First Draft of a Report on the EDVAC. IEEE Annals of the History of Computing 15. 4 27-75 (1993)
25) McCarthy, J, Minsky, M. L, Rochester, N, and Shannon, C. E : A Proposal for the Dartmouth Summer Research Project on Artificial Intelligence, August 31, 1955. AI Magazine, 27 (4), 12 (2006)
26) McCarthy, John, and Patrick J. Hayes : Some philosophical problems from the standpoint of artificial intelligence, Readings in artificial intelligence, Morgan Kaufmann, 431-450 (1981)
27) Clark, Andy : Christopher Hookway, ed., Minds, Machines and Evolution : Philosophical Studies, : Philosophy in Review 6.5, 222-224 (1986)
28) 寺野隆雄：人工知能研究の過去・現在・未来——人工知能から人口知能へ，日本物理学会誌 74.7, 454-462 (2019)
29) Searle, John R : Minds, brains, and programs, Behavioral and brain sciences 3.3, 417-424 (1980)
30) Harnad, Stevan : The symbol grounding problem, Physica D : Nonlinear Phenomena 42. 1-3, 335-346 (1990)
31) 文化審議会著作権分科会法制度小委員会：AIと著作権に関する考え方について，https://www.bunka.go.jp/seisaku/bunkashingikai/chosakuken/hoseido/r05_07/pdf/94024201_01.pdf（令和6年3月15日）
32) Cameron Coles : 11% of data employees paste into ChatGPT is confidential", https://www.cyberhaven.com/blog/4-2-of-workers-have-pasted-company-data-into-chatgpt
33) 石井徹：「シンギュラリティはSFめいた話」－人工知能学会会長が切る"間違ったAIのイメージと正しいAI研究の姿．https://www.itmedia.co.jp/news/articles/2010/29/news084.html
34) Chomsky, Noam, Ian Roberts, and Jeffrey Watumull : Noam chomsky, The false promise of chatgpt. The New York Times 8 (2023)
35) Bill Gates : The Age of AI has begun, https://www.gatesnotes.com/The-Age-of-AI-Has-Begun (2023)

第3章 情報リテラシー

概要 私たちが生きている現代社会は，民主主義社会であり，意思決定の主体は，各個人にある。その意思決定は，この情報化社会においては，「情報」を使うことが鍵となり，その情報の正確性は，自分の知識と想像力で判断し，そのうえで様々なことを決断しなければならない。だが，インターネット上にある情報は玉石混淆である。その正確性を判断し，情報を利用するために必要な能力こそが情報リテラシーであり，現代社会では必須の能力といえる。
　この章では，インターネットにおける民主主義とは何かを学び，そして情報リテラシーとは何かを学ぶ。そのうえで，情報リテラシーの一例として，研究不正問題，論文等の剽窃問題について言及する。また，知らず知らずのうちに巻き込まれる可能性のあるサイバー犯罪についても学習し，サイバー犯罪から身を守る手段であるセキュリティについて言及することとする。さらに，情報共有の主要な手段の一つとなっているSNSにおいての情報リテラシーの大切さについても検討する。SNSにおいて，なぜデマが流れるのか，具体例を交えながら，同質性やエコーチェンバー，確証バイアスについて解説する。

01　情報リテラシー

　現代社会は目まぐるしい文明の発達があり，そして技術の発達した社会である。特に情報技術は日常生活への浸透度が高く，それゆえに情報化社会とよばれる。そして，今の日本は，その社会において，民主主義の立場をとっている。民主主義社会において，意思決定の主体は各個人にあり，情報化社会において，情報の意思決定の主体は各個人にある。つまり，情報によって意思決定することが多いこの現代社会において，その情報の背景，正確性，有用性など様々なことを，自分の知識や想像力で判断し，決断しなければならないのである。それが情報リテラシーであり，つまりは批判的思考[1]（Critical Thinking）能力である。

(1) 批判的思考能力

　批判的思考は，相手を非難するための思考ではなく，むしろ内省的な思考である。批判的思考能力は情報リテラシー（特に，メディアリテラシー）と類似した能力である。
　批判的思考の過程は，まず，入ってきた情報を明確化し，多角的に解釈をする。その際には，根拠となる論証を重視し，情報を分析する。そして，根拠に基づく論理的で偏りのない思考から，推論を行う。その結果から，行動を決定し，問題解決を行う。つまり，冷静に意思決定ができるようになるための，思考のことであり，問題解決や判断を支える汎用的スキルである。批判的思考能力は，様々な学問領域，市民生活，職業においても必要とされるスキルなため，必ず意識しておくとよい。

（2） インターネットと民主主義

2018年，キャス・サンスティーン（Cass R. Sunstein）によって，「インターネットは民主主義の敵か？[2]」が出版された。この本の中でサスティーンは，インターネットの世界においても，民主主義は有効であることを述べた。本来の民主主義は，批判的思考能力をもって，自分と異なる意見でも妥協点を見いだし，うまくやっていくものなのである。なお，上記本の要旨は以下の通りである。『本来，民主主義は，広範な共通体験と多様な話題や考え方への思いがけない接触を必要とする。そして共通体験や，個人の情報選別によらない，思いがけない情報との接触をマスメディアが担い，結果マスメディアが民主主義を促進した。しかし，インターネットの急速な普及はマスメディアの重要性を低下させた。情報は，カスタマイズ・フィルタリングされ，自分の見たいものしか届かなくなってしまった。これにより，集団は分極化[3]されて，サイバーカスケードや過激主義が生まれた。だが，これは社会としては広範囲な意見をもつこととなり，民主主義としては間違っていない。現在のところ，インターネットは，熟考型民主主義（Deliberative democracy）と両立しているが，異質な意見や他者との接触の促進を促すアーキテクチャも視野に入れる必要がある。』

ところが，サスティーンも言及している通り，インターネット上では，知らず知らずのうちに情報はカスタマイズ・フィルタリングされてしまう。自分自身が情報をそのように検索するだけではなく，ネット上で検索したり"いいね"などをしたりした痕跡をAIなどが分析し，それに合うような情報や広告が提示されようになる。つまり，本来ならば，自分の意見とは異なる主張の情報をも含めて，様々な情報を手に入れたうえで，自分で必要な情報を吟味し，自分の行動に取り入れるのが民主主義のはずが，自分自身の興味があるものだけが提示され，自分自身の考えや意見の根拠となるような情報だけが提示されているのが現状である。これは後述するSNSでの，同質性やエコーチェンバー，確証バイアスによる，極端な，あるいは間違った考え方のグループができてしまう状態である。さらに，情報を利用できる能力である情報リテラシーを兼ね備えた人間と，情報リテラシーをもたない人間との情報格差が拡大している。これらは，民主主義の脆弱さの一つであると現在指摘されている。つまり，偏った情報をみてしまう世の中においても，情報リテラシーは重要な能力となる。

（3） 情報リテラシーとは

情報リテラシー（Information Literacy）は，情報（Information）と読み書きの能力（Literacy）から成る造語である。同じような単語としては，メディアリテラシー（Media Literacy）やコンピュータリテラシー（Computer Literacy）がある。正確にいうと，情報リテラシーが最上位の能力であり，その中にメディアリテラシー，さらにその中にコンピュータリテラシー（*Information Literacy* ⊃ *Media Literacy* ⊃ *Computer Literacy*）がある（Table 3-1）。コンピュータリテラシーはコンピュータを使って情報を得る場合に必要な知識や能力であり，メディアリテラシーは情報メディアから真偽の判定を含めて情報を取捨選択する能力であり，情報リテラシーはメディアリテラシーを使って集めた情報を活用する能力である。なお，メディアリテラシーは，前述した批判的思考能力ともいえる。

Table 3-1 色々なリテラシー

情報リテラシー （Information Literacy）	最上位の能力 集めた情報を活用する能力のこと
メディアリテラシー （Media Literacy）	情報メディアから，必要な部分を取捨選択する能力のこと 真偽の認識を含む 情報メディアは必ずしもマスメディアだけを意味するとは限らない 情報を発する全てのものを情報メディアと認識すべき
コンピュータリテラシー （Computer Literacy）	コンピュータを使って情報を得る場合に必要な知識や能力のこと

情報リテラシーおよび，情報リテラシーの運用の仕方についての定義については，アメリカ図書館協会（American Library Association）が，まとめている[4]ため，以下に引用する。

* **Information literacy**：『Information literacy is a set of abilities requiring individuals to "recognize when information is needed and have the ability to locate, evaluate, and use effectively the needed information.

（Omission）

An information literate individual is able to:

1. Determine the extent of information needed
2. Access the needed information effectively and efficiently
3. Evaluate information and its sources critically
4. Incorporate selected information into one's knowledge base
5. Use information effectively to accomplish a specific purpose
6. Understand the economic, legal, and social issues surrounding the use of information, and access and use information ethically and legally』

American Library Association[4]

日本語でまとめると，「情報リテラシーとは，情報が必要とされるときに，情報の取捨選択を適切に行い，活用し，利用するのに必要な個人の能力のこと」であり，「情報を活用する手順は，①必要な情報の範囲を決定，②効果的効率的に必要な情報へアクセス，③情報源と情報へ適切な評価を行う　④情報を自分の知識ベースに吸収する，⑤目的に応じて効果的に情報を使用する，⑥情報の使用において，社会的な問題などを理解しながら，倫理的かつ合法的に情報を使用する」となる。なお，使用する内容には発信も含まれるというのが現状の考え方である。

情報化社会において，技術は急速に変化し続けている。情報を得るメディア（情報のリソース）はますます増え，複雑化し，様々な場面で，情報の選択肢に直面することになる。例えば，近年だと，Chat GPT をはじめとした生成 AI が急速に普及し，その技術に振り回されている人は少なからず存在する。それらの生成 AI が提示する情報は検閲されていない。その情報は信憑性もなく，有用性も信頼性も何もかもが疑問の情報である。情報の信頼性だけの問題ではない。生成 AI が学習した先によっては，生成 AI が提示した情報を使うと，法律違反（著作権違反など）になる可能性もある。有益な情報を，確固たる根拠をもって選び取る能力である情報リテラシーは，生涯において，必須かつ汎用性のあるスキルとなっている。

① 情報リテラシーの例1　疑似科学

疑似科学（似非科学）とは，「見かけはあたかも科学的であっても，実は科学的ではないも

の」を指す。主に2通りあるとされ，1つ目が，「その疑似科学が主張する現象や法則が，実験や観測によって確証されていないもの」である。これは，論理性，再現性，客観性，普遍性がないということになる。2つ目が，「理論の説明が，科学的でないもの」である。これは妥当性，予測性，体系性がないということになる。そして，疑似科学の主張は2パターンあり，間違っていることがわかっているのに正しいと主張する場合と，正しいか間違っているかまだわかっていないのに正しいと主張する場合である。後者はもしかしたらこれから疑似科学ではなくなる可能性はある。

　現在，疑似科学は，特に健康をめぐる分野でまん延していると考えられている。ある研究によると，一般市民が疑似科学と認識している対象のうち35％を占めているのが医療健康系である[5]。疑似科学は様々な病気や健康問題に効果があると主張しているが，科学的根拠が不十分であることはいうまでもない。一部のサプリメントや，万能を謳った水，民間療法，ホメオパシー，デトックスなどがそれにあたる。そして，深刻な病となるがんやアトピー，自己免疫疾患，慢性疲労症候群，精神疾患などでも疑似科学の勧誘がみられる。また，反ワクチンなども疑似科学の一種といえるだろう。

　疑似科学と医療との関係で，近年注目を集めたトピックは，新型コロナウイルス感染症（COVID-19）の中で広がった陰謀論[6]である。例えば，COVID-19は人工的なウイルスである，5Gの電磁波が原因である，5Gでコントロールされる，ワクチンによってマイクロチップが埋め込まれている，接種すれば数年以内に死亡する，遺伝子操作されてゾンビになる，マスメディアは真実を伝えていない，邪悪な影がある，などである。これらは，COVID-19の流行が不明確な感染経路であったこと，そして感染抑制のためのステイホームなどへの不満，マスクの効果が理解できない，当初の治療法の不足，新たな情報や医療に関する情報のアップデートが多かった，予防に使われたのがメッセンジャーRNA（mRNA）という新たな手法であった，などによって，理解しきれなかった一部の人間が，陰謀論に救いを求める形となった。これらの疑似科学は，有志によって，情報が拡散していく。特に，インターネット上では，特有の閉鎖的な認知バイアス（同質性，エコーチェンバー，確証バイアス）がかかり，信じてしまう人間が拡散する。

　また，2015〜2017年あたりに流行ったのは，医療系のキュレーションメディアによるデマである。キュレーションメディアとは，決まった条件に沿った情報をまとめたコンテンツを公開しているメディア，あるいは多数のライターが集まりコンテンツを更新しているサイトのことをいう。キュレーションメディアは，①運営としてはコストが安く，情報が纏められているため，人がよく集まるのでアクセスを集めやすい，②大量の記事を出すことを目的としているので品質をそこまで考えなくて済む，③その記事から自社の商品などに誘導できたり，アフィリエイトにつなげられたりするため効率がよい，④顧客側としては，予め情報が取捨選択されているため，探す手間が要らないため，アクセスする，などにより，急速に増えた。ところが，一部のキュレーションメディアは，無断転載も多く，アフィリエイトで儲けようとするSEOが露骨，内容が倫理的に問題，間違った記事や品質確認なしのコンテンツがネットに多数上がるという側面がある。当時は，WELQ，ヘルスケア大学，マイナビウーマンなどが大炎上した。もちろん，よいキュレーションメディアも多いが，注意をする

必要があるメディアの一つである。

このような医療・健康系の疑似医療，デマサイトやデマが横行する理由として，お金儲けができるからという側面もある。例えば，人は病気や健康で不安なときに検索をするが，これはネガティブな検索である。ネガティブな検索は，自分の不安を増幅させる情報を鵜呑みにする傾向にある。そして，騙したい団体や人間は，ネガティブな検索を見越し，不安を増大させることで商材を売るきっかけをつくる。それに騙されてインチキな疑似科学の商材を買ってしまう，という負の連鎖が生まれているのである。

これらに騙されないための対策として有効なのは，やはり情報リテラシーをもつことである。例えば，日本インターネット医療協議会は，「インターネット上の医療情報の利用の手引き[7]」を出しており，以下のようになっている。

- 情報提供の主体が明確なサイトの情報を利用する
- 営利性のない情報を利用する
- 客観的な裏付けがある科学的な情報を利用する
- 公共の機関等が提供する医療情報を主に利用する（例：go.jp の政府機関，ac.jp の大学研究機関）
- 新しい情報を利用する
- 複数の情報源を比較検討する
- 情報の利用は自己責任が原則
- 疑問があれば，専門家のアドバイスを求める

このように，疑似科学に騙されないため，利用されないためには，情報元の信頼性をあげることが必要であり，その中からさらに情報を絞り込む必要がある。疑似科学を含めたフェイク情報から正しい情報を絞り込むことをファクトチェックというが，これらの行動が，情報リテラシーなのである。

最近では，情報検索エンジンも様々な対応をしており，例えば Google は 2017 年 12 月 6 日，「医療や健康に関する検索結果の改善を目的としたアップデート」[8]を行った。これにより，健康・医療情報を求める検索に対して，医療情報系サイトや素人投稿型のサイトの多くが検索順位を落としたが，今後も医療系のデマが検索結果に引っかからないとは限らない。十分注意して使用すべきである。

② 情報リテラシーの例2　研究不正問題

まず，研究不正について定義する。文部科学省は，処罰の対象となる研究の特定不正行為を，「捏造（fabrication：存在しないデータ，研究成果を作成する）」，「改ざん（falsification：資料や過程などを変更し，結果を都合のよいように加工する）」，「盗用（plagiarism：剽窃ともいう。適切な引用ではなく，他者のデータや文章などを流用する）」と定めている。これらは，英語の頭文字を取って FFP とよばれたり，捏造，改ざん，盗用の頭文字を取って，研究ネカトとよばれたりする。もちろん，オーサーシップ問題や，利益相反の問題などもあるため，一概に FFP のみが研究不正とはいえないが，今回はその議論はしないこととする。なお，論文は捏造と判断された場合，撤回（RETRACTED）される。

情報リテラシーの例として，研究不正問題を取り上げる理由は，現在，研究不正をなくすために情報リテラシー教育を充実させようという動きがあるからである。情報化社会において，研究においても，様々な面でデジタル化が進んだ。その結果，研究成果の量やスピード

がますます求められているのもまた事実である。データ収集，データの解析，研究発表，論文執筆など，すべての研究過程に置いて，デジタル化したからこそ研究不正のリスクは高まった。研究者一人ひとりが研究公正(Research Integrity)をもたなければいけない。その中の一つの能力が情報リテラシーである。

　2000年以降，日本人ノーベル賞受賞者の数は急増した。それと同時に，2000年以降，日本では，重大な研究不正が続出している。そして，将来においては，日本人の受賞者は減るだろうと，ノーベル賞受賞者は口をそろえる。学術雑誌に掲載された論文の撤回を報告・分析・議論するブログであるRetraction Watch[9]によると，2023年12月時点で，論文数撤回ランキングという不名誉なランキングのトップ10の中に5人日本人が含まれている。例えば，事例(A)で紹介する小保方晴子氏(独立行政法人理化学研究所)のSTAP細胞の研究や，事例(B)で紹介する佐藤能啓氏(弘前大学・久留米大学)の骨粗しょう症の研究だけでなく，1996～2015年にかけて発表された加藤茂明氏ら(東京大学分子細胞生物学研究所)の核内受容体の研究，2022年まで論文撤回数世界1位だった藤井善隆氏(東邦大学)など，様々な研究不正が起こってしまっているのである。また，日本に限らず，世界中で撤回された論文の43％は詐欺(またはその疑い)であり，重複出版が14％，盗作が10％である[10]。よって，誤りにより撤回された論文はわずか21％であり，研究不正が多いことを物語っている。

　研究不正問題[11]において，解決方法の一つとして毎回議論されるのは，研究不正を調査する第三者機関の設立である。現状の日本において，研究不正をする人にストップをかける自浄機能が少ないのも確かである。だが，その前に，研究に携わる人間の情報リテラシー教育も研究不正に対する対策や防止になる。例えば，信頼性の高い情報源を選別することも重要である。近年では生成AIなどによる誤った情報も問題になっている。次に，データの加工能力，情報の評価能力である。これは，データを都合よく加工せず，誤魔化さない，捏造しないなどである。情報の信頼性を研究に携わる人間が確保することで，不正は少なくなるだろう。また，東京大学の不正問題の際に，プレッシャーや競争によって不正に走ったという証言があった。このようなプレッシャーなどにより，データ改ざんや結果の歪みを生じさせるのも，情報リテラシー不足であるといえる。

　以下，研究不正問題を2例提示する。

(A) STAP細胞研究の不正

　2014年から2015年にかけて，小保方晴子氏(元博士(工学))が起こしたSTAP細胞の研究不正問題が取りざたされた。STAP細胞の研究は，2014年にNatureに掲載され，「ノーベル賞級の世界的発見」とよばれたが，数か月後には，「2000年代の世界三大不正の中の一つ」といわれるまでになった。STAP細胞の研究は，仮説の実証のために，データや論文の内容が都合よく改ざん，捏造され，さらに盗用も認められた[12]。この事件は，科学史上でもまれにみる大事件であるといわれる。

　なお，STAP細胞に関してもう一つ問題点があるが，SNS上で定期的にSTAP細胞はやはりあったと騒がれることである。これは，論文で小保方氏の研究が取り上げられたりすることが影響している。例えば，2015年の論文[13]で，小保方氏の論文が引用されたことにより，

STAP細胞はやはりあった，小保方氏は利用されただけだという騒ぎが起こった。しかしこれは，論文内で「成熟組織における多能性様細胞の存在は長い間，議論されている問題である。しかし，そのような多能細胞が異なる幹細胞（分化型組織）から出来上がると証明した研究はない」ということが書かれている所に引用があるのであって，万能細胞について知りたくて小保方氏の論文を読んだが，STAP細胞の存在は証明できていないといっているに過ぎない。さらに，2016年に「STAP」という名前の入った論文[14]が公開された。ただし，これもあくまで現象の問題を調べているだけであり，発想として面白かったから調べてみたに過ぎなかった。また，小保方氏のプロトコルでは成功しなかったとも論文中には書いてあった。

(B) 骨粗しょう症の診療根拠が不正研究

弘前大学の元教授，故佐藤能啓氏は2000年に入ったくらいから，その論文の投稿のスピードに懐疑がかけられた。調査をした結果，盗作，データ捏造，引用論文の不確かさなどにより，発表した論文のうち，最終的に124本の論文が撤回された[9]。この事件は，全米科学振興協会（AAAS）の科学週刊誌Scienceの中で大々的に扱われ[15]，世界最悪の研究捏造[16]とも評された。

佐藤氏は，骨折とビタミンなどに関する大規模な臨床試験を行ったとして論文を発表した。そして，佐藤氏の論文はほかの論文にも多く引用されていた。また，骨折を防ぐ医薬品や支持具に関する研究を行い，その論文は診療ガイドラインなどに引用されていた。これは医療のエビデンスを脅かす大問題であるといわれている。

このような問題は，上記したような研究不正だけにとどまらず，身近にある。身近な例として，レポートの盗作（コピペ）問題，実験の数値改ざんも，情報リテラシーの問題の一つである。学生生活，あるいは社会人生活において，何らかの論文やレポート，レジュメを書くことは多い。レポートは論文と同じく，論理的な展開に基づき，客観的証拠と論理的推察でまとまった文章であり，最終的には自分の考察を主張するが，その過程は十二分な客観的な証拠と論理的推論が求められる。だが，引用ではなく，他人のレポートを写す・インターネット上の文章を写すなどの剽窃を行う，生成AIからの答えをそのままレポートにする，実験の数値データを都合のよいように書き換える，などは重大な不正行為である。これらの問題もまた，研究不正問題と本質は同じである。なお，近年では，大学において，盗作（剽窃）行為等は，退学処分とまではいかないまでも，不正行為と認定し，何らかの処分を科すなど厳しくなっているため，よりいっそう気をつけてほしい。

なお，学術的な視点からのWikipedia（オンライン百科事典）や有名ブログ，あるいは生成AIなどからのコピー＆ペースト（剽窃）や，引用は，以下の理由でできない。①情報（記事）の正確性・厳密性が確保できない。②Wikipediaや有名ブログ等の記事は匿名の投稿であり，誰が書いたものか確認がとれない。③引用元や参照元が定かでないため，正確性も厳密性も確保不可能である。例えば，論文（査読論文）は査読者のチェックを受けており，書籍は編集者によるチェックを受けている。だが，インターネット情報は，公開される前に編集者や査読者などのチェックがない場合が多い。また，④編集は常時できるため，「筆者」が参考

にした時点と，「読者」が見た時点で内容が異なる可能性がある．さらに，⑤これらの情報は，誰かの資料を勝手にまとめた間接的な情報，つまり少なくとも第3次資料以降（後述の付録の論文についてで説明）であり，学術においては意味をなさない情報となる．

02　サイバー犯罪

(1)　サイバー空間

　総務省の定義では，サイバー空間[17]とは，「インターネットは，そのうえで多様なサービスのサプライチェーンやコミュニティなどが形成され，いわば一つの新たな社会領域（サイバー空間）となっている．」である．インターネットが社会基盤として定着した結果，サイバー空間は，国民のほとんどが参画，重要な社会経済活動を営む公共空間となっている．特に警察の犯罪では，リアルスペース（現実空間）の犯罪とサイバースペース（電脳空間）の犯罪という考え方をする．なお，サイバー空間はイコール，インターネットではない．サイバー空間は，インターネット，クローズド・ネットワーク，それらに接続された電子機器が含まれる．また，サイバー空間は仮想空間，デジタル空間だけを指すわけでもない．もちろん，情報やデータは仮想・デジタルだが，それぞれ保存流通させるためには物理空間，インフラが必要不可欠である．さらに，サイバー空間は人類の共有財産（Global commons）でもない．サイバー空間は，民間企業や団体，国が管理しており，競合性も排除性も存在する．したがって，対価を払わないとアクセス・利用できない空間である．自然空間とは異なり，サイバー空間は人の手で管理されなければ，維持できない．

(2)　サイバー犯罪とは

　サイバー犯罪[18]とは，「高度情報通信ネットワークを利用した犯罪やコンピュータ又は電磁的記録を対象とした犯罪等の情報技術を利用した犯罪」である．簡単にいえば，サイバー空間で起こる犯罪をサイバー犯罪という．サイバー犯罪は年々増加の一途をたどり，法務省[19]のデータによると，2022（令和4）年は1万2,369件（前年比160件（1.3％）増）であった（Fig.3-1）．COVID-19対策もあり，行政手続のオンライン化が加速，テレワークの積極的な実施，キャッシュレス決済のサービスの普及など，様々なデータをオンラインで取り扱うようになっていることから，さらにサイバー犯罪は増えてきている．サイバー空間における脅威は，きわめて深刻な情勢である．

　サイバー犯罪には主に3種類ある．サイバーテロ（Cyber Terrorism），サイバーインテリジェンス（Cyber Intelligence），ネットワーク利用犯罪（Cyber Enabled Crime）である．

　サイバーテロは重要インフラの基幹システムに対する電子攻撃のことで，対象は重要インフラ事業者で，目的は社会機能の麻痺である．情報化社会において，この犯罪は生活や社会経済活動に重大な被害をもたらす恐れがある．手口としては，セキュリティ上の脆弱性を悪用するなどして不正アクセスするもの，マルウェアに感染させて管理者や利用者の意図しない動作をコンピュータに命令するなどの方法がとられている．サイバーインテリジェンス

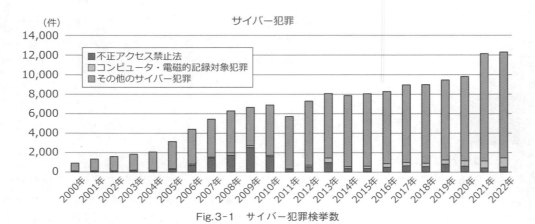

Fig.3-1　サイバー犯罪検挙数

（別名：サイバーエスピオナージ）は，情報通信技術を用いた諜報活動のことで，対象は政府機関や先端技術を有する企業や研究機関，目的は機密情報の窃取である。近年，情報は電子化されており，軍事技術へ転用可能な先端技術や国家戦略などの機密情報の窃取を目的とした脅威が，世界各国で問題となっている。手口としては，標的型メール攻撃が代表的で，あたかも正常な業務メールのように装った，ウイルス対策ソフトでは検知できないマルウェアを添付したメールを送り，受信したコンピュータをマルウェアに感染させる方法である。この他にも，水飲み場型攻撃という，対象組織の人間が閲覧するホームページを改ざんして，マルウェアに感染させる方法などもある。近年その方法はますます巧妙化，多様化してきている。最後にネットワーク利用犯罪は，犯罪の実行にネットワークを利用した犯罪，あるいは犯罪行為そのものではないが犯罪の実行に必要不可欠な手段としてネットワークを利用した犯罪であり，対象は一般市民から企業まで幅広く，目的は詐欺や愉快犯的な犯罪である。従来の犯罪にインターネットを利用したものが多く，例えば，詐欺や児童ポルノ禁止法違反，青少年保護育成条例違反等が挙げられる（Table 3-2）。

　具体的に検挙される事例として，詐欺や児童ポルノ禁止法違反等以外にも，不正アクセス禁止法違反やコンピュータ電磁的記録犯罪がある。不正アクセス禁止法違反は，他人のID/PASS を無断で使用したうえで，ネットワーク越しにコンピュータを不正使用する「なりすまし」，不正なプログラムを使用するなどして，セキュリティホールを突き，ネットワーク越しにコンピュータを不正使用する「セキュリティホール攻撃」，他人のID/PASS を不正に取得・保管・入力要求する「フィッシング」，そしてコンピュータを利用するためのID/PASS を利用者に無断で第三者に渡す行為などがある。また，コンピュータ電磁気的記録犯罪として，金融機関などのオンライン端末を不正操作し，無断で他人の口座から自分の口座に預金を移す「電子計算機使用詐欺罪」や，サーバに保存されているホームページのデータを無断で書き換える「電子計算機損壊等業務妨害罪」，ウイルスを作成した犯罪である「不正指令電磁的記録作成罪（ウイルス作成罪）」などがある。

　また，平成18年の警察白書[20]によると，サイバー犯罪には，①匿名性（本人が名前を出さない限りは名前がわかり難いため，犯人を特定しにくい），②無痕跡性（匿名性があるため，証拠が残り難く，摘発しにくい），③時間的・場所的無限定性（時間と空間に囚われない。物

Table 3-2 サイバー犯罪の種類

	サイバーテロ	サイバーインテリジェンス	ネットワーク利用犯罪
内容	重要インフラの基幹システムに対する電子的攻撃 重要インフラの基幹システムにおける重大な障害で電子的攻撃による可能性が高いもの	情報通信技術を用いた諜報活動 サイバーエスピオナージ（Cyber Espionage）ともいう	犯罪の実行にネットワークを利用した犯罪 犯罪行為そのものではないが犯罪の敢行に必要不可欠な手段としてネットワークを利用した犯罪
目的	社会機能の麻痺	機密情報の窃取	詐欺，愉快犯
対象	重要インフラ事業者	政府機関や先端技術を有する企業や研究機関	一般市民から企業まで幅広い

＊重要インフラとは，情報通信，金融，航空，鉄道，電力，ガス，政府・行政サービス，医療，鉄道，水道，物流，科学，クレジットカード，石油の各分野における社会基盤のこと
＊重要インフラの基幹システムとは，国民生活，社会経済活動に不可欠な業務の安定的な供給，公共の安全確保に重要な役割を果たすシステムのこと

理的な制約がなく犯罪活動の自由度が高い），④被害の不特定多数性（一瞬に世界中に被害が広まる），以上①～④の特徴がある。それに追加として⑤法律の適用範囲問題（国境がないため，法律の適用を逃れることができる），⑥不特定多数性（年齢・性別に関係なく巻き込まれる），⑦自覚なく罪を犯す・自覚なく被害に合う，⑧被害者と加害者の識別が困難な場合がある，などの特徴も挙げることができる。

(3) サイバー犯罪がなぜ多いのか

サイバー犯罪が多い理由として，各方面で情報化が急速に進展し，情報化社会というネットワークを利用した社会が，知識不足の中で発達していったことに原因があると考えられる。

サイバー空間は地理的，時間的に無制約で，匿名性，無痕跡性，不特定多数性など現実空間とは特性に違いがあると考えてしまい，サイバー空間と現実空間との間に，物理的にも意識的にも大きなギャップが生じる。このギャップの存在が犯罪者につけ入る隙を与えるということも考えられる。犯罪者にとっても，所在地がわかりづらいなど，インターネットは，きわめて好都合な犯行の手段である。さらに，相手に対峙していないため，抵抗感なく犯罪に手を染めている者もいると警察は発表している。これは情報リテラシーが十分にそなわっていないからこその知識不足でもある。

さらにセキュリティ意識が低いことも理由に挙げられる。特に日本は，日本はセキュリティ意識が低いといわれ，CrowdStrikeによる2020年度版グローバルセキュリティ意識調査結果では，日本におけるセキュリティ投資額は，世界平均の約3/4（2015年は1/2）[21]であった。その結果，セキュリティレベルが低く，攻撃者が狙いやすい環境を生むといわれている。

(4) 身近なサイバー犯罪

サイバー犯罪というと，サイバーテロやサイバーインテリジェンスの方を考え，自分には関係ないと思う人も多い。だがサイバー犯罪はとても身近な存在である。以下例を挙げる。

(A) フィッシング詐欺　身近な会社のログイン画面（過去の例として，Amazon, Apple ID, 楽天, LINE, えきねっと，など）とそっくりな画面を表示し，ログイン情報を盗

みとる。対応としては，サイトのドメイン名を読めるようにしておくとよい（第5章でふれる）。近々では，Apple ID の場合，紐づけられた電話番号を変えられてしまい，Apple ID の復旧は不可能である事例があった。被害にあった場合は，早急に公式のサイトへの報告，警察に相談すること。

（B）**SNS 乗っ取り，なりすまし**　フィッシングなどにより，SNS がのっとられ，操作される。これまでに LINE アカウントを乗っ取りプリペイドカードの購入を求めた事件や，Facebook や X（旧 Twitter）がのっとられて不正に広告が投稿された事例がある。対策としては，OS やアプリを常に最新バージョンにアップデートしておくこと，他の端末からのログインを無効にすることなどの対策が必要である。また，パスワードを複数もつなど，自分以外が操作する可能性を極力排除することが有効である。

（C）**ネット通販・オークション詐欺**　通販などで代金を振り込んでも商品が届かず，連絡もとれなくなる詐欺。対策としては，相手の評判を調べてから買い物（取引）をすること。被害にあったら，なるべく早く警察と銀行，カード会社に相談すること。

（D）**偽セキュリティソフト詐欺**　「あなたのパソコンはウイルスに感染しています」，「あなたのパソコンは壊れています」などの偽の表示をし，そのサイトからセキュリティソフトなどを買ってしまう詐欺。偽ソフトを購入するのみならず，クレジットカードの情報まで読みとる詐欺で二次被害に合う。表示が出た場合は，無視が一番である。大体はブラウザを閉じれば OK だが，どうしても繰り返す場合はタスクマネージャーから該当のブラウザなどを強制終了すればよい。

（E）**ワンクリック詐欺**　個人情報を把握しているかのような画面（利用しているプロバイダや OS など，ネット接続をしている全てのユーザーが発信している環境変数を表示）が表示され，入会金や会費などの支払いを迫る。対応としては無視が一番である。

（F）**遠隔操作ウイルス（マルウェア）**　他人のパソコンに遠隔操作ウイルスを感染させ，遠隔地から操作し，犯罪行為を代理に行わせる。そのため，誤認逮捕事件が起きている。セキュリティソフトの導入や OS のアップデートなどの防御策が有効である。また，フリーソフトをむやみにインストールしないこと。

（G）**ランサムウェア（マルウェア）**　パソコンの中に保存されているファイルを勝手に暗号化し，解除するための金銭を支払うように要求する。データ人質型のサイバー犯罪。セキュリティソフトの導入や OS のアップデートなどの防御策が有効である。なお，駆除してもファイルの暗号化を解くことができない。日常的なバックアップも対策として必要である。

（H）**ネットバンキング不正送金**　ID と PASS を盗み取った犯罪者が口座を不正操作して，別の口座に不正送金する。最近では，MITB（Man In The Browser）という手口も登場している。この MITB は ID やパスワードなどの認証情報を守っても防げない特性をもっており，適切なマルウェア対策によって水際で防止することの重要性が高い。

（5）**サイバー犯罪から身を守るには**

ネットワーク利用犯罪を含めたサイバー犯罪は，年々多様化・巧妙化している。そのため，

現段階で起こったことを検討し，傾向としてみられるとしかいえない。また，定められた法律（ルール）は万全ではない。これまで考えられなかったようなサイバー犯罪が起きてから，法律が制定される。つまり，言い換えれば法律ができたときには，すでに大きな犠牲が払われている状態なのである。

　よって，自ら犠牲を払わない工夫をしなければならない。例えば，知らないサイトを訪問する際，あるいはメールを受け取った際，何かメッセージを受け取った際，入力画面でIDやパスワードを含めた個人情報を入力する際には，①自分でそのサイトやメッセージが本当に正しい（公式）のものかを確かめる，②自分でそのサイトやメッセージに信ぴょう性はあるのかを確かめる，③その行動によっては犯罪に巻き込まれる，あるいは悪質にその情報を利用されるかもしれないと疑い，確かめてから，行動を決定する，④その行動は違法行為になる可能性はないかどうかを考えてから，行動を決定する。①，②については，例えば，メールアドレスは正しいか，接続先のURLは正しいかなどは，ドメインを見ればよい。ドメインについては，第5章で説明する。このような行動をすることで犠牲を払う確率は低くなる。これは情報リテラシーの問題である。

　さらに，SNSやホームページへの書き込みに際し，①他人に迷惑をかけないか，②名誉毀損をしていないか，③その情報を誰かに悪質に利用されないか，を考える必要がある。これはネチケットの問題だが，そうすることで，人から悪意を向けられることが少なくなるのもまた事実である。

　情報機器のみならず，インターネットにつながる機器は増加している。これは気軽につなげ，便利になっていることを示すが，反面，伝わるはずがない情報がWebやメールで公開されることとなる。くり返しになるがそのような環境の中で，サイバー犯罪に法の整備は追いついていないことは覚えておいてほしい。つまり，ルールは万全ではないため，自己防衛をしなければならないということである。サイバー犯罪に巻き込まれないためには，情報リテラシーやネチケットを考え，情報媒体を正しく使う必要がある。

03 情報セキュリティ

　情報化社会に生きる私たちは，情報をあらゆる形で扱っている。前述したサイバー犯罪から，これらの情報を守るためにも，セキュリティの基本を押さえ，セキュリティ意識を高める必要がある。

(1) セキュリティの概念

　まずセキュリティは元々，情報（サイバー）セキュリティだけを指す単語ではない。例えば，情報セキュリティ以外にも，家のセキュリティなどの物理的なセキュリティがある。そもそも，英単語のSecurityは，「安全・安心」という意味である。そしてその語源は，Oxford English dictionary[22]によると，フランス語のsecuritéとラテン語のsecūritāsである。ラテン語のsecūritāsは，不安や配慮からの自由，危険からの自由，安全，保護などを示す。つまり，

セキュリティとは，危険がなくリスクがない状態の実現を目指すということ，といえる。

セキュリティは，Identity（アイデンティティ：身元），Authentication（オーセンティケーション：認証），Authorization（オーソリゼーション：権限）という3つのプロセス「IAA」で成立する。

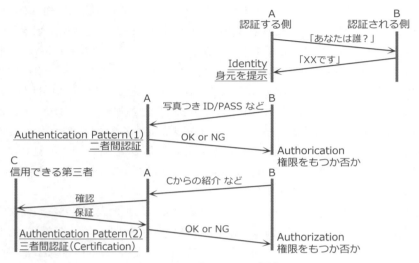

Fig.3-2　セキュリティの概念

例えば，他者の認証（Fig.3-2）を考える。Aが認証する立場で，Bが認証される立場とする。この場合，AがBに対して，「あなたは誰？」と尋ねる。Bが，「XXです」と答える。このXXが身元（Identity）となる。この身元を保証するものは，主として2通り存在する。Pattern(1)としては，Bが提示することとなる写真つきのIDカード，顔パス，ID/PASSなどになる。このときに，認証（Authentication）をAがする。Pattern(2)としては，Bの身元保証を信用できる第三者Cによる認証である。「Cさんの紹介」という保証ができた時点で，認証をAがする，ということになる。つまり，誰という「身元（Identity）」があり，その「身元」にしたがって「認証（Authentication）」をしたのち「権限（Authorization）」をもつという一連の流れが存在する。

(2) 認　証

IAAのプロセスにおいて，認証が弱いのは一般によく知られている。これは情報セキュリティにおいても物理的なセキュリティにおいても同じであり，現実社会においては，おれおれ詐欺（振り込め詐欺，母さんたすけて詐欺）や，宅配詐欺がこの認証の弱点をついた犯罪となる。つまり，認証は突破可能なプロセスということになる。

認証には3パターンある。記憶（知識）による認証であるSYK（Something You Know），所有物による認証であるSYH（Something You Have），本人の特長による認証であるSYA（Something You Are）である。SYK（Something You Know）は，その人しか知り得ない知識で認証であり，一般的には，パスワードによる認証，合言葉がそれにあたる。「I Know認証」ともいわれ，実装コストが安価であるが，盗聴などにより破られる可能性や忘れる可能性も

高い。SYH（Something You Have）は，その人しかもち得ない所有物で認証であり，一般的には，鍵，学生証や社員証，IDカード，ICカードがそれにあたる。「I Have認証」ともいわれ，簡単で便利だが，貸し借りやコピーや紛失の恐れがある。SYA（Something You Are）は，生体情報や癖を利用した認証で，バイオメトリクス認証ともいわれる。「I Have認証」の亜種であり，一般的には，指紋，静脈パターン，虹彩，顔のパターンなどがそれにあたる。忘れる可能性は低いが，実装コストが高価である。また，体調（怪我などによる認証部位の破損）によって認識できない場合もある。

　それぞれの認証には，メリットデメリットが存在する。例えば，SYH（持っている）とSYK（知っている）は，それぞれ単独ではセキュリティ的に不十分である。また，SYH（持っている）あるいは，SYA（生体情報）には，紛失・盗難，認識できないの危険性がある。だが，組み合わせることで安全性が高く，かつ実用的で使いやすい認証システムが実現可能という考え方があり，それを，2要素認証（Two-Factor Authentication）という。例えば，IDカード（SYH）を提示した上でIDとパスワードを入力（SYK）する，銀行のATMはキャッシュカード（SYH）の後パスワード（SYK）か生体認証（SYA）になる，などが2要素認証の例である。

（3）　情報セキュリティの定義

　上記のように，危険がなく安全な状態を目指すというのは情報セキュリティも同じである[23]。また，Identity（身元），Authentication（認証），Authorization（権限）という3つのプロセス「IAA」で成立するのも同じであり，セキュリティ上，最も弱いのは認証（Authentication）なのは，情報セキュリティも同様である。

　そして，情報セキュリティには具体的な定義がある。情報セキュリティの目的は，利用を許可されていない個人や組織から様々な情報資源を守ることであり，一般的には，機密性，完全性，可用性を維持することをいう。機密性（Confidentiality）とは，アクセスすることを許された者のみが情報にアクセスできること，完全性（Integrity）とは，情報とその処理方法が正確で完全であることを保証すること，可用性（Availability）とは，アクセスすることを許されたものだけが，必要なときに，情報にアクセスできることをいい，英単語の最初の1文字を取って，CIAともいう。守るべき情報資源には，コンピュータネットワークシステム自体，および該当ネットワークに保存・共有された情報，これらの情報を作成・編集・蓄積する操作，印刷された紙媒体の文章も含まれる。

　また，上記の3要素に，真正性，責任追及性，否認防止，信頼性の4要素を足して，7要素とする場合もある。真正性（Authenticity）とは，情報にアクセスした人や端末の許可の確実性のこと，責任追及性（Accountability）とは，情報にアクセスした手順を記録して追跡できるようにしておくこと，否認防止（Non-repudiation）とは，何かしらの問題が発生したときに原因となる人が否定できないような証拠を残しておくこと，信頼性（Reliability）とは，意図した通りの動作や結果が得られるようにすることである。

（4）　不正アクセス

　経済産業省が出した基準「不正アクセス行為の禁止等に関する法律」[24]があり，さらに警

察庁[25]がその解説をしているが,「不正アクセス行為とは,他人の識別符号(IDやパスワード)を悪用する(第2条第4項第1号),コンピュータプログラムの不備を衝く(第2条第4項第2号,第3号)などの行為により,本来アクセスする権限のないコンピュータを利用する行為のことをいう。不正アクセス行為の禁止に違反した者は,3年以下の懲役または100万円以下の罰金(第11条)」となる。具体的には,管理下にないコンピュータに対して,開いているポート(インターネットとイントラネットの間の扉もしくは出入口と考えてよい)を調べ,不正攻撃の糸口を探す行為であるポートスキャン行為によって脆弱性(セキュリティホール)を見つけ出す。そして見つけだされた脆弱性に対して,不正アクセスや攻撃を受けることになる。また,IDとパスワードを見破る攻撃として,総当たりで見つけるブルートフォースアタック(Brute - force attack)もある。不正アクセスを受けると,盗聴(ネットワーク上のデータを不正に入手する),改ざん(コンピュータに保存されているデータを不正に書き換える),なりすまし(盗んだID/PASSを使って本人になりすまし,システムを利用する),破壊(特定のデータやプログラムの削除,HDD/SSDの初期化),踏台(自分代わりに,不正アクセス・攻撃を実行させる)などの被害にあう。

なお,脆弱性(セキュリティホール)とは,OSやソフトウェアにおいて,プログラムの不具合や設計上のミスが原因で発生したサイバーセキュリティ上の欠陥のことを指す。脆弱性により,不正アクセスの危険性やウイルスに感染する危険性が上がる。脆弱性を完全になくすことは不可能なため,通常,脆弱性が見つかり次第,開発メーカーが更新プログラムを作成して提供する。対策としては常日頃からのOSやソフトウェアのアップデートをすることである。更新がかかったら,迅速にアップデートを行う必要がある。ただし,修正プログラム前に攻撃をされるゼロデイ攻撃があるため,脆弱性が発表された際には,まずは発表された内容を確認し,危険となる行為を行わない,セキュリティソフトで機器を守るなど,修正プログラムをインストールするまで,自己防衛をするなどの必要がある。

(5) 情報セキュリティと法律

情報セキュリティに関する法律は,様々なところに点在している。例えば,サイバーセキュリティ基本法,不正アクセス行為の禁止等に関する法律,有線電気通信法,刑法,著作権法,電気通信事業法,電子署名及び認証業務に関する法律,電子署名等に係る地方公共団体情報システム機構の認証業務に関する法律,電波法特定電子メールの送信の適正化などに関する法律などである。

まず,「サイバーセキュリティ基本法」は,日本におけるサイバーセキュリティの確保や,推進のための基本的な枠組みを定めた法律である。第1条の目的では,サイバーセキュリティに対する脅威の深刻化などを背景に,情報の自由な流通を確保しつつ,サイバーセキュリティの確保のための基本理念を定め,国や地方公共団体の責務などを明らかにし,サイバーセキュリティに関する施策の基本となる事項を定めている。また,第9条には,国民の義務として,「国民は,基本理念にのっとり,サイバーセキュリティの重要性に関する関心と理解を深め,サイバーセキュリティの確保に必要な注意を払うよう努めるものとする。」との旨がある。

以下，その他の法律を簡単に説明する。前述したが，「不正アクセス行為の禁止などに関する法律」は，他人の ID やパスワードを無断で使用し，不正にアクセスする，パスワードを他人に教えるなど，不正アクセスを助長させる行為を処罰する法律のことであり，刑法の枠組では扱えないコンピュータシステムへの侵入行為を罰するのが目的である。「刑法」は，犯罪と刑罰に関する法律であり，電磁気的記録（電子的方式，磁気的方式その他人の知覚によっては認識することができない方式でつくられる記録であって，電子計算機による情報処理の用に供されるもの（刑法第7条の2））に対する法律が書かれている。「著作権法」は，著作物などに関する著作者等の権利を保護するための法律であり，違法アップロード（著作権法30条1項3号）や違法ダウンロード（著作権法119条3項）の刑事罰化に関わる規定を整備するなど，著作権を侵害する行為著作権などの保護の強化している。「個人情報保護法」は，個人情報を取り扱う事業者の遵守すべき義務を規定するもので，本人の了解なしに特定の個人の識別が可能な情報を流用することを規制する法律である。「電子署名及び認証業務に関する法律」は，電子商取引などのネットワークを利用した社会経済活動の更なる円滑化を目的とし，一定の条件を満たす電子署名を手書き署名や押印と同等とするなどの，信頼性の判断目安として認定を与える制度などを規定した法律である。「不正競争防止法」は，公正な商取引に反する不正な営業活動を規制する法律である。「電気通信事業法」は，電気通信の健全な発達と国民の利便の確保を図るための法律である。

　なお，法律以外にも様々な制度がある。例えば，コンピュータウイルス及び不正アクセスに関する届出制度や，脆弱性の関連情報に関する届出の制度があるが，こちらは，独立行政法人情報処理推進機構（IPA）が受付機関である。プライバシーマーク制度は，一般財団法人日本情報経済社会推進協会が，個人情報保護に対する取り組みが適切であると認められた組織を表彰し，それを証明するマーク（プライバシーマーク）の使用を許可する制度である。

(6)　マルウェア（コンピュータウイルス）

　マルウェア（malware）[26]は，悪意のあるソフトウェア（malicious software）の略で，広義の意味でのウイルスのことであり，コンピュータの中に入り込んで不正な行為（データやアプリ，OS の機密性，完全性，可用性を損なう）を行う不正プログラム全般のことを指す（Table 3-3）。主に，コンピュータウイルス（狭義），ワーム，トロイの木馬がある。また，ユーザーのプライバシー侵害を目的とするスパイウェアも懸念事項とされている。

　狭義の意味でのコンピュータウイルス（Virus）は，自己伝染機能，潜伏機能，発病機能の内の一つ以上を有する。何かしらのプログラムに寄生し，他のコンピュータに感染するが，その際，自身のコピーを作成して増殖する性質をもつ。発病すると，プログラムやデータなどの破壊を行うなど，設計者の意図しない動作をする。感染経路は，リンク先を提示してダウンロードさせる Web 誘導感染，USB などの媒体を通して感染する外部記憶媒体感染，メールに添付されて送られてくるメール添付感染などがある。ワーム（worm）は，ウイルスと違い，寄生することなく独自に活動し，他のコンピュータに感染する。ただし，ウイルスと同様，自己を複製して感染する。感染すると，システム障害を起こす，ファイル破壊活動を行う，情報を盗む，別のコンピュータへ侵入するなどの行動をとる。感染経路は，サイトを閲

覧しただけで感染するWeb閲覧感染，Web誘導感染，外部記憶媒体感染，メール感染，感染した人と共有フォルダを使うと感染する共有フォルダ感染などがある。トロイの木馬（Trojan Horse）は，ギリシャ神話の木馬にちなんで名づけられた。正規アプリのふりをして配布されており，ユーザーがインストールしてしまうことで感染する。また，他のプログラムを，正常に実行したままにしてしまう。正体を偽っており，データを盗み出したり，消去したり，預金を引き出されたり，メールを大量に送信したり，という形で被害者を陥れる。侵入するとそのコンピュータで活動をするが，他のコンピュータには感染しない。スパイウェアを配布する一手段としても有名である。感染経路は，Web誘導感染，メール添付感染，外部記憶媒体感染，共有フォルダ感染などがある。最後にスパイウェアは，パソコン内でユーザーの個人情報や行動を収集し，別の場所に送ってしまうプログラムで，パソコン自体にはダメージがないが，ユーザーには不利益なプログラムである。多くはフリーソフトに潜んでいる。

　特に，ここ数年では，主としてはトロイの木馬の一種といわれている，ランサムウェアの危険度が増している。ランサムウェア（身代金要求型不正プログラム）は，Ransom（身代金）とSoftwareからの造語で，デバイスの脆弱性を利用して攻撃するプログラムである。感染すると端末などに保存されているデータを暗号化して使用できない状態にしたうえで，そのデータを復号する対価（金銭または暗号資産）を要求する[27]。例えば，2017年に世界中で猛

Table3-3　マルウェアの種類

種類	代表例	感染経路	内容
コンピュータウイルス（Virus）	ファイル感染型 マクロ感染型 ブートセクタ感染型	Web誘導感染 外部記憶媒体感染 メール添付感染 共有フォルダ感染	プログラムに寄生し，自己を複製して，他のコンピュータに感染する 自己伝染機能，潜伏機能，発病機能の内の一つ以上を有する 発病すると，プログラム，データなどのファイルの破壊を行うなどの，設計者の意図しない動作をする
ワーム（worm Horse）	ボット ゼロデイ攻撃	Web閲覧感染 Web誘導感染 外部記憶媒体感染 メール添付感染	寄生することなく独自に活動（自己完結）し，他のコンピュータに感染する 自己を複製して感染する 感染すると，システム障害を起こす，ファイル破壊活動を行う，情報を盗む，別のコンピュータへ侵入するなどの行動をとる
トロイの木馬（Trojan）	ランサムウェア バッグドア	Web誘導感染 メール添付感染 外部記憶媒体感染 共有フォルダ感染	正規アプリのふりをしており，ユーザーがインストールしてしまうことで感染する 他のプログラムを正常に実行したままにする 侵入するとそのコンピュータで活動をするが，他のコンピュータには感染しない データを盗み出したり，消去したり，預金を引き出されたり，メールを大量に送信したり，という形で相手を陥れる スパイウェアを配布する一手段でもある
スパイウェア（Spyware）	キーロガー アドウェア	他のソフトに潜む	パソコン内でユーザーの個人情報や行動を収集し，別の場所に送ってしまうプログラムで，パソコン自体にはダメージがないが，ユーザーには不利益 多くはフリーソフトに潜んでいる

威をふるったWannaCry（WannaCrypt）は，Windowsの脆弱性を狙い，アップデートしていない（セキュリティパッチを適用させていない）Windowsパソコンに感染するものだった。最低でも150か国，最低でも23万台以上のコンピュータに感染し，身代金を要求した[28]とされ，被害総額は40億ドルにものぼったともいわれている。

なお，マルウェア感染したかどうか見分ける方法は主に2通りある。①自分の意図しない物事が起こること，②自分がやった覚えがないことが実行されていること，である。①に関しては，例えば，Windowsが更新されたわけでもないのに勝手に再起動が繰り返される，明らかにパソコンの挙動が重くなる，不審なポップアップ（パソコンがウイルスに感染しています，セキュリティシステムが破損しています，など）が出る，CPU使用率が不自然に上下する，などである。②に関しては，知らないファイルが増えている，ファイルがなくなっている，ファイルが開かない，インストールした覚えがないアプリがある，ファイルの拡張子が変わっている，などが考えられる。①や②の場合は，速やかにウイルスソフト（セキュリティソフト）で感染していないかどうか確かめる必要がある。

（7）不正攻撃から身を守る主な手段

マルウェアを含めて，不正攻撃から身を守る手段は，以下の通りである。

① ウイルスソフト（セキュリティソフト）を使う。

まず，不正攻撃をするきっかけとなるウイルスなどを防ぐ。もちろん，常に最新のウイルス定義ファイルにしておき，ウイルスに感染していないかどうか定期的にチェックをする必要がある。

② OSもアプリもアップデートなどは必ず利用し，脆弱性（セキュリティホール）を塞ぐ。

③ ファイアウォール（セキュリティソフト）を使う。

ファイアウォールは，インターネットとイントラネットの間でアクセス制御を行うハード＆ソフトウェアで，イントラネット構造を外部に公開しないようにする。外部ネットワークからの不正なアクセスを拒絶し，必要なアクセスだけを通過させる（パケットフィルタリング）。

④ 怪しいサイトにはアクセスしない。

⑤ よくわからない外部記憶媒体（USBなど）は使わない。

⑥ 暗号化とデジタル署名を使う。

大事なデータの場合，暗号化などしておくとよい。万が一データの盗聴や漏えいが起きても，暗号化しておけば，第三者に内容が知られないことになる。

⑦ 認証方法の工夫

認証が一番突破されやすいため，パスワード形式の場合は，パスワード管理に気をつけ，突破されにくいパスワードする（後述）。スマートカード形式の場合は，物理的に失くさないようにする。指紋認証等のバイオメトリクス形式の場合，例えば，指紋ならば親指ではなく違う指にする，などの工夫もできる。

また，何かしらの被害にあった際のことを考え，定期的にバックアップをすることも重要である。

(8) パスワードとは

現代社会において，パスワード認証は様々なところで行われる。しかし，前述した通り，認証はセキュリティにおいて破られやすく，その中でも SYK であるパスワードは，特に破られやすい。よって，以下のことに気をつけるべきである。

① パスワードは漏洩しないよう，保管に注意をする。例えば，友だちや仲間，家族などに教えない，パスワードを電子メールや SNS でやりとりしない，パスワードのメモをディスプレイなど他人の目に触れる場所に貼らない。やむを得ずパスワードをメモなどで記載した場合は，鍵のかかる机や金庫などで安全に保管する。

② パスワードはできる限り複数のサービスで使い回さない。流出したアカウント情報を使って，他のサービスへの不正ログインされる可能性がある。

③ パスワードは頻繁に変更しない[29]。以前は定期的な変更が勧められていたが，現在は実際にパスワードを破られアカウントが乗っ取られたり，サービス側から流出したりという事実がなければ，パスワードを変更する必要はないとされる。定期的に変更するよりも，機器やサービスの間で使い回しのない，固有のパスワードを設定するべきである。

また，パスワード作成に際しては，以下のことに気をつけるべきである。

① 個人情報から類推ができないものにする。
② 英単語などをそのまま使用しない。
③ 単純な羅列を使わない。
④ できるだけ長めにする。
⑤ アルファベット（大文字・小文字），数字，記号（@，%，˝，！）などを混ぜている。

特に最後のアルファベット，数字，記号は，付け加えてクリアする人も多いが，例えば，似ている文字と記号や記号を入れ替えるなどをするだけでもランダムに近いパスワードになる（例えば，Apple だとしても，A を @ にし，l を 1 にし，大文字の位置を変えると，@Pp1E というランダムに近いパスワードになり得る）。

パスワード認証は最も身近であり，最も破られやすい認証である。パスワードを設定する際には，保管方法も含めて，きちんと考えて行動すべきである。

(9) 公衆無線 LAN の危険性

公衆無線 LAN（フリー Wi-Fi）は，公共の場で不特定多数の人が利用できる Wi-Fi サービスで，モバイル通信回線がない端末でも，外出先にインターネットが利用可能である。

公衆無線 LAN は，スマホのパケット通信料の節約にもなり，モバイルデータ通信機能がついていない機器でもインターネットにつなげることができ，高速データ通信も可能な場合がある。だが，不特定多数が使用するため，セキュリティのリスクがつきまとう。悪意をもつ第三者による不正アクセスやサイバー攻撃を否定できない。よって，公衆無線 LAN を使う場合は，必ずセキュリティソフトを導入し，また，設定できる機器の場合は，パブリックネットワーク設定をし，セキュリティを強化する必要がある。さらに，通信の際には，暗号化されているかどうか，セキュリティ保護を確かめるとよい。重要な情報を扱う場合は

「https」になっているかを確認し，ファイル共有をオフにするとよい。また，必要なときだけに使うこととし，Wi-Fi に自動接続する設定にしておかないことも必要な対策である。

　Docomo や KDDI や Softbank などの大手キャリアの Wi-Fi は，通信情報の暗号化が行われている場合が多い。したがって，他の公衆無線 Wi-Fi よりも安全だが，やはり，個人情報を扱うことはあまりお勧めできない。また，暗号化されていない回線もあるので必ず各キャリアで確認すること。なお，災害時には「00000JAPAN」が使えるが，暗号化や利用登録などのユーザー認証ないため，セキュリティには十分気をつける必要がある。

04　SNS の光と闇

(1)　Social Media と SNS

　SNS (Social Networking Service) と Social Media は同一視されることも多いが，正確には，Social Media の中の一つが SNS である。

　Social media とは，網目状（クモの巣状）に情報の発信者と受信者が繋がっているメディアのことで，即時性，簡便性，同時性を実現したコミュニケーション手段といわれる。Social Media の中に，SNS，ブログ，動画共有サービス，写真共有サービスなどがある (Table 3-4)。

　SNS は，インターネットで，人がコミュニケーションを取れるようにした Web のサービスのことある。主に，登録した利用者同士が交流できる会員制サービスで，ある程度閉ざされた世界となる。コミュニケーション要素が大変強い，対人関係が伴う Social Media であり，他のメディアと違い情報の送り手と受け取り手との関係性が強いのが特徴である。

(2)　日本における SNS 普及率

　We Are Social と Hootsuite が毎年出している Digital Report[30] によると，2023年時点で，世界人口（80億人）の半数以上である，約48億人が何らかの SNS を利用している。2013年時点では，利用者が17億人であることから，SNS 人口が爆発的に増えていることがわかる。また，世界の主要 SNS の月間アクティブユーザー数をみると，2022年1月時点で Facebook が約29億人と世界最大のユーザー数となっており[31]，YouTube, WhatsApp, Instagram, Weixin/Wechat と続いている。

　ICT 総研[32] によると，2022年現在で，日本の SNS 利用者は8,270万人（普及率82％）である。そして，日本で使用される Social Media の種類は，情報通信白書[33] を参考にして，以下のように分類することができる (Table 3-4)。その中で，SNS の利用率[34]（全年齢と20代を対象とした場合の割合（％））は，LINE 94.9/99.5, X（旧 Twitter）49.0/81.6, Instagram 56.1/78.8, Facebook 30.7/28.1 となっている。日本の SNS は Youtube (87.8/97.2) を除くと，極端に LINE 使用率が高く，次いで若い年代では Twitter と Instagram，そして Facebook の順に利用率が高い。パーセンテージの違いはあれど，ICT 総研の結果も同じである。海外と日本では，主要 SNS が異なっていることがわかる。

Table 3-4 ソーシャルメディアの種類

種　類	サービス例	内　容
ブログ型	アメブロ，ココログ，fc2ブログ，はてなブログ，WordPress など	ブログ（日記）形式の情報共有を主とする
SNS 型	コミュニティ型：Facebook，mixi，LinkedIn，Pinterest など	つながりや，個人のコミュニケーションを主とする
	フロー型：X（旧 Twitter），mixi2 など	
	写真型：Instagram など	
動画共有（配信）サイト	動画投稿：YouTube　ニコニコ動画，Dailymotion，abema TV，LINE TV，ミクスチャンネル，TikTok など	動画やリアルタイム配信をすることを主とする
	リアルタイム配信：17LIVE，Pococha，LINE LIVE，MixChannel，ツイキャス	
特化型	モバゲー，GREE，pixiv など	何かに特化した形でつながっているコミュニティを主とする
メッセージアプリ	LINE，Skype，Facebook メッセンジャー，WhatsApp，カカオトーク など	チャット形式の文字情報や，音声通話やグループ通話，ビデオ通話が可能
情報共有サイト	価格コム，食べログ，クックパッド など	何かに特化した形で情報を共有するすることを主とする
その他	はてなブックマーク，5ch（旧2ch）など	その他のサイト

(3) SNS の利用心得

上記したような Social Media を活用すれば，情報発信は容易に行えるようになった。反面，安易な情報発信によって，警察沙汰になったり，損害賠償が発生したり，訴えられたりする事例も多数報告されるようになった。軽率な，出来心での書き込みや投稿であったとしても，その投稿を元に，人生を棒に振ることもありうる。例えば，誹謗中傷をしない，自他共に個人情報の漏洩はしない，悪口や陰口をたたかない，デマを流さない・拡散しない，著作権・肖像権の侵害をしない，相手はスマホ（パソコン）の前にいる人間であることを意識する，など様々な注意事項がある。だがこれらは結局のところ，人の嫌がることはしない，自分を守ること，の2つに集約される。つまり，SNS の利用心得も「信義誠実の原則」なのである。

なお，インターネット上に一度投稿した情報はインターネット上の情報空間を浮遊（浮遊情報）し，その回収は不可能である。そして，その浮遊情報を知った者は，容易にその内容を保存，分析，発信することが可能である。よって，日頃から SNS を含めた Social Media の適切な利用を心がける必要がある。

(4) 写真の情報（ジオタグと Exif 情報）

個人を特定できないで写真であったとしても，写真を撮った場所，時間，人物の特定までが可能なのが，現在の世の中である。例えば，Fig.3-3のような写真は，写真だけを見ても，花以外は何の情報かはわからない。ところが特別な知識がなくとも，その写真のプロパティをみると，その写真が何時，どの場所で，どの機器で撮られたかは簡単にわかる（Fig.3-4）。

これらの位置情報や機器の情報を付与しているのが，EXIF (Exchangeable image file format)

情報やジオタグ（GeoTagging, Geo-tag）情報である。まず，ジオタグとは，写真や動画，SNSなど各種メディアに位置情報（地理識別のメタデータ）を追加する技術であり，地理空間メタデータ（付帯情報）の形式のことを指す。ジオタグの場合，緯度経度の座標，高度の座標などをつけ足すことができる。主に，アメリカのGPS（全地球測位システム：Global Positioning System）と，各国のGNSS（衛星測位システム：Satellite positioning, navigation and timing system）を使い，位置情報を出している。なお，日本のGNSSを，QZSS（準天頂衛星システム「みちびき」：Quasi-Zenith Satellite System）という。そして，特に，画像の保存形式の一つであるJPEGに埋め込まれているジオタグを用いた位置情報のことを，EXIF情報という。JPEGは，スマホ等で写真を撮った際に自動的に保存される形式である。EXIFのフォーマットの中に，GPSとGNSSによる位置情報を書き込むフィールドが定義されてる。

Fig.3-3　写　真

Fig.3-4　写真の情報の一部

この写真情報で，とある有名な事件が起きたことがある。2015年6月1日にアメリカ空軍のハーバート・カーライル空軍大将が語った内容[35],[36]である。あるテロ組織は，巧妙なSNS戦略をすることでも有名であった。その中の一環であろうが，このテロ組織の戦闘員が司令部の前で自撮りを撮ってSNSに投稿した。その投稿は，United States Air Forceの諜報員（361情報監視認知グループ）の目に留まった。その自撮りの投稿写真についていたのがEXIF情報である。この戦闘員は，他の公開記事でも，自分たちの司令官や組織の強さを自慢気に吹聴していたという。アメリカ空軍は，この人物がこのテロ組織の戦闘員であり，そこが本部の場所であることは間違いないと確信し，その建物を爆破した。SNS，EXIF情報で，情報が丸見えになった例の一つであるといわれる。

現状，LINE，X（旧Twitter），Facebook，Instagramに関しては，写真をアップロードした時点で，EXIF情報（位置情報，撮影日時，機種名）は，削除されるようになっている。トラブルを避けるためにも，今後もこのサービスを続けるのではないかと思われるが，ほとんどのSNSのヘルプや規約に削除する旨が明記されておらず，いつそのサービスがなくなっても（あるいはトラブルが起きても）文句はいえない状況である。

なお，写真に関しては，EXIF情報だけではなく，写真に写っている情報からも様々な情報がわかるといわれている。例えば，2019年には，アイドルの写真の「瞳に映った景色」からアイドルの自宅を特定したストーカーが現れたことがある。また，背景の電柱の住所や信

号機の名前，パソコン画面への映り込み，楽器への映り込みなど様々なことから情報を得ることができる。また，ピースサインから指の指紋を画像処理する手口などもある。写真はEXIF情報だけでなく，身の回りの情報が出すぎないように心がけるべきである。

(5) SNS炎上事件の例

よく炎上するSNSとして，公開型SNSのX(旧Twitter)が挙げられる。Xは，日本ではMAU(月間アクティブ率)が7割を超えてるSNSであり，日米共に若年層のユーザーが多くの割合を占めている。匿名性が高く，趣味・関心軸でフォローが発生することが特徴で，男女を問わず幅広い世代から利用される。特に日本は，世界的にも異常なほどアクティブなユーザーが多いといわれており，震災時の情報交換などもあり，「代替不能なインフラ」ともいわれる。だが，その反面，気軽に何でも投稿しやすいという性質があり，炎上しやすい性質をもっている。そして，Xをはじめとした公開型のSNSは，誰でも見ることができ，誰でもその人のことを知ることができる。そして，いったん炎上すれば「自分の知らない人だから」と，躊躇なく誹謗中傷されるのが特徴である。

もちろん，公開型のSNSで書かなければいい，バレなければいいというわけではないが，炎上しやすい投稿の傾向として，未成年飲酒・未成年喫煙・飲酒運転(原付を含む)などの法律違反，カンニング・コピペなどの学業不正，つまみ食い・備品の持ち出し・備品による悪ふざけなどのバイト先での迷惑行為，人に対する迷惑行為などがある。主な炎上例をTable3-5にまとめる。

Table3-5 公開型SNSの炎上例

バイトテロ型	冷蔵庫の中に入ったり，ピザの生地を顔に押しつける，アイスクリームケースに入る，有名人の行動をアップするなど 2019年〜「リバイバルバイトテロ(動画型)」がInstagramを中心に流行る
悪ふざけ型	旅館などでの破壊行為，アミューズメント施設での違反行為，店員に土下座，飲食店で不衛生な行為，異物混入報告，飲食店の裏技という名の違法行為，宗教団体への誹謗中傷など
犯罪予告型	講義中に人を切りつける，○○駅で切りつける，ダイナマイトを巻き付けて爆発する，○○にサリンを撒く，コロナだけどイベントに行くなど
日常生活型	講義の資料・講義中の先生の写真などをアップロード，何気ない不満からの議論型の炎上など
巻き込まれ型	「死にたい」，「家出したい」などを書くことで，犯罪者に誘拐されたり，殺害される 自分の居場所を発信したことで，傷害事件に巻き込まれるなど
医療型	臓器の写真，有名人のカルテ，手術中の悪ふざけ，個人情報の開示など
知識不足型	2011年以降の放射能，2020年以降のCOVID-19・Vaccineに関するものなど
企業炎上型	企業の広告やツイートなどが，歴史の冒涜，文化の冒涜，セクハラ，ジェンダー，人種問題，などで炎上
多元的無知型	マスク，トイレットペーパー，おむつ，食料などの買い占め騒動など
議論白熱型	批判のつもりが誹謗中傷になるなど

（6）なぜSNSで炎上が起こるのか

　炎上とは，インターネット上で，特定の対象に対して批判が殺到して収まりがつかなさそうな状態，特定の話題に関する議論の盛り上がり方が尋常ではなく，多くのブログや掲示板などでバッシングが行われる状態のことをいう。情報通信白書[37]によると，日本国内での炎上発生件数はモバイルとSNSが普及し始めた2011年を境に急激に増加しており，個人・企業問わず炎上の対象となっている。ただし，炎上参加者はインターネット利用者の数パーセント程度以下のごく少数に過ぎない。マスメディアで報道され広く認知されたものが，またSocial Media上で拡散されるメディアの相互作用により，炎上は指数関数的に増大する。Facebookなどの実名型よりも，Xなどの公開型の方が炎上しやすい傾向にある。

　炎上するタイプには主に3つあるといわれている。1つ目は内輪での悪乗りのつもりで，自分はフォロワーが少なく内輪だけだから大丈夫と思い込んでいるパターン。2つ目は注目させたいというのが目的のパターン。3つ目が日常のストレスのはけ口で，自分の日常に満足できない欲求不満状態にあると，人へ攻撃することで自分が優位に立ちたく，正義感で批判するつもりが誹謗中傷で炎上するというパターンである。また，SNSにおける心理学の研究によると，SNSの利用頻度が高くなるほど批判的思考態度が低くなる[38]，SNSの利用頻度が高くなるほど承認欲求が肥大化する[39]，SNSを使う若者ほど公的自意識および同調志向（他者に受け入れられたい）という欲求）が高い[40]などの結果が出ている。つまり，炎上するのは，承認欲求と，情報リテラシー（批判的思考能力）が低いからに他ならない。

　どのようにすれば，炎上をしないようできるのかは，まず情報リテラシー（批判的思考能力）を認識することである。そして，具体的には，以下のことを考えるとよい。

① 自分の言動を客観視する。
　　この投稿をしたらどうなるのか，必要があるのか，この言葉でよいのかなど，自分のSNSでの行動や言動を客観視する。感情に任せた投稿・発信は，不必要な炎上を生む。
② 炎上しやすいワードを把握する。
　　最近の炎上しやすい単語を知っておき，それらに関するコメントを避けることで，炎上をある程度予防する。
③ 情報拡散を慎重にする。
　　広げてよい情報なのかを立ち止まって考える。特に，センシティブな内容，政治，報道，社会問題等については慎重にすること。
④ 個人が特定できないようにする。
　　万が一炎上したとしても，極力実生活に影響が及ばないように，公開する個人情報を極力減らしておくことが重要である。

　なお，写真のみならず，チェックインなどの位置情報，何らかの場所の固有名詞，交友関係からも個人は特定される。一つのSNSでは特定不可能でも，その他のSNSや公開されている情報を組み合わせると，確実に特定可能だといわれる。また，位置情報に関しては，直接的な地域名がなくとも，例えば，地震の震度，ゲリラ豪雨，交通の情報，特定のイベント，子どもの情報などで地域は確実にしぼられるため，発信するときには十分に注意するべきである。また，自分の所属などは，細かくしない方がよい。例えば，学生の場合，日本語を使

う，大学生，だけだと特定しにくいが，大学名や学部，学科を出すとそれだけで個人は絞れていく。それに学年や出身地，受講科目，所属の研究室，友だち，写真など，情報を出せば出すほど，個人は特定できる。また，直接大学名を出さなくても，大学がある場所や，学んでいる内容である程度しぼれていく。自分の所属は，大ざっぱにしておくと，特定されるリスクはそれだけ減る。

（7）スモールワールド現象

アメリカ合衆国の社会心理学者，スタンレー・ミルグラム（Stanley Milgram）が，1967年に提唱したスモールワールド現象（small world phenomenon, small world effect）は，「知り合い関係を辿っていけば，比較的簡単に世界中の誰にでもいきつく」という仮説である。当時この仮説を基に「スモールワールド実験」が行われ，平均で6人弱の仲介によってつながっていたため，6次の隔たり（six degrees of separation）ともいわれる。現在のSNSに代表されるネットワーク型サービスはこの仮説が下地となっている。

2016年，Facebook社がアクティブユーザー・15億9,000万人を対象に，スモールワールド現象についての調査を行った[41]。すると，平均して4.57人で，世界中の誰とでもつながっている状態，アメリカ国内に関しては3.46人で誰とでもつながっていた。つまり，1967年の6次の隔たりから，2016年時点ですでに，3.5次の隔たり（Three and a half degrees of separation）になっていたといえる。Facebookは同様の調査を何度か行っており，2008年の調査ではつながるのに必要な仲介ユーザーの数は，平均4.28人，2011年の調査では平均3.74人であった。

SNSの世界は徐々に狭くなってきており，自分は無意識に，いろいろな人とつながっていることを意識しておく必要がある。

（8）SNSと災害時の情報リテラシー

災害時や緊急時に，様々な情報が流れるが，その中にはデマも多く含まれる。例えば，東日本大震災際に広がり，現在もなお，振り回されている放射能や処理水に対するデマ，新型コロナウイルス（CODIV-19）で広がり，今もなお広がり続けるウイルスやワクチンについてのデマなどがそれにあたる。これらは，情報リテラシーの欠如に加え，被災時や緊急時の切迫した心理や，知識のないもの（未知のもの）に対する不安の心理がはたらいたといわれている。また，情報の真偽を判断できるような人でもSNSで，大量の情報を流し込むと処理が追いつかず，偽情報にひっかかるという研究もある。

緊急時には，以下のことをもう一度考えて，行動するとよい。
① SNSに流れる情報は正しいわけではない。
　　虚偽も含まれるため，できる限り公的なホームページで情報を確かめる必要がある。
　　そして，情報錯綜時は特に情報に流されないように気をつける。
② 情報の過信しないこと。
③ 情報は知識ではないことを認識しておくこと。
④ 情報に対して受動的にならないこと。

情報に対して受動的になると，判断をしなくなり，情報を吟味しなくなる。
⑤　情報を集めるだけで満足・安心しない。情報を集めることを目的としない。
⑥　情報に対して過敏にならないこと。

とにかく，情報源（情報ソース）を自分で確認し，誰かに伝えるべき，広げるべき情報なのかどうかを自分で「判断」すること。自分の所で情報を止める勇気も必要である。

(9) なぜSNSでデマが流れるのか（**同質性，エコーチェンバー，確証バイアス**）

情報伝播に大きく影響するカギ[42), 43)]は，同質性，エコーチェンバー，確証バイアスである。同質性（homogeneity）とは，共通の視点をもつ似たもの同士のことで，互いの価値観が似ているために一種のコミュニティをつくり出す性質がある。エコーチェンバー（echo chamber）は，直訳だと共鳴室だが，自分の興味の及ぶ範囲，考え方が同質であること，自分が賛同する範囲においての情報共有になるということを示す。SNSは自分と似た考え同士で集合することが容易なため，その傾向を助長する。最後に，確証バイアス（Confirmation bias）は，認知バイアスの一つで，自分の価値観や世界観などの固定観念が，見たいものだけを見て，聞きたいものだけを聞くという状況をつくり出してしまうことを示す。これは，自分を肯定する情報は探すが，反証となるような証拠を無視し，探す努力を怠ることとなり，客観的な事実の検証や中立的な価値の判断ができなくなる。つまり，すべての情報・知識が「自分の見たい世界」に合わせて自動的に取捨選択され，認知的閉鎖を生み出すことになってしまうのである。これらはとても頑固であり，エビデンスをもった正しい情報に耳を貸さない，むしろそのエビデンスが陰謀である，という状態になるのである。以下，Dr. Walter Quattrociocchiの言葉を借りる。

"Misinformation online is very difficult to correct. Confirmation bias is extremely powerful. Once people have found ″evidence″ of their views, external and contradicting versions are simply ignored.（確証バイアスの説得力は非常に強い。一度，個人が彼らにとっての"根拠（真実）"を見いだしてしまったら，外からの意見や，反論には耳を傾けなくなる）"

デマに振り回されないよう，もう一度，自分が何かしらに固執していないかどうかを考え，自分が受け取っている情報が偏りすぎていないかを，冷静な目で判断する必要がある。

(10) SNSにおける注意事項

SNSは通常であれば相まみえるはずがない人との交流が可能な場所である。これは，よい面でもあり，わるい面もある。現実社会では，人は何かしらのコミュニティに属している。そのコミュニティは，自分に近い人，あるいは違う立場でもお互いが理解できるような人が集まることが多い。人は，「自分の理解できる範囲」にいることが多く，だからこそ社会はうまくいっていたし，今も現実社会はうまくいくケースが多い。ところがSNSは，そのコミュニティ外のことが，あからさまにみえてしまう。つまり自分の常識外，そして許容範囲外のことをみてしまうということである。そうすると，様々なことを理解しようとしない，あるいは理解できない人は，自分のコミュニティの考えに固執せざるをえなくなる。すると，誤ったことに対する他者の指摘は，すべて非難となり攻撃となる。そうすると人は当然防御

をする。それは人として当然のことだが，インターネット上の自分は自分であって本来の自分ではないため，過剰さが許容されると思い込む。論争で済めばよいが，過剰防衛となり，誹謗中傷をしはじめ，攻撃こそに意義が見いだされてしまい，ますます泥沼になってしまう。あるいは指摘した側が引いてしまい，攻撃こそに意義を見いだしてた人たちは，そこに勝利を見いだす。勝利を見いだせば，自分に正当性が生まれてしまう。自分こそ正しいと思った人たちはますます過激になっていく。そんなことが繰り返されているのがSNSの世界ともいえる。

　また，SNSの情報オーバーロードの問題もある。情報オーバーロード(情報過多，情報洪水)は，アルビン・トフラーの『未来への衝撃(実業之日本社)』によって一般的によく知られるようになった概念であり，情報過多によって人間の認知的に処理をできる許容量を超えてしまうと，物事を正しく判断して適切な意思決定をすることが著しく困難になることを指す[44]。SNSの情報は，この情報オーバーロードのよい例である。SNSでは，洪水のように流れ込んでくる大量の情報に，皆が振り回され，集中力をそがれている。本来なら情報の真偽を判断できる人でも，SNSで大量の情報を流し込まれると処理が追いつかず偽情報に引っかかる[45]というデータもある。つまり，私たちは，SNSをみることで，自分の処理能力を超える量の情報に，常に直面しているのである。永遠に生み出され続ける，増え続ける情報に対して，私たちの集中力や判断力は有限であり，脳は疲弊し続けていることを常に意識しておく必要がある。その疲弊こそ，偽情報にひっかかる要因であり，獲得しているはずの情報リテラシーがうまくはたらかない要因にもなる。

　また，SNSがメンタルヘルスに与える影響も指摘されている。例えば，SNSの使用は，不安障害を引き起こすリスクを高めること[46]や，SNSを通じて自分と他者を否定的に比較することで嫌な考えが止まらなくなる状態となり，うつ症状のリスクにさらされる可能性[47]なども指摘されている。さらに，アメリカの保健福祉省は2023年5月に，脳が発達状態にある思春期の若者のSNSの長時間使用はリスクが高いことを示した[48]。その中では，SNSの利点をあげる一方で，SNSが若者の精神衛生と幸福に重大な危害を及ぼすリスクがあることも示している。例えば，SNSを1日3時間以上使う若者のうつ病発症リスクが倍増するとの研究を引用，長時間の利用が心の健康に悪影響を与えるリスクがあると指摘している。また，有害なコンテンツに若者が簡単にアクセスできる状態でもあり，若者向けのSNSコンテンツの規制の必要性を訴えた。

　SNSは便利な反面，様々な危険と隣り合わせであることを認識したうえで，上手く利用してほしい。

付録　論文とは

(1)　論文の定義

　論文とは，学術研究の結果を，道筋立てて述べた文章のことである。自分の研究成果を発表する査読つきの原著(研究)論文，特定の分野の重要な先行研究を集めてまとめた総説(調

査・レビュー)論文，速報性を重視した速報(Letter)，そして学会に発表時に書かれる講演録などが論文とよばれる(Table3-6)。ただし，狭義での論文は，原著論文である。

論文には，必須要素がある。①新規性(originality)：新しい理論があるか，独創性(ユニーク)があるか，②有効性(availability)・実用性(practicality)：何に役に立つのか，しっかりとした出口があるのか，新規性に多少乏しくても，これまで考えられなかった実証があると，評価が上がることがある。③信頼性(reliability)：必要な根拠はあるか，実験などを通して，十分に検証されているか，である。これら3つの条件を満たすものが原著論文となる。また，論文としての体裁(構成)に関しては，了解性(Organization and Readability)がある。

Table3-6 広義の論文の種類

論文の種類	査読	内容
原著論文 (学術雑誌)	◎	狭義ではこの原著論文のみを論文とみなす 学術論文誌で公刊される論文で，Journal(論文誌)かTransaction(会報・紀要)に掲載される 査読者は2人以上で，査読時間が長い 査読の結果，Accepted(採択)，Conditionally accepted(条件付き採択)，Rejected(不採択)という結果がくる
総説論文	◎	レビュー論文や調査論文ともよばれる 特定の分野の重要な先行研究を集めて，組織立ててまとめた論文 その分野に関して俯瞰的に捉えることができる
速報(Letter)	○	Journal(論文誌)に掲載される，速報論文 速報性を重視するため，査読は学術論文より短い 一般的に速報はあくまで速報である(ただし，雑誌によっては論文と認められることはある)
講演録	△	Proceedings(講演録，予稿集)に掲載される 国際学会の場合，1人から2人程度の査読があり，論文に類するものと認められることもある 国内学会の場合，最新の報告にはなるが，ほぼ論文とは認められない

(2) 論文の執筆者

論文を検索したときに筆者の名前が並んでいるが，その論文を書いたのは，通常，最初に名前がある筆頭著者(First Author)である。そして，一般的には貢献した順番に名前が並び，慣例的に最終著者(Last Author)がその論文の最高責任者(指導教官や，研究責任者)である。そして，通常は筆頭著者と最終著者が，論文の所有権をもつ責任著者(corresponding author)という形になる。ただし，著者をアルファベット順にする場合もあり，各分野によって違うため，分野ごとに確かめた方がよい(Table 3-7)。

Table3-7 論文執筆者

筆頭(第一)著者	First Author	実際に実験や解析を行い，論文を書いた人。論文の所有権をもつ
最終著者	Last Author	通常は，研究室の教授(最高責任者)の名前を書く。論文の所有権をもつ
その他の著者	第2著者(Second Author)，第3著者(Third Author)……	通常，研究に貢献した順番に名前が並ぶ。ただし分野によってはアルファベット順になっている場合もある

(3) 論文の基本構成（10の要素，5の核心要素）

　論文は，道筋を立てて述べた文章なので，構成さえ理解していれば，わかりやすい。もちろん，分野などによっては書式が違う場合もあるが，一般的な論文は，10の要素と，5つの核心部分で構成されている。5つの核心部分とは，序論(Introduction)，方法(Method)，結果(Results)，考察(Discussion)，結論(Conclusions)の5つのセクションであり，論文の本体ともいうべき場所である。それ以外に，タイトルページ(Title Page)，要旨(Abstract)，謝辞(Acknowledgements)，参照論文(References)，付録(Appendix)がある(Table 3-8)。

　まず核心部分について説明をする。序論(Introduction)は，論文の導入部分であり，研究の目的(意義)，背景，問題提起，先行研究との関連，仮説，論文の重要性の説明，などが記載されている。方法(Method)は，実験の方法や，データ収集の方法など，具体的な実験内容を記している。研究の方法と結果は結びつくため，詳細な説明が書かれている。結果(Result)は，方法で書いた手順に従って得られた結果が記載されている。結論ではないので，解釈や意見は書かれていない。考察(Discussion)は，結果について掘り下げ，仮説と理論とをつなげ，何が新規にわかったのか，あるいは，わからなかったのかなどを議論する。結論(Result)は，内容の総括，新規にわかったことなどの重要性が強調して書かれている。さらに，研究の応用や限界，そして将来の研究への方向性や展望についても言及される。

　核心部分以外について説明をする。タイトルページ(Title Page)は，通常，論文の題名，著者名，共同研究者名，所属，連絡先などが含まれる。特に論文の題名は，論文で一番主張したいことが凝縮された言葉である。要旨(Abstract)は，論文の概要である。後述するが，論文の中身を知るのに大変有意義な項目である。謝辞(Acknowledgements)は，研究の助成を受けた予算や，協力施設，協力者などを書く。参考文献(References)は，先行研究や，理論などで使った文献が記載されている。同分野の研究を行う際などの参考にもなる。なお，

Table 3-8　論文の構成

1		タイトルページ	Title Page CoverPage	論文の題名，著者名，共同研究者名，所属，連絡先などを書く なお，論文投稿時には，資金の出所や，利益相反などを書く場合もある
2		要　旨	Abstract	5つの要素をまとめた要旨(まとめ)
3	核心部分	序論(序言)	Introduction	研究の目的(意義)，背景，問題提起，先行研究との関連，仮説，論文の重要性の説明 論文内容を掻い摘んで記述
4	核心部分	方　法	Methods	「結論」を出すために必要だった結果を得るために踏んだ手段を記述(具体的な実験内容)
5	核心部分	結　果	Results	「方法」で書いた手順に従い，得られた結果を記述(実験の最終結果)
6	核心部分	考　察	Discussion	「結果」について，掘り下げた考えを記述 仮説や理論との関係も書く
7	核心部分	結　論	Conclusions	該当論文の総括 考察を経て，到達した最終判断。将来への展望
8		謝　辞	Acknowledgements	研究の助成を受けた予算，協力施設，協力者を記載
9		参照文献	References	先行研究や，理論などで使った文献を記載
10		付　録	Appendix	本文中では記載できなかったものを補足資料としてつける

文献リストのフォーマットに関しては，MLA，APA，シカゴスタイルなど，様々な書き方があるが，これも分野によって違うため，分野の書き方に合わせる必要がある。

(4) 要旨(Abstract)の重要性

論文で最も大切な所は要旨(Abstract)だ，といわれるくらいに，要旨は重要な意味をもつ。一般的に，100～300 words（日本語の場合，200～800語）で論文の内容を簡潔に表している。

要旨の書き方は，報知的要旨(Informative Abstract)と記述的要旨(Descriptive Abstract)の2通りがあるが，一般的には報知的要旨が書かれている場合が多い。報知的要旨は，どのようなことを，どのように行い，どのような結果を得て，その結果を得たかが記述されている。よって，研究テーマを選んだ「目的(Propose)」，目的を実現するための「方法(Method)」，得られた「結果(Results)」，データを論理的に分析して得られた「結論(Conclusion)」，浮かび上がった問題点（今後の課題）の「推奨事項(Recommendations)」が書かれている。記述的要旨は，意義・目的・方法が書かれている。

読者に伝えたい事柄が多くあるのが論文だが，その中で最重要な点のみを記述せざるを得ないのが要旨である。言い換えれば，それだけの文字数で論文を説明してくれているともいえるため，まずはAbstractをきちんと読み，その論文が自分にとって必要な内容かを判断することが大事である。

(5) Impact Factorとは

Impact Factor (IF)とは，特定の1年間において，ある特定雑誌に掲載された論文が平均的にどれくらい頻繁に引用されているかを示す。学術雑誌を対象として，その雑誌の影響度を測る指標（雑誌のレベルの基準）となる。分野によってIFの高さは代わり，同じ研究分野の雑誌同士を相対的に比較する際に役立つ。ただし，IFは指標として正しいのか正しくないのかには賛否両論あるので注意しなければならない。例えば，レビュー論文を多く載せている雑誌は，IFが高くなりやすい。また，分野の雑誌数が少ない方がIFは高くなりやすい。

インパクトファクターの計算式は，以下の通りである。

雑誌ZのA年のインパクトファクター
＝(A−2年，A−1年に雑誌Zに掲載された論文がA年中に引用された回数)
÷(A−2年，A−1年に雑誌Zが掲載した論文数)

(6) 論文を調べる方法

論文を調べる方法は，研究機関（大学）の附属図書館や，論文の筆者から貰う方法もあるが，一般的にはデータベース（検索エンジン）で検索する場合が多い。

例えば，Google ScholarやCiNii，J-STAGEなど，すべての分野に共通して検索できるデータベースや，Pubmed，メディカルオンラインなど，分野に特化したデータベースもある。また，各大学や研究機関で学術機構リポジトリ(IRDB: Institutional Repositories Databes)が纏められていることが多く，各々の機関の成果をみることも可能である。なお，各大学研究機関で契約している電子ジャーナルもあるため，附属の図書館などで確認するとよい

(Table 3-9)。

　例えば，Google Scalar の場合，分野や発行元を問わず，学術出版社，専門学会，プレプリント管理機関，大学，およびその他の学術団体の学術専門誌，論文，書籍，要約，記事を検索できる。ネット上に散らばっている同一論文をまとめて表示できる（ただし，すべての論文誌を網羅しているわけではないので注意は必要）。Google Scholar 内の論文の掲載順位は，Google ウェブ検索と同様，最も関連性の高い情報がページの上部に表示される。Google のランキング技術では，それぞれの記事の全文，著者，記事が掲載された出版物，他の学術資料に引用された回数を考慮される。Google Scholar で自所属機関の図書館のアクセスリンクを指定すると，所属先が契約しているジャーナルの場合，直接ダウンロードできる機能もある（Fig. 3-5）。

Table 3-9　論文検索エンジン

Google Scholar	https://scholar.google.com/	Google の検索システムの一つ。主に学術用途での検索を対象としていて，論文，学術誌，出版物にアクセス可能
CiNii（サイニー）	https://cir.nii.ac.jp/	国立情報学研究所が運営する論文データベース。日本語の論文，大学図書館の本，雑誌，博士論文を検索できる
J-STAGE	https://www.jstage.jst.go.jp/browse/-char/ja	国立研究開発法人科学技術振興機構（JST）が運営する論文検索サイト 日本国内の刊行物が公開されている オープンアクセスの論文が多い
Pubmed	https://pubmed.ncbi.nlm.nih.gov/	生命科学や生物医学に関する論文（とその要約）を検索するデータベース。米国国立医学図書館内の，国立生物・科学情報センターが作成
メディカルオンライン	https://www.medicalonline.jp/	医学文献の検索等を提供する医療総合 Web サイト
学術機構リポジトリ（IRDB）		国立情報学研究所が推進する論文データベース。大学ごとにある

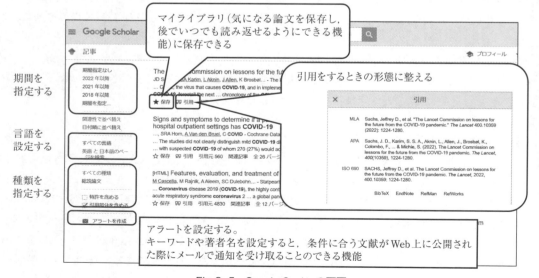

Fig. 3-5　Google Scalar の画面

(7) 引 用

論文やレポートにおいて，引用は欠かせないが，引用として認められるためには条件[49]（著作権法　第32条第1項）がある。
- すでに公表されている著作物であること。
- 「公正な慣行」に合致すること（例えば，引用を行う「必然性」があることや，言語の著作物についてはかぎ括弧などにより「引用部分」が明確になっていること）
- 報道，批評，研究などの引用の目的上「正当な範囲内」であること（例えば，引用部分とそれ以外の部分の「主従関係」が明確であることや，引用される分量が必要最小限度の範囲内であること，本文が引用文より高い存在価値をもつこと）
- 「出所の明示」が必要（複製以外はその慣行があるとき）

つまり，必然性があり，自分の著作物と引用の区別がつき，自分の著作物が主で，かつ引用する文献が従であり，出所の明示がきちんとされている必要がある。

また，引用時には，直接引用（引用元の文献をそのまま文章として載せる。その際，括弧などを使い，自分の文章と明確に分け，そのうえで出典を明示する。）と間接引用（引用元の文献内容を要約して載せる。この場合も，自分の文章とは明確に分ける）があるが，分野によって，どちらがより使われるかが違う。また，前述したが，具体的な引用文献の書き方には，APAやAMA，シカゴスタイルなどがあり，引用方式にはハーバードやバンクーバーがあるが，これも分野によって違う。各分野の慣習に従う必要がある。

(8) 資料の種類

学術において，生データに近いほど信頼できる資料（情報）となる。資料は1次，2次，3次……という順番で加工度が異なる。数字が高くなるほど加工度が上がり，加工の過程において変更や信憑性の低い情報が入る可能性が入るため，信用がなくなっていく。

① 1次資料：実験データや，原著論文（それ自身で完結したオリジナルな情報を収録している資料）
② 2次資料：1次資料を分析して得られたことを参考に書く論文や学者が書いた書籍。必要な資料や情報をより早く的確に検索，あるいは利用できるように，加工・要約・編集したもの
③ 3次資料：教科書，百科事典，ガイドブック等。2次資料を加工したもの。
④ 4次資料以降：それ以上の加工

より信用性の高い情報を得るためには1次資料を活用する必要がある。

＜参考文献＞　＊　＊　＊　＊　＊　＊　＊
1) 楠見孝：良き市民のための批判的思考，日本心理学会編(61), 5-8, 2013-04(2014)
2) キャス・サンスティーン：『インターネット上は民主主義の敵か』(2001)
3) 総務省：令和元年　情報通信白書
4) American Library Association：(2000)Information Literacy Competency Standards for Higher Education (2000), https://alair.ala.org/bitstream/handle/11213/7668/ACRL%20Information%20Literacy%20Competency%20Standards%20for%20Higher%20Education.pdf

5) 菊池聡，佐藤広英：Twitter 利用と疑似科学信奉の関連，信州大学人文科学論集，7, 7186：(2020)
6) 菊池聡：疑似科学を題材とした批判的思考促進の試み，国民生活研究 =Journal of research on social and economic life/ 国民生活センター教育研修部「国民生活研究」編集委員会編 62.2, 22 - 37：(2022)
7) 日本インターネット医療協議会：医療情報利用の手引き，https://jima.or.jp/riyoutebiki.html
8) Google：(2017)医療や健康に関する検索結果の改善を目的としたアップデート(2017)，https://developers.google.com/search/blog/2017/12/for - more - reliable - health - search?hl=ja
9) Retraction Watch, https://retractionwatch.com/the - retraction - watch - leaderboard/
10) Corbyn, Zoe：Misconduct is the main cause of life - sciences retractions, Nature 490.7418, 21：(2012)
11) 榎木英介：研究不正の構造的背景，日本の科学者 51.12.38 - 43：(2016)
12) https://riken.jp/pr/news/2014/20141226_1/
13) Vojnits, Kinga, et al：Characterization of an injury induced population of muscle - derived stem cell - like cells, Scientific Reports 5.1, 1 - 10：(2015)
14) Kim, Jee Young, et al：Modified STAP conditions facilitate bivalent fate decision between pluripotency and apoptosis in Jurkat T - lymphocytes, Biochemical and Biophysical Research Communications 472.4, 585 - 591：(2016)
15) Kupferschmidt, Kai：Researcher at the center of an epic fraud remains an enigma to those who exposed him. "Science 80(2018)
16) Else H：What universities can learn from one of science's biggest frauds, Nature, 570: 287 - 288：(2019)
17) 総務省：情報通信白書(平成24年度)，https://www.soumu.go.jp/menu_seisaku/hakusyo/index.html
18) 警察庁：警察白書(平成28年度)，https://www.npa.go.jp/publications/whitepaper/index_keisatsu.html
19) 法務省：犯罪白書(令和5年度)，https://www.moj.go.jp/housouken/houso_hakusho2.html
20) https://www.npa.go.jp/hakusyo/h18/honbun/index.html
21) https://www.crowdstrike.jp/press - releases/crowdstrike - releases - global - security - attitude - survey - 2020/
22) Oxford English dictionary, https://www.oed.com/
23) 宮本，久仁男，大久保隆夫：この一冊で全部わかるセキュリティの基本，SB Creative (2022)
24) 不正アクセス行為の禁止等に関する法律(平成十一年法律第百二十八号) (1999)
25) 警察庁：不正アクセス行為の禁止等に関する法律の解説，https://www.npa.go.jp/bureau/cyber/what - we - do/research.html
26) 独立行政法人 情報処理推進機構：マルウェアによるインシデントの防止と対応のためのガイド(2005)，https://www.ipa.go.jp/security/reports/oversea/nist/about.htm
27) 総務省：犯罪白書(令和5年)，https://www.soumu.go.jp/menu_seisaku/hakusyo/index.html
28) https://www.kaspersky.co.jp/resource - center/threats/ransomware - wannacry
29) 内閣サイバーセキュリティセンター(NISC)：インターネットの安全・安心ハンドブック，https://security - portal.nisc.go.jp/guidance/handbook.html
30) Digital Report, https://datareportal.com/
31) 総務省：情報通信白書(令和4年)，https://www.soumu.go.jp/menu_seisaku/hakusyo/index.html
32) ICT 総研：2022年度 SNS 利用動向に関する調査(ICT 総研)，https://ictr.co.jp/report/20220517 - 2.html/
33) 総務省：情報通信白書(平成27年)，https://www.soumu.go.jp/menu_seisaku/hakusyo/index.html
34) 総務省：令和5年度(2023年度)，「令和5年度 情報通信メディアの利用時間と情報行動に関する調査」，https://www.soumu.go.jp/iicp/research/results/media_usage - time.html
35) CNN，SNS で ISIS 戦闘員突き止め空爆 米軍，https://www.cnn.co.jp/usa/35065537.html, (2015.06.06 Sat posted at 18 :09 JST)
36) Air Force Times，Carlisle: Air Force intel uses ISIS ´moron´s´ social media posts to target airstrikes, https://www.airforcetimes.com/news/your - air - force/2015/06/04/carlisle - air - force - intel - uses - isis - moron - s - social - media - posts - to - target - airstrikes/?from=global&sessionKey=&autologin= (Jun 5, 2015)
37) 総務省：令和元年 情報通信白書

38）都筑学，*et al*：大学生における SNS 利用とその心理に関する研究−LINE, Twitter, Instagram, Facebook の比較を通じて−．Diss. Chuo University（2019）
39）正木大貴：承認欲求についての心理学的考察−現代の若者と SNS との関連から−．京都女子大学現代社会研究科紀要 12：25‐44（2018）
40）澤山郁夫，三宅幹子：大学生における Twitter 閲覧頻度と同調志向及び自己関連情報の収集に関わる心理特性との関連，パーソナリティ研究 24.2, 137‐146：（2015）
41）Facebook, Three and a half degrees of separation,
https://research.facebook.com/blog/2016/2/three‐and‐a‐half‐degrees‐of‐separation/（2016）
42）Bessi, A., Coletto, M., Davidescu, G. A., Scala, A., Caldarelli, G., & Quattrociocchi, W：Science vs conspiracy: Collective narratives in the age of misinformation. PloS one, 10(2), e0118093（2015）
43）Del Vicario, M., Bessi, A., Zollo, F., Petroni, F., Scala, A., Caldarelli, G., ... & Quattrociocchi, W：The spreading of misinformation online, Proceedings of the National Academy of Sciences, 113(3), 554‐559（2016）
44）笹原和俊：フェイクニュースを科学する：拡散するデマ，陰謀論，プロパガンダのしくみ，DOJIN BUNKO（2021）
45）Ben Panko：How Fake News Breaks Your Brain,
http://www.smithsonianmag.com/science‐nature/how‐fake‐news‐breaks‐your‐brain‐180963894/
46）Vannucci, A., Flannery, K. M., & Ohannessian, C. M：Social media use and anxiety in emerging adults, Journal of affective disorders, 207, 163‐166（2017）
47）Feinstein, B. A., Hershenberg, R., Bhatia, V., Latack, J. A., Meuwly, N., & Davila, J：Negative social comparison on Facebook and depressive symptoms: Rumination as a mechanism, Psychology of popular media culture, 2(3), 161（2013）
48）The U.S. Surgeon General's Advisory：Social Media and Youth Mental Health,
https://www.hhs.gov/sites/default/files/sg‐youth‐mental‐health‐social‐media‐advisory.pdf
49）文化庁：著作権テキスト，https://www.bunka.go.jp/seisaku/chosakuken/seidokaisetsu/index.html

第4章 コンピュータサイエンス

概要 私たちの身近には，パソコンやスマホ，タブレットなど様々な情報機器がある。だが，その機器がどのような構成で成り立ち，中でどのようなものが動いているのかを正確に知っている人は少ないだろう。だが，自分たちが使う機器の基礎的な知識がないと，表面的には使えても使いこなすことは難しい。そこで，この章ではコンピュータサイエンスの基礎を説明することとする。

まず，ハードウェアとソフトウェアの違い，コンピュータのアーキテクチャである5大機能を学び，構成を学ぶ。また，5大機能の中でも特に重要な中央処理装置やメモリ，ハードウェアとソフトウェアをつなぐ役割をもつOSについて学ぶ。さらに，情報の単位について学び，コンピュータの中ではどのように数字を処理し，演算しているかについて学び，コンピュータの正確性についても言及する。

私たちはコンピュータを問題解決のために使っているが，そもそも問題解決とは何か，問題解決をするためのアルゴリズムとは何かを学び，アルゴリズムの重要性についても言及する。さらに，具体的なアルゴリズムを考えることとする。

01 コンピュータの構成

(1) ハードウェアとソフトウェア

パソコン，スマホ，タブレットなど，私たちの身近にあるコンピュータは，必ずハードウェア(Hardware，ハード)とソフトウェア(Software，ソフト)から成り立っている。

ハードウェアとは，装置として実態のあるコンピュータのことをいう。パソコンの本体，ディスプレイ，キーボード，プリンタ，マウス，スマホ本体，タブレット本体などを指す。後述するが，コンピュータの5大機能である「入力」，「出力」，「記憶」，「演算」，「制御」を備えている。

ソフトウェアとは，コンピュータの動きの中身，はたらきとしてのコンピュータのことをいう。基本ソフトウェアはOS (Operating System Program)のことで，応用ソフトウェアは具体的な仕事をPCで行う利用者プログラム，ミドルソフトウェアは基本に組み込まれることも多いが基本と応用の中間のソフトウェアのことである。そして基本ソフトウェアであるOSは，ハードウェアとソフトウェアを繋ぐ役割を担っている。

(2) コンピュータの5大機能

コンピュータ(Fig.4-1)の5大機能は，ハードウェアを構成する主要な装置を5つに分類したもので，入力装置，出力装置，記憶装置，演算装置，制御装置(Fig.4-2)である。

まず，入力装置(キーボード，マウス，ペンタブレットなど)は何かしらのデータを入れるものであり，出力装置(ディスプレイ，プリンタ，プロジェクタなど)はデータを出力す

るものである。そして，PC本体に入っているのが，制御装置，演算装置，主記憶装置であり，制御装置，演算装置のことをまとめて中央処理装置（CPU：Central Processing Unit）という。主記憶装置（メインメモリ，メモリ）とは，いわゆるメモリのことで，CPUが直接読み書きする記憶装置である。制御装置は，各装置を制御する機能を担っており，入力されたプログラムの命令を解釈して各装置に指示をだす。演算装置は，入力装置から入力されたデータや記憶装置に記憶されて

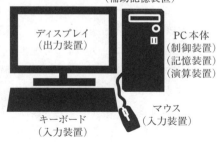

内部ストレージ：HDD, SSD
外部ストレージ：CD, DVD, USBメモリなど
　　　　　　　（補助記憶装置）

Fig.4-1　コンピュータの構造

いるデータを対象にして，プログラムの命令に従って四則演算，論理演算などを行う装置である。その際，主記憶装置に蓄えられたプログラムやデータを読み込んで処理を行い，再び主記憶装置に出力する。補助記憶装置は，プログラムやデータを保存する記憶装置である。

　制御命令の流れは制御装置から入力装置，演算装置，出力装置に対して直接的に各装置に流れる。また，データの流れは入力装置から入力されて，演算装置にいき，演算装置と主記憶装置（あるいは，補助記憶装置）の間でデータをやり取りして演算をし，そして出力装置に流れ，結果が出力される。

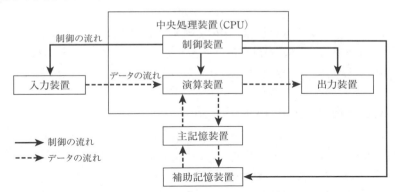

Fig.4-2　コンピュータの5大機能

（3）　中央処理装置と主記憶装置

　上記した制御装置と演算装置からなる中央処理装置（CPU：Central Processing Unit）と主記憶装置は，実際のPCの性能を決める部分である。

　それぞれのイメージを掴むために，机仕事を例に出す。今，机の前に座って仕事をしている状態だとする。まず，CPUは，実際に仕事をしてる人である。性能が高ければ高いほど仕事は楽にできる。例えば，CPUのコアが4の場合，コアが人間1人分だとすると，4人分の能力をもつということになる。次に，主記憶装置は，机の広さであり，机の上が広い（大きい）ほど仕事がはかどり，いろいろな作業が同時並行できる。また，片づけをよくする性質（揮発性）がある。最後に，補助記憶装置（ストレージ）は，机の引き出しであり，大きいほど，保存できるデータ量が増える。なお，保存しておく性質（不揮発性）がある。

これらCPU，主記憶装置，内部補助記憶装置をはじめ，光学ドライブ，電源などパソコンの部品のすべてがつながっているのは，マザーボードという基盤である。CPUと主記憶装置間はデータのやり取りが速く，主記憶装置と補助記憶装置間はデータのやり取りが遅い。

CPUは，IC(Integrate Circuit, 集積回路)とよばれる電子部品であり，レジスタ，制御装置，演算装置，クロックの4つの要素から成り，各要素は電気的に接続されている。レジスタは，処理対象とする命令やデータを一時格納する場所で，一つのCPUに20〜100個程度のレジスタがある。なお，プログラムはレジスタを対象として書かれる[1]。制御装置は，主記憶装置上の命令やデータをレジスタに読み出し，命令の実行結果に応じてコンピュータを制御する。

演算装置は，主記憶装置からレジスタに読み出されたデータを演算する。クロックは，コンピュータが動作するタイミングとなるクロック信号を発するという役割がある。

CPUの性能は5要素で決まるといわれ，コア数(一つのコンポーネントに，物理的にいくつのCPUが入っているか)，スレッド数(OS上で認識されるCPUのコア数)，クロック周波数(処理速度を決める周波数)，キャッシュ(キャッシュメモリともいう。一時的にデータを保管しておく場所)，データバスのスピード(CPUとそれ以外のやり取りをするときのスピード)である。基本的に，どの数値も数字が大きいほど，性能がよいと考えてよい。ただし，実際にPCを買う際には，CPUは一番よいものを買えばよいわけではなく，各ユーザーに見合ったCPUを使えばよい。CPUの性能がユーザーの要求に追いついていないと，負荷が高くなり，処理ができずにボトルネックが発生する。CPUの性能がユーザーの要求よりはるかに低いと，負荷が低いため，CPUを使いきれずにもったいない。

なお，後述するが，CPUが直接理解できる言語は，機械語(マシン語)である。機械語は数字の羅列であり，それをみても，ほとんどの人は情報を読みとることはできない。

(4) OS：Operating System Program[2]

OSとは，コンピュータが動くための，最も基本的なアプリケーション(ソフトウェア)のことであり，コンピュータが情報処理を円滑に遂行する環境を提供する存在である。また，ユーザーが入力した情報を，機械が理解できる言語である機械語に翻訳する作業をするプログラムでもあり，反対に機械が返した言語を翻訳してユーザーにわかるように翻訳する作業を行うプログラムでもある。また，現在のOSには，API(Application Programming Interface)という，アプリケーションをつくるプログラミングとOSをつなぐ窓口(仕様書と機能)があり，様々なアプリケーションが共通して使える機能を提供している。OSは初めからここまでできたわけではなく，パソコンが普及するに従い，利便性を要求されてきた。

OSがない時代には，モニター・プログラムというOSの前段階があり，プログラムをロードする機能と実行する機能だけが備わっていた。だが，時代が進み，文字入力や，ディスプレイ表示などの基本的な処理はプログラムの種類が異なっても共通であることから，同じ処理を記述するのはむだということで，基本的な入出力をモニター・プログラムに追加した。これが初期のOSである。その後，ハードウェア制御プログラム，言語プロセッサ，などが追加され，現在のOSの形になっていった。つまり，現在のOSは単独のプログラムではなく，複数のプログラム(制御プログラム，言語プロセッサ，ユーティリティ)の集合体である。

有名なOSには，Microsoft社のWindowsシリーズ，Apple社のMacintosh OS以外にも，AT&T社のUnixや，オープンソースのLinux，またスマホのOSであるGoogle社のAndroid（ベースはLinux），Apple社のiOSなどがある。

(5) 情報の単位

身近にある情報機器（コンピュータ）の数字はどうなっているだろうか。WindowsのOSは64 bit（過去には32 bitもあった）で，パソコンのメモリは4 G・8 G・16 G……，スマホやタブレットの容量は128 GB・256 GB・512 GB……，フラッシュメモリ（USBメモリ）は16 G・32 Gから売場にある。この数字は人間にとっては中途半端に聞こえる。だが，これらの数字は2のn乗であり，コンピュータにとっては大変キリのよい数字である。それに人間が合わせている形で，機器の数字は成り立っている。

なぜコンピュータにとって，2のn乗の数がキリよくなるかというと，コンピュータの内部の回路がONとOFFで成り立っているからに他ならない。もう少し正確にいうと，コンピュータの中身（CPU）はICチップ（Integrated Circuit）で成り立っている。ICチップは必ず直流電圧の0 Vか+5 Vのいずれかの形状をもち，ICのピン1本では2つの状態しか表せない[3]。よって，コンピュータはデータを0と1で表現しているのである。

2値で扱われるデータを論理データとよび，一つひとつをビット（bit, b）とよぶ。つまり，2つの選択肢から1つを特定するのに必要な情報量が1 bitである。さらに，2進数で情報を表現するには多くのビット数が必要なため，8 bitを1つの単位と考え，8ビット（bit）を1バイト（byte, B）と表し，bitを情報の最小単位，byteを情報の基本単位とよぶ。

また，慣習的に，2の10乗（1,024）を単位として計算し，1,024 byteを1 K byteとみなす（Table 4-1）。もちろん，正確には，2のn乗の数字は，10のn乗の数字とはならないが，大きい数を表すのには，キロ（2^{10} byte ≒ 10^3 byte = 1 KB），メガ（2^{20} byte ≒ 10^6 byte = 1 MB），ギガ（2^{30} byte ≒ 10^9 byte = 1 GB），テラ（2^{40} byte ≒ 10^{12} byte = 1 TB）と表すようになった。なお，2022年に2^{90}のロタと2^{100}のクエタが追加された（Table 4-1）。

Table 4-1 慣習的な情報の単位

記号	読み方	
b	ビット（bit）	最小情報単位
B	バイト（byte）	基本情報単位 1 B = 8 bit
K	キロ（Kilo）	2^{10} byte = 1,024 ≒ 約1,000 = 10^3 byte = 1 KB
M	メガ（Mea）	2^{20} byte = 1,048,576 ≒ 1,000,000 = 10^6 byte = 1 MB
G	ギガ（Giga）	2^{30} byte ≒ 10^9 byte = 1 GB
T	テラ（Tera）	2^{40} byte ≒ 10^{12} byte = 1 TB
P	ペタ（Peta）	2^{50} byte ≒ 10^{15} byte = 1 PB
E	エクサ（Exa）	2^{60} byte ≒ 10^{18} byte = 1 EB
Z	ゼタ（Zetta）	2^{70} byte ≒ 10^{21} byte = 1 ZB
Y	ヨタ（Yotta）	2^{80} byte ≒ 10^{24} byte = 1 YB

R	ロナ (ronna)	2^{90} byte ≒ 10^{27} byte = 1 RB	(2022年に追加)
Q	クエタ (Quetta)	2^{100} byte ≒ 10^{30} byte = 1 QB	(2022年に追加)

02　コンピュータと数

(1)　身近な進法（10進法と60進法）

　私たちの身近な数字は0〜9の10個のアラビア数字で成り立つ10進位取り記数法（10進法）である。10進法とは，10を基数（底）とする位取り記数法のことで，表された数を10進数という。この進法は，1が10個貯まると，ひとまとめにして，一つ繰り上がる（10になる）。10が10個貯まると，ひとまとめにして，一つ繰り上がる（100になる）。

　もう一つ身近にあるのは60位取り記数法（60進法）である。例えば，時計を考える。60秒＝1分，60分＝1時間であり，60集まれば，1桁上がっている。3,666秒は何時間何分何秒かという計算は，3,666秒÷60＝61分あまり6秒，61分÷60＝1時間あまり1分，つまり，1時間1分6秒となる。つまり1が60個溜まるとひとまとめにして，一つ繰り上がる（10になる）という形である。他にも，12進位取り記数法（24時間制の時計，12か月で1年）や，7位取り記数法（週，中陰法要）などが身近にある。

Table 4-2　N位取り記数法（N進法）

基数	内容
基数 2, Binary	コンピュータの数 古くは中国の易（八卦　など），ピンガラの韻律 17世紀のゴットフリート・ライプニッツが確立
基数 3, Ternary	ヤード・ポンド法（3 feet＝1 yard），カントール集合 3進法のコンピュータ（歴史的なもの）
基数 4, Quaternary	ヒルベルト曲線，DNA配列，江戸の通貨（1両＝4分＝16朱），ドル（1 dollar＝4 quarter dollar）
基数 5, Quinary	タリーマーク（正の字　など），二・五進法（ソロバン・ローマ数字，マヤ文明　など）
基数 6, Senary	サイコロ，江戸の尺貫法（1間＝6尺）
基数 7, Septenary	週，中陰法要（初七日，49日法要　など）
基数 8, Octal	スコークコード，ヤード・ポンド法（8 pints＝1 gallon，1 mile＝8 furlong），日本の古代で8が最大の考えがある
基数 9, Novenary	3進法，エニアグラム
基数 10, Decimal/Denary	一般的に使われる記数法（インド・アラビア数字）
基数 12, Duodecimal	暦法，時法（12時間時計），西洋占星術，ローマ数字，ダース・グロス（12 dozen＝1 gross），ヤード・ポンド法（12 inches＝1 foot），歴史的な通貨の単位（12 pence＝1 shilling），縄文時代（三大丸山遺跡）
基数 16, Hexadecimal	コンピュータの数，Tonal system，ポンド・ヤード法（1 pound＝16 ounce，1 ounce＝16 drachm）
基数 20, Vigesimal	アイヌの数字，バルク・イヌイット・マヤ・アイヌ（5進法との組み合わせ）などの数字，歴史的な通貨の単位（1 pound＝20 shilling）
基数 30, Trigesimal	Natural Area Code（自然地域コード）
基数 60, Sexagesimal	時法（分・秒・間），干支（十干と十二支の組み合わせ），バビロニア数字

このように，N種類の数字や記号を並べて数を表す方法のことを，N進位取り記数法（Positional Notation，進法，進命数法）といい，N進位取り記数法で表された数をN進数とよぶ。またNのことを進数の底，または基数という。さらに，進法の表し方で，△(□)と書くが，これは「□進法で，数値は△」という意味である。様々な進法はTable 4-2にまとめた。

(2) 2進法，16進法

コンピュータにおいては，2の冪数である，2進法，8進法，16進法で数が表されている（Table 4-3，Table 4-4）。ただし，8進法は歴史的な経緯のものである。

Table 4-3 コンピュータで使う進数

進数	基数	英語と省略形	用途
2進数	2	binary, bin	コンピュータの数の基本 論理演算 回路の基礎
8進数	8	octal, , oct	2進数の省略形（3 bit） 最近は使わない
16進数	16	hexadecimal, hex	2進数の省略形（4 bit） 2進数だと長くなりすぎるので，1 byte（8 bit）を2桁で表現をする

まず，2進位取り記数法（2進法）は，2を基数（底）とする位取り記数法であり，0と1の2個のアラビア数字を用いて表す。1が2個溜まると，ひとまとめにして，一つ繰り上がる（10になる）。1が4個貯まると，ひとまとめにして，一つ繰り上がる（100になる）。

次に16進位取り記数法（16進法）は，16を基数（底）とする位取り記数法であり，0～9とA～Fの10個のアラビア数字と6個のアルファベットを用いて表す。2進数の計算は，どうしても桁数が長くなりすぎて表現に困ることが多いため，4 bit（2進数の4桁）を単位とした16進位取り法がコンピュータでは用いられる。16進法の場合，1から9まで行ったら，次はAからFまで進み，Fまでいったら10に繰り上がる。

Table 4-4 進法対応表

10進数	2進数	2進数（3桁ずつ）	8進数	16進数
1	0000 0001	000 000 001	1	1
2	0000 0010	000 000 010	2	2
3	0000 0011	000 000 011	3	3
4	0000 0100	000 000 100	4	4
5	0000 0101	000 000 101	5	5
6	0000 0110	000 000 110	6	6
7	0000 0111	000 000 111	7	7
8	0000 1000	000 001 000	10	8
9	0000 1001	000 001 001	11	9
10	0000 1010	000 001 010	12	A
11	0000 1011	000 001 011	13	B
12	0000 1100	000 001 100	14	C

13	0000 1101	000 001 101	15	D
14	0000 1110	000 001 110	16	E
15	0000 1111	000 001 111	17	F
16	0001 0000	000 010 000	20	10
・・・	・・・	・・・	・・・	・・・
100	0110 0100	001 100 100	144	64
・・・	・・・	・・・	・・・	・・・
255	1111 1111	011 111 111	377	FF
・・・	・・・	・・・	・・・	・・・
511	0001 1111 1111	111 111 111	777	1FF

　実際にとある数を他の進数にするときの計算の仕方は，自然数と小数で違う。

　まず，自然数の場合（Table 4-5），10進法から n 進法にする場合は，n で割り，その余りを使う。通常は，すだれ算にあたる逆さ割り算（　　　　）をして，余りを下から読む。そして，n 進法から10進法にする際には，$a_k \times n^k$ で考える。

　小数の場合（Table 4-6），10進法から n 進法にするのは，n をかけて小数部だけ，次の計算に送り，その答えの整数部を上から読む。その際，有限小数（小数第何位かで終わる小数）の場合はそのまま書く。無限小数のうち，循環小数（配列が繰り返される）は上に（・）をつけて循環を表し，終わらない無限小数は最後に・・・として終わる。n 進法から10進法にする場合は，自然数と同じく，$a_k \times n^k$ で考える。

　コンピュータが，なぜ2進法と16進法なのかについて，少し説明する。2進数はコンピュータのために編み出された位取り記数法ではない。前述したが，コンピュータの中身はICであり，ICのピン1本では2つの状態しか表せないため，2進法がたまたま合っていたに過ぎない。数学的に2進法を確立したのは17世紀のゴットフリート・ライプニッツ（Gottfried Wilhelm Leibniz）であり，"Explication de l'Arithmétique Binaire（2進数演算の説明）"という論文も発表している。コンピュータが扱う情報の最小単位の bit（ビット）は，2進数の1桁に相当する。

　なお，コンピュータの bit はジョン・テューキー（John W. Tukey）が1947年に「"binary

Table 4-5　自然数の n 進数⟷10進数

2進法	8進法	16進法
例：20(10) を2進数にする 基数で割って，余りを下から読む 2) 20 2) 10　　…0 2)　5　　…0 2)　2　　…0 2)　1　　…0 　　　0　　…0 A. 10100(2) コンピュータに関わる数字の表し方の場合は，0001 0100(2) のように4bit単位にした方がよい	例：20(10) を8進数にする 8) 20 8)　2　　…4 　　　0　　…2 A. 24(8)	例：28(10) を16進数にする 16) 28 16)　1　　…12 　　　0　　… 1 A. 1C(16)

例：10100$_{(2)}$を10進数にする $10100_{(2)} = 1×2^4+0×2^3+1×2^2$ $\quad +0×2^1+0×2^0$ $\quad =16+4=20$	例：24$_{(8)}$を10進数にする $24_{(8)}=2×8^1+4×8^0$ $\quad =20$	例：1C$_{(16)}$を10進数にする $1C_{(16)}=1×16^1+4×16^0$ $\quad =28$

Table 4-6　小数の n 進数 ⟷ 10進数

2進法	8進法	16進法
例：$0.625_{(10)}$と$0.3_{(10)}$を2進法にする　nを掛けて小数部だけ，次の計算に送り，その答えの整数部を上から読む $0.625×2=1.25$ $0.25×2=0.5$ $0.5×2=1.0$ A. $0.1010_{(2)}$ $0.3×2=0.6$ $0.6×2=1.2$ $0.2×2=0.4$ $0.4×2=0.8$ $0.8×2=1.6$ $0.6×2=1.2$ A. $0.0\dot{1}001\dot{1}_{(2)}$	例：$0.625_{(10)}$と$0.3_{(10)}$を8進法にする $0.625×8=5$ A. $0.5_{(8)}$ $0.3×8=2.4$ $0.4×8=3.2$ $0.2×8=1.6$ $0.6×8=4.8$ $0.8×8=6.4$ $0.4×8=3.2$ A. $0.2\dot{3}146\dot{6}_{(8)}$	例：$0.625_{(10)}$と$0.3_{(10)}$16進法にする $0.625×16=10$ A. $0.A_{(2)}$ $0.3×16=4.8$ $0.8×16=12.8$ $0.8×16=12.8$ A. $0.4\dot{C}_{(16)}$
例：$0.1010_{(2)}$を10進数にする $0.1010_{(2)}=1×2^{-1}+0×2^{-2}$ $\quad +1×2^{-3}$ $\quad +0×2^{-4}=0.625$	例：$0.50_{(8)}$を10進数にする $0.50_{(2)}=5×8^{-1}=0.625$	例：$0.A_{(16)}$を10進数にする $0.A_{(16)}=A×16^{-1}$ $\quad =10×16^{-1}$ $\quad =0.625$

information digit" to simply "bit". (binary information digit は，略して bit)」とメモに書いたところからきているといわれる。なお，binary digit とは2進数のことである。ただし，bit を情報の単位として扱ったのは，クロード・シャノン（Claude Elwood Shannon）であり，そのため, bit をシャノンという規格もある。

　そして，進数の桁数は，8桁，16桁，32桁……と8の倍数とするのが一般的である。ここからくるのが16進法である。8桁の2進数をバイト（byte）という。bit から byte に変える時は，8で割ればよい。例えば，32 bit は，$32÷8=4$ byte である。上記したが, bit が最小情報単位で, byte は実際の情報の基本単位である。実際に，メモリやディスクには byte 単位でデータが格納され，byte 単位でデータが読み書きされる。

(3) コンピュータの計算，実数と整数

コンピュータの中での認識として，数字は，整数型（自然数）と実数型（それ以外）となっている。コンピュータの内部での表現が異なり，減法は加法，乗法は加法，除法は減法を利用して計算をしている。もちろん，数学的には実数の中に整数が含まれているが，コンピュータ内では，実数が完璧な実数ではない。また，コンピュータはできるだけ回路を減らしたいために，コンピュータではマイナスの符号は扱わず，補数（ある数に加えると，あらかじめ定めた一定数（基準数）になるような数）で計算をしている。そして，減法は新しい計算方法（回路）をつくるのではなく，加法を使って計算をする。マイナスの符号は使わないので，最上位（一番左）の桁を符号ビットとする。符号ビットは，1だと負の数，0だと正の数となる。

負の表現（Table 4-7）は，2進法の数の0と1を入れ替えてつくることになっている。例えば，$0001_{(2)}$ は $1_{(10)}$ だが，その1と0をひっくり返して（反転）できる $1110_{(2)}$ は「1の補数」の $-1_{(10)}$ である。だが，1の補数では，0が2つ存在する欠点がある。つまり，$0000_{(2)}$ と1と0を反転してできる $1111_{(2)}$ のどちらも $0_{(10)}$ となる。これは，回路を極力減らしたいコンピュータ的にはむだである。そこで，負の数は1つずつ数字をずらし，回路のむだを減らす。これが「2の補数」であり，「1の補数」に1を加えたものとなる。なお，計算は，どちらの補数でも可能だが，1の補数で計算した場合，計算の最後に＋1する作業が必要なので，忘れないためにも2の補数を推奨する。

例として，10進数の3と-3を8桁で考えてみる。

1の補数：$3_{(10)}$ が $00000011_{(2)}$ → $-3_{(10)}$ は $11111100_{(2)}$ 　＊0と1を反転する。

2の補数：$3_{(10)}$ が $00000011_{(2)}$ → $-3_{(10)}$ は $11111101_{(2)}$ 　＊0と1を反転させ，＋1する。

1の補数，2の補数，何れの場合も，一番左は，正の数の場合は0となり，負の数の場合は1になっていることがわかる。

Table 4-7　負の表現

10進数の数		2進法	
1の補数	2の補数		
127	127	0111　1111	正の数の間は1の補数も2の補数も同じ数である
126	126	0111　1110	
…	…		
4	4	0000　0100	
3	3	0000　0011	
2	2	0000　0010	
1	1	0000　0001	
0	0	0000　0000	ここで1と0がひっくり返る。2の補数はひっくり返った形が-1になるが，1の補数は±0がどちらもできる
-0	-1	1111　1111	
-1	-2	1111　1110	
-2	-3	1111　1101	
-3	-4	1111　1100	

-4	-5	1111 1011	
...		...	
-126	-127	1000 0001	結果として，同じbit数で1つ負の数が多く表現できるのが2の補数
-127	-128	1000 0000	

　2進数の計算は，1桁ずつ行えばよく，$0+0=0, 1+0=1, 0+1=1, 1+1=10$となる。そして，上記のように負の表現ができれば，引き算は実現できる。例えば，5-3を8ビットの2進数で解くとすると以下のようになる。なお，元々8bitで定義されているので，計算した結果の8bit以上は桁あふれ（オーバーフロー）となり，削除される。

　　$5_{(10)} + (-3_{(10)}) \rightarrow 00000101_{(2)} + (-00000011_{(2)})$

　　$\rightarrow 00000101_{(2)} + 11111100_{(2)}$　　（正の3の1と0を反転させ，1の補数にする）

　　$\rightarrow 00000101_{(2)} + 11111101_{(2)}$　　（+1して，2の補数にする）

　　$\rightarrow 00000010_{(2)}$（下記のように，筆算を使うとわかりやすい）

```
       0 0 0 0 0 1 0 1
   +   1 1 1 1 1 1 0 1
  ─────────────────────
  1 0  0 0 0 0 0 0 1 0
  ↑ 桁あふれで削除
```

　つまり，引き算の補数の計算は，①10進数から，2進数にかえる。②2進数の桁を合わせる。4bit単位にする。③「-」の値を反転させ，1の補数にする。④「+1」して，1の補数から2の補数にする。⑤筆算で計算する。⑥桁あふれ（オーバーフロー）分を削除することで可能である。

　補足として，掛け算は，桁をずらす演算（ビットシフト）でやっており，非常に高速に処理できる計算命令となっている。例えば，5×3の計算の場合，2進法に変換したのち，それぞれの桁で計算したものをずらして，加算で計算をする。

　　$5_{(10)} \times 3_{(10)} \rightarrow 101_{(2)} \times 11_{(2)} \rightarrow 101 + 1010 \rightarrow 1111$

この計算の内訳は，以下のような計算である。

```
         1 0 1
     ×     1 1
     ─────────
         1 0 1
   + 1 0 1         *ビットシフト
   ───────────
     1 1 1 1
```

　割り算の場合は割られる数が0，または負になるまで引き続ける形で計算をする。引いた回数が割算の答えで，0または負の数が割り算のあまりという形になる。

　　$10_{(10)} \div 3_{(10)} \rightarrow 1010_{(2)} \div 0011_{(2)} \rightarrow 11 \cdots 1$

この内訳の計算は，以下のようになっている。

　　　1回目　$1010_{(2)} - 0011_{(2)} \rightarrow 0101_{(2)}$

　　　2回目　$0101_{(2)} - 0011_{(2)} \rightarrow 0010_{(2)}$

　　　3回目　$0010_{(2)} - 0011_{(2)} \rightarrow -0001_{(2)}$

(4) なぜコンピュータが間違えるのか（補数計算と小数計算）

コンピュータに計算をさせれば間違わない，というイメージがあるが，実はコンピュータは単純な，人間なら暗算でもできる計算を間違えることがある。

下記表（Fig.4-3）の計算を Excel にさせてみることにする。なお，計算と予測（人間が暗算した結果）があっているかどうかは，IF 文で判断することとする。

	A	B	C	D	E
1			計算結果	予測	計算と予測があっているか
2	1	100.1-100.0	=100.1-100	0.1	=IF(C2=D2,"○","×")
3	2	100.5-100.3	=100.5-100.3	0.2	=IF(C3=D3,"○","×")
4	3	100.7-100.4	=100.7-100.4	0.3	=IF(C4=D4,"○","×")
5	4	100.9-100.5	=100.9-100.5	0.4	=IF(C5=D5,"○","×")
6	5	100.5-100	=100.5-100	0.5	=IF(C6=D6,"○","×")
7	6	100.25-100	=100.25-100	0.25	=IF(C7=D7,"○","×")

Fig.4-3　換算

結果として出てくるのは，Fig.4-4のような結果である。計算の部分と予測の部分があっていそうに見えるのに，No.1〜No.4の計算結果は間違っている（×）と出ている。だが，No.5とNo.6の結果はあっている。

	A	B	C	D	E
1			計算結果	予測	計算と予測があっているか
2	1	100.1-100.0	0.1	0.1	×
3	2	100.5-100.3	0.2	0.2	×
4	3	100.7-100.4	0.3	0.3	×
5	4	100.9-100.5	0.4	0.4	×
6	5	100.5-100	0.5	0.5	○
7	6	100.25-100	0.25	0.25	○

Fig.4-4　検算結果

なぜこうなっているかを調べるために，C列の計算の桁数を変えてみることとする（Fig.4-5）。そうすると，No.1〜No.4の検算結果が，限りなく「予測値に近い数」であって，「予測値そのもの」ではない，つまり近似値であったことがわかる。

	A	B	C	D	E
1			計算結果	予測	計算と予測があっているか
2	1	100.1-100.0	0.0999999999999943	0.1	×
3	2	100.5-100.3	0.2000000000000030	0.2	×
4	3	100.7-100.4	0.2999999999999970	0.3	×
5	4	100.9-100.5	0.4000000000000060	0.4	×
6	5	100.5-100	0.5000000000000000	0.5	○
7	6	100.25-100	0.2500000000000000	0.25	○

Fig.4-5　検算結果2

原因は，2進数での小数点以下の数値の表せる限界である。例えば，小数点以下4桁の2進数で表現できる範囲は，0.0000〜0.1111である（Table 4-8）。2進数の小数点以下の数字は，これらの限られた数字の組み合わせでしか表せず，結果として，飛び飛びの10進数の数字しか表せない。つまり，それ以外の小数点は，近似にしかならない。例えば，$0.1_{(10)}$ を2進数で表そうとしても，$0.1_{(10)} = 0.0\dot{0}01\dot{1}_{(2)}$ となり，循環小数となる。これは表せる範囲での組み合わせで数字が表現できないということであり，つまり近似で表現するほかない。

なお，小数点を表すドット(.)はあくまで紙上の表現での2進数であり，コンピュータの中身では「浮動小数点」で表されている。具体的には「倍精度浮動小数点数型（64 bit ＝ 符号部1 bit，指数部11 bit，仮数部52 bit）」および「単精度浮動小数点数型（32 bit ＝ 符号部1 bit，指数部8 bit，仮数部23 bit）」であり，米国電気電子学会（IEEE：Institute of Electrical and Electronics Engineers）が定めた規格である。小数点以下は，$\pm m \times n^e$ という式の形で表されており，m が仮数部，n が基数，e が指数である。実際の表現は基数が含まれず，仮数部×2の指数部乗と表している。符号部が1なら負，0なら正（あるいはゼロ）であり，仮数部は小数点以上の値を1に固定する正規表現で表され，指数部はイクセス表現で表されているが，今回は詳細を省略するものとする。

Table 4-8 小数点以下4桁の2進数表現

小数点以下4桁の2進数表現	対応の10進数
0.0001	0.0625
0.0010	0.125
0.0011	0.1875
0.0100	0.25
0.0101	0.3125
0.0110	0.375
0.0111	0.4375
0.1000	0.5
0.1001	0.5625
0.1010	0.625
0.1011	0.6875
0.1100	0.75
0.1101	0.8125
0.1110	0.875
0.1111	0.9375

よって，コンピュータは計算を間違うのは当然のことである。基本的に根本解決は無理なため，それを織り込み済みでコンピュータの計算を扱う必要がある。ただし，これは上述したように，小数で起こる問題であり，整数の計算ならば間違うことはない。よって，例えば，有限の小数点以下の数値の場合，あらかじめ10のn乗倍をして整数にしてから計算し，また10のn乗倍で割れば，正確な計算結果が出てくることになる。ただし，計算結果のわずかな誤差が問題にならないような場合は無視してかまわないというのが通例であり，科学技術計算などは，近似値が得られればよいため，あまり気にしないで計算されているのが現状である。

(5) 文字コード

文字コード（character code）[4]とは，文字をコンピュータで処理したり，通信したりするために，文字に割り当てた番号のことである。一般的に16進法で表されている。

文字コードは，符号化文字集合（Coded Character Set：ASCII，JIS，Unicode など）と，文字符号化方式（Character Encoding Scheme：シフトJIS，UTF-8，UTF-16 など）という二つの概念がある。符号化文字集号とはどのような文字や記号を扱うのかの定義であり，文字符号化式は，複数の文字符号化集合を組み合わせる運用方式である。例えば，JIS系の文字集

合を符号化する方法がシフトJISなどであり，Unicodeの文字集合を符号化する方法がUTF-8やUTF-16などとなる．現在の主流は，世界中の文字を一括して登録することを目標にした文字コード系（character encoding system）であるUnicodeの中の文字符号化方式の一つがUTF-8で，現在の主流である．

上記したように複数の文字コードがあるが，最古の文字コードはASCIIコード（American Standard Code for Information Interchange）である．7bit（$2^7=128$）の100文字弱のコードで，半角英数字や記号が表現できた．その後，アルファベットの，大文字・小文字で52文字，0～9までの数字，記号，アクセント記号，特殊記号などの文字を表現するため，1byte（8bit：$2^8=256$）が使われれるようになった．現在，世界中で使用されている様々な文字の符号化方式の多くは，ASCIIで使用されていない128番以降の部分に，その他の文字を割り当てたもので，国や地域ごとの要件に対応した文字コードが開発され，16bit（2byte）の文字コードとなっている．

この2byteというのは日本語も同じである．例えば，日本語は，ひらがな，カタカナ，漢字という3種類を使っている．漢字は常用だけでなく，人名用，幽霊字等，いろいろある．例えば，大修館の大漢和辞典（諸橋轍次氏）[5]では，親文字が約5万語あるとされている．つまり日本語は1byte（8bit）の情報では表現できない．よって，2byte（16bit：$2^{16}=65536$）で任意の16進数の文字コードを作った．ただし，2byte文字コードができたとしても，プログラムは元々の1byteコードをベースとして動くので，1byteと2byteの文字コードを繋ぐ必要ができ，これを文字符号化式という．さらに，文字コードが複数できてしまい，煩雑化したので，国や地域別につくられていた文字コードをまとめて国際的な文字符号化集合の統一文字コード（Unicode）をつくる動きができたのである．

例えば，日本語の有名な文字コードには，シフトJISコード，EUCコード，Unicode（UTF-8, UTF-16）など，複数の文字コードが存在する．同じ漢字だとしても，文字コードが同じではないことがわかる（Table 4-9）．

Table 4-9 文字コード

	情	報	科	学
UTF-16	60c5	5831	79d1	5b66
UTF-8	e68385	e5a0b1	e7a791	e5ada6
Shift-JUS	8fee	95f1	89c8	8a77
EUC	bef0	caf3	b2ca	b3d8
JIS	3e70	4a73	324a	3358
区点	3080	4283	1842	1956

そしてこれらの文字コードは，ブラウザに拡張機能をインストールすることで調べることができる．（例えば，Edgeの場合は，Microsoft Edgeアドオンストアから，拡張機能にCharsetをインストールすればよい）．例えば，厚生労働省の医師国家試験のページを調べてみる．現在の文字コードはFig.4-6の左側，つまり文字コードは「Shift-JIS」になっている．この文字コードを，無理やりFig.4-6の右側のように「UTF-8」に変えると，画像以外の文字がすべて文字化けしてしまう．現在，文字コードの統一の動きや，以前に比べてブラウザ自体が文字コードの認識がよくなったこと，そしてホームページをつくる人たちがHTML内に文字コードを書くようになってきたことなどが重なり，文字化け自体は少なくなってきたが，もし万が一，文字化けが起こった際には，このように文字コードを変えれば解決する．なお，これはWebページのみならず，例えば，文字コードの違いによって文字化けが起きる現象は，まれにだが，CSVファイルな

どでも起こり得ることなので覚えておくとよい。

Fig. 4-6　文字化け例

03　プログラミングとプログラミング言語

(1) なぜ今，プログラミングが必須とされているか

　Apple の創始者であるスティーブ・ジョブズ (Steve Jobs) の言葉を借りる[6]と，プログラミングを含めたコンピュータサイエンスは教養，である。

　"I think everybody in this country should learn how to program a computer. Should learn a computer language because it teaches you "how to think". And so I view computer science as a "liberal art." It should be something that everybody learn you know takes it takes a year in their life one of the courses they take is you know learning how to program you."（私はこの国のすべての人間はコンピュータのプログラミングを学ぶべきだと思う。コンピュータ言語を学ぶことは，"考え方を学ぶ"ことになるからだ。そして私は，コンピュータサイエンスは"リベラルアーツ（教養）"だととらえている。コンピュータサイエンスは誰もが学ぶべきもので，人生の中で1年はプログラムを学ぶべきだ）

　急速に進んだ情報化社会だが，これから先もテクノロジーの進化を止めることはできない。そして，その日々進化し続けるテクノロジーとつき合う際，使いこなしたい，あるいは創りたい場合，プログラミングの考え方は必須となる。テクノロジーの進化に追従していく際に必要な知識は，コンピュータの基礎知識（基本的な IT リテラシー）と，論理的思考法（ロジカルシンキング），そして一つひとつの課題を設定・クリアするための問題解決能力である。これらは，情報の科学的理解ともいえるが，この科学的理解を助けるのがプログラミングである。

　AI によって様々な雇用形態が変わっていくといわれている。2015年には，10～20年後に日本の労働人口の約49％が，技術的には人工知能やロボットなどにより代替できるようになる可能性が高い[7], [8]という試算が出され，話題になった。AI は決して万能ではないが，AI の方が正確・素早く「判断」できるものに関しては，AI が担っていく可能性がある。例え

ば，AIは異常部の検出に優れるために医師の業務の一部もAIが担える可能性がある[9)~11)]という研究や，農林水産省からは養蚕業に携わる人材の高齢化と後継者不足で，経験に基づいたノウハウの継承が困難になっている技術の一つ，孵化卵の見分け作業をAIが担える可能性が発表された。このように，AIの方が正確かつ素早く処理ができ，必ずしも人が対応する必要がない職業はAIに移っていく可能性が高くなってきているのは事実である。だが，例えば，対話でのコミュニケーションやネゴシエーションが必要だったり，協調性が必要だったり，専門性が高い，創造性がある，業務や非定型な業務は，将来においても人が担う可能性が高い。また，AR体験クリエイター，遺伝子相談役など，新たな職業が生まれる可能性も指摘されている。

　この先の社会では，新しい技術を使いこなしたり，新しい価値やルールを生み出せる人が勝っていく時代となってきている。2022年度からは高等学校でもプログラミングを含む教科「情報Ⅰ」が必修化した。これは，プログラミングで学べる考え方・論理的思考が，汎用性の高いスキルだと認知されているからである。

　以上のように，プログラミングを学ぶ理由は，新しいアプリケーションをつくることだけが目的ではない。様々なところ[12)~14)]でその理由は説明されているが，おおよその内容を以下にまとめる。

① **世の中の仕組みを理解できる**　世の中の基礎にある物の多くは，コンピュータによって管理・制御されている。情報化社会では，コンピュータの仕組みや内部の動きを理解していないことは，世の中の仕組みが理解できていないことに直結してしまう。

② **新しい「考え方」を取得できる**　ジョブズがいったように，「プログラミングから新しいものの"考え方"」を学べる。

③ **物事を道筋立てて，きちんと考える力である「論理的思考力（ロジカルシンキング）」の向上が見込める**　プログラミングは，小さい命令をいくつも組み合わせ，全体で目標を達成する作業なため，論理を組み立てる訓練に最適である。どのように指示を出すのか，どう表現すればよいのかを学ぶことで論理的思考力の向上が見込まれる。

④ **問題解決力が身につく**　問題を認識し，問題に対する情報を集め，情報を分析し，解決のための方向を検討し，実行するという流れで問題解決はなされる。そして，その問題解決は，様々なシミュレーションが必要であり，一つだけが絶対的な解答ではなく，様々な解決への道筋（アルゴリズム）が存在する。その解決方法を実現する仕組みを考え，つくり，矛盾がないようにしなければならない。これは，あらゆることを正確に把握したうえで指示をする必要がある。

⑤ **アイディアを実際の形にできる**　自分がつくることも可能だが，自分が指示をしてつくってもらうにも，アイディアを明確に示さなければならない。それができなければ，誰かが決めたルールの中で，誰かが決めた仕組みに従い，仕事や作業をするしかなくなる。アイディアをプログラムへ落とし込む際の肝であるアルゴリズムの考え方や表現・実現方法を，イメージできるようになることが，これから生きていくうえで重要なことである。

⑥ **教育格差をなくせる**　日本は格差が少ない社会だが，プログラミングスキルはあらゆ

る人の希望になり得るといわれている。プログラミングはインターネットにつながりさえすれば，自分の意思でいくらでも学習できる。他の分野に比べて，初期投資額が少ないといわれている。

以上から，プログラミングを学ぶことは大いに有意義なことである。だからこそ，高等学校で「情報Ⅰ」の教科は必須になり，これらを取得させようとしている。ただし，難しいプログラミング言語の解説書をひたすら読み，ひたすら実践するという方法は，勧めない。というのは，プログラミング言語ですら，いろいろと開発されていくのが，現在の世の中だからである。例えば，ここ数年 IEEE の言語ランキング[15]では，Python（1991年開発）が1位を譲らないが，Python 自体は2018年あたりから順位を伸ばした言語だといわれる。2015年以前では1位は Java が多かった。なぜ今，Python が強いかというと，人工知能（AI）での機械学習の分野で使用されることが多く，言語構造がわかりやすく初心者向けでプログラミングの学習に向いているといわれるからである。だが，Java から Python に移り変わっていったように，今後も Python が1位をとり続けるとは限らない。また，様々な用途によって使うべきプログラミング言語は変わる。よって，まずは，プログラミングの考え方，アルゴリズムを学ぶ方がよいと，現在ではいわれている。

(2) プログラムとは，プログラミングとは

まず，プログラムを辞典から引用する。

* **Program (me)**：①番組，予定，計画，②目録，計画表，また，演劇・音楽界などの予定を解説した小冊子，③コンピュータに対して，どのような手順で仕事をすべきかを，機械が解読できるような特別な言語などで指示するもの

広辞苑第五版

つまり，元々は，やるべきことが順番に並んでいるもののことをプログラムといい，その応用として，コンピュータに実行させる処理の順番を示すもの（コンピュータが何を行うかの順番を示すもの）という意味になる。

コンピュータが何かを勝手にやることはなく，事細かに順番に説明をしてあげなければ理解することはできない。例えば，「そこにあるもの（りんご）を取ってほしい」場合，人への指示は，そこ（指さしている場所）にあるのはりんごだからりんごを取ればいい，となる。これは人が，ある程度の指示で，予測して動けるからである。ところが，コンピュータに対しては，場所の指示（基準点から〇cm 前，△cm 下），物の指示（赤い球体であること），力の指示（硬さは力をこめすぎると砕ける），動きの指示（①アームを〇cm のばし，△cm 下に下ろす。②アームを開き，□の力で掴む。③アームを△cm 上にあげ，〇＋☆cm 戻す。④アームを開き，落とす。⑤☆cm 伸ばし，元の位置に戻す。）を，詳細かつ厳密に指示しなければならない。その指示をするのがプログラムである（Fig.4-7）。

もう一点問題がある。コンピュータは人間の言葉をまったく理解しておらず，コンピュータが理解しているのは機械語のみである点である。コンピュータと人間との間で翻訳しているのがプログラミング言語なので，コンピュータへの指示はプログラミング言語を用いて行う必要がある。つまりプログラムが書ければ，コンピュータに直接指示が出せるということである。

なお，混同されやすい用語として，プログラム，ソフトウェア，アプリケーションがある

が，ソフトウェアとアプリケーションはほぼ同義であり，目的があり完成されたもので，それ自身が商品となりうるもののことをいう。そして，プログラムはそれを構成する一つひとつの部品のことである。例えば，「Microsoft の word」は，word（商品パッケージ）というワードプロセッサー（word processor）であり，複数の機能を有する DTP（Desktop publishing）のソフトウェア（アプリケーション）となる。そして，複数の機能の一つひとつを，プログラムという。

Fig. 4-7　プログラミング言語の役割

(3) プログラミング言語の種類

　プログラミング言語とは，プログラムを記述するために考え出された専用の言語システム，つまり人工言語である。前述したが，プログラミング言語はコンピュータが直接理解できる言葉ではない。人間の思考に沿って処理の手順（algorithm）を考え，命令化したものを，コンピュータが理解できる命令に翻訳するためのアプリケーションである。

　プログラミング言語は，一定のユーザー数がいる言語だけで 200 以上あるといわれ，その派生を考えると数えられないほどになる。だが，多数のプログラミング言語はあっても，アルゴリズムの基本的な考えはほぼ同じである。では，何が違うかというと，使う用途，文法の違い，コンピュータの命令に変換する方法の違いである。

　コンピュータの命令に変換する方法は，主に，インタプリタ（interpreter：通訳者，インタープリタ，インタープリター）方式とコンパイラ（compiler：編集者，コンパイラー）方式に分けることができ，さらにその中間である中間言語も存在する。

　インタプリタ方式は，プログラミング言語の命令を一つずつ機械語に解釈しながら実行する方式であり，解釈実行方式，逐次解釈型方式ともいわれる。通訳を介在しながら外国語を話すイメージをもてばよい。プログラムは常にプログラムリスト（ソースコード）の形になっており，逐次変換しながら動く。作成したソースプログラムをただちに実行できるが，常にプログラムの中身が丸みえで，プログラムを変換する専用ソフトが必要となる。変換しながら実行されるので，実行速度が遅いが，プログラムの修正がとても容易である。一般的にスクリプト言語とよばれる。（ただし，スクリプト（台本，脚本の意味）言語は，アプリケーションを作成するための簡易的なプログラミング言語という意味であり，インタプリタ方式が必ずしもスクリプト言語という訳でもない。例えば，Go 言語はコンパイラ方式スクリプト言語である。）主な種類としては，JavaScript，Python，Ruby，PHP，R，BASIC，Perl，HTML，マクロ言語などが挙げられる。

　コンパイラ方式は，プログラムリスト（ソースコード）の命令をまとめてコンピュータの

命令に変換し，ファイルとして保存する方式のことをいい，コンパイル方式ともいう。外国語の本を全翻訳してから，翻訳された本を読むイメージでよい。用語としては，コンパイル（compile）は翻訳のことで，コンパイラ（compiler）は翻訳するためのプログラムことである。プログラムの実行速度も速く，プログラムの実行時に専用の変換ソフトが要らない。だが，出来上がったプログラムは人間が読めるような代物ではなく（機械語化されている），訂正が容易ではない。また，コンパイラはプログラムリストと実行ファイルが完全にわかれる。問題が起こってもどこで起こっているのかがわからない。一般的には，コンパイラ言語といわれる。また，コンパイルした機械語のプログラムは他の環境（OSやCPUが異なる環境）では実行できない。主な種類としては，C/++，C#，Go，FORTRAN，COBOL，Rustなどが挙げられる。

　また，オブジェクト指向プログラミング言語も存在するが，これはすでに書いたプログラムを効果的に再利用する仕組みがあるプログラミング言語ということである。現状のOSが採用しているGUI（Graphical User Interface：ウィンドウやメニューがあるインターフェイス）を利用したプログラムは，ちょっとしたものであっても膨大なコードを書かなければならない。よって，元々汎用的な機能（ウィンドウを表示する，メニューを操作する，など）を用意しておくのがオブジェクト指向プログラミング言語である。有名な物には，Ruby，Java，JavaScript，Perl，PHP，Python，C#などが挙げられる。

　なお，他の言語の分け方として，例えば，低水準言語と高水準言語に分けることもある。これは，低水準言語がコンピュータよりの言語（機械語に近い言語）であるのに対して，高水準言語が人間よりの言語である。低水準言語としてはアセンブリ語が有名で，高水準言語はPythonやJavaなど，様々である。

(4) プログラムの実行と動作環境

　プログラムを作成して実行する流れは，以下の通り[1)]である。

① プログラムを記述してコンパイルすると，機械語のEXEファイルなどの実行ファイル（プログラムやデータを保存したときに，そのまま実行できるファイル）に変換される。機械語になっているプログラムをネイティブコード（市販のアプリケーションはネイティブコード化されている）という。

② プログラムが動くと，その実行ファイルのコピーが主記憶装置（メインメモリ）上に作成される。主記憶装置は読み書き可能なメモリ素子で構成され，1byteごとにアドレス（番地）がついている。主記憶装置は，CPUと直接つながっているので，命令やデータを格納できる。

③ クロック信号に合わせて，CPUの制御装置が主記憶装置のアドレスを使って，格納された命令やデータを読みだす。

④ CPUの制御装置が命令を解釈実行する際，CPUの演算装置でデータが演算され，その結果に応じて制御装置がコンピュータ全体を制御する。なお，制御とはデータの演算以外の処理を指す。

　以上のように，プログラムを実行するにはCPUが必ず必要だが，前述したように，各

CPUは固有の機械語しか理解していない。言い換えれば，CPUごとに機械語が違うということである。よって，アプリケーションは，どのような環境で動作するかを考える必要があり，これを動作環境という。ただし，動作環境はCPUだけでなく，OSの種類によっても決まる。

OSに関しては，Windows用のプログラムはMacintoshで動作させることができない，その逆もまた同じということである。なぜ，OSに依存するかは，一般的なアプリケーションは，OSの機能を利用するからであり，その機能をAPI（Application Programming Interface）という。APIはアプリケーションをつくるプログラムとOSを繋ぐ窓口であり，様々なアプリケーションソフトが共通して使える機能を提供する。共通した機能を提供するので，アプリケーションの製作者側は，すべての機能（例えば，フォント操作など）を全部つくり込む作業が必要ない。そのため，OSに依存したアプリケーションがつくられる。なお，現行の多くのハードウェアはAT互換機なので，インストールできるOSに種類が色々とあるが，異なるハードウェアで同じOSが動作しているとすると，APIは同一である。

以上のように，ネイティブコードのアプリケーションが，どのような環境で動作するかは，OSとCPUが決めている。したがって，アプリケーションの動作環境は非常に重視すべき内容である。

04 問題解決とアルゴリズム

(1) 問題解決とアルゴリズム

アルゴリズム（algorithm）とは，9世紀前半のアラビアの数学者アル＝フワーリズミー（Muhammad ibn Musa al - Khwarizmi）の名前が語源といわれるが，算法や計算の手順を意味する数学用語である。つまり，何かしらの「問題や課題」を解決するための「処理手順」をもれなく表現したアイディアや考え方のことであり，アルゴリズム自体は，日常生活でもいろんなところに使われている。

例えば，料理のレシピの場合，課題（問題）は「カレーライスがつくりたい」などである。それに対してアルゴリズムは「カレーライスのレシピ」である。カレーライスのレシピは，料理の手順を写真・文章化して示しており，手順通りに作ると，カレーライスが出来上がるという結果（解決）がある。また，例えば，楽譜の場合，課題（問題）は「子犬のワルツが弾きたい」などである。それに対してアルゴリズムは「楽譜」である。子犬のワルツの楽譜は，音の順番や指示を，五線，音部記号，拍子記号，音符，休符，調号，臨時記号や演奏記号などによって書き表しており，手順通り弾くと，子犬のワルツの演奏ができるという結果（解決）がある。このほかにもシラバスや取扱説明書などもあり，これら人向けのアルゴリズムは，文字や記号，イラストや写真などで表されている。もちろん，言葉になっていないアルゴリズムもある。例えば，課題（問題）が「ネットスーパーで牛乳が買いたい」だとすると，検索して，自分にとって必要な牛乳の種類を選び，購入するという流れがあるが，これもアルゴリズムである。このように，アルゴリズムは，何らかの課題（問題）を解決するための道筋（手順）のことを指す。

また，課題に対してアルゴリズムが一つとは限らない，アルゴリズムが終わらない，効率的ではないものもある。例えば，「近くのコンビニまでジュース2本を買いに行く」という課題があるとする。4つのアルゴリズムを考える。
　①　家を出る→コンビニまで歩く→ジュースを手に取る→レジに行く→財布がない→買えない
　②　財布を持つ→家を出る→コンビニまで歩く→ジュースを手に取る→レジに行く→財布を出し，ジュースを1本買う→家まで歩く→家に戻る→家を出る→コンビニまで歩く→ジュースを手に取る→レジに行く→財布を出し，ジュースを1本買う→家まで歩く→家に戻る
　③　財布をもつ→家を出る→コンビニまで歩く→ジュースを2本手に取る→レジに行く→財布を出し，ジュースを2本買う→家まで歩く→家に戻る
　④　財布をもつ→家を出る→コンビニまで近道をして歩く→ジュースを2本手に取る→レジに行く→財布を出し，ジュースを2本買う→家まで近道をして歩く→家に戻る
　1回目は財布をもっていないため，解決できない，つまり手順が足りない。2回目は理論的には2回行っても2本買えるが，むだな手順がある。3回目は普通の行動である。4回目は3回目より早く家に戻れる。2回目でも3回目でも4回目でも，結果的にはジュースが2本買える，つまり計算結果は同じだが，効率の問題がある。つまり，これは同じ課題に対しても，いくつもの道筋があり，あるいは道筋が間違ったりする場合があることを示している。
　プログラムをつくるためのアルゴリズムは，どうなっているかを考える。プログラムの作成手順は以下の通りである。①最初にニーズ（要求）を分析し，企画をする必要がある。つまり，問題ありきで，その問題の解決まで考える。なお，この際に要求する内容・機能・仕様をまとめたものを要件定義書という。②次に，プログラムの設計をするが，これがアルゴリズムである。ニーズを解釈し，問題を分析し，その解決を考え，必要な仕様や機能を検討し，それを実現するための手順（アルゴリズム）を考える。アルゴリズムは一つだけとは限らないので，複数比較検討する。③実際に，プログラミング（コーディング）する。④完成したプログラムで動作テストを行い，期待通りでない場合，修正する（デバッグする）。つまり，情報科学の分野でのアルゴリズムは「特定の問題をコンピュータで解く手順のこと」を指し，プログラムは「アルゴリズムをプログラミング言語で書いたもの」，プログラミングは「アルゴリズムをプログラムすること」となる。

(2)　アルゴリズムに必要な条件

　アルゴリズムに絶対必要な条件は，①正しい結果を出す，②必ず終わる，の2つである。アルゴリズムは，問題（課題）を解決するための手順であるため，処理の手順や処理の方法が明確かつ確実である必要がある。また処理を間違うと永遠に終わらなくなる（無限ループ）になってしまうため，必ず終わらせなければならない。
　そして，よいといわれるアルゴリズムは，①わかりやすいもの，②実行してから結果を得るまでの時間が短い（高速）もの，③プログラムを実行したときのメモリ容量ができるだけ少なくてすむ効率的なもの，④できるだけ汎用的で再利用しやすいもの，である。

(3) アルゴリズムの基本形

アルゴリズムには，3種類ある。①初めからひたすら処理をする順次構造(逐次構造)，②条件式で判定して実行する処理を切り替える選択構造(分岐構造)，③条件を満たす間，同

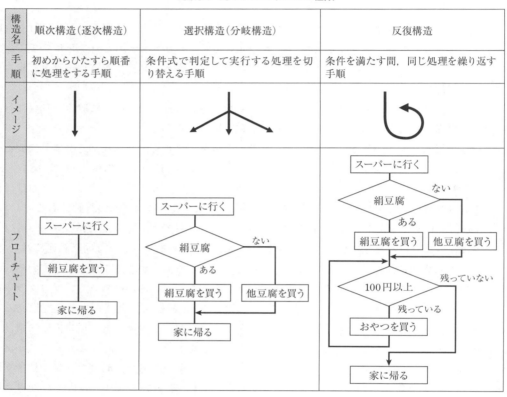

Table 4-10 アルゴリズムの種類

Table 4-11 フローチャート

図形記号	記号名	役割
⬭	端子記号	アルゴリズムの開始と終了 各端子記号に「開始」と「終了」を書く
▭	処理記号	処理を表す記号　一番使う 各処理記号に具体的な処理内容を書く
◇	判断記号	条件式による選択を表す記号 判断記号の中に条件判断する内容を書く
⬠	ループ記号(開始)	反復構造の開始を表す記号
⬡	ループ記号(終了)	反復構造の終了を表す記号
↓→	流れ線	記号同士を結んで，処理の流れを表す 流れの方向をしっかり表すには矢印を使う

じ処理を繰り返す反復構造（Table 4-10）である。どんなに複雑にみえるアルゴリズムもこの3つの組み合わせからできており，言い換えれば，この3つの手順があれば，ほぼすべてのアルゴリズムを表せるし，読めるということになる。

アルゴリズムを表す方法の一つとして，フローチャート（Table 4-11）がある。フローチャートは，flow（流れ）とchart（図）を合わせた言葉であり，プログラミング言語を使わずにアルゴリズムを記述する方法である。処理や手順に間違いがないかを目で見て確認できる，また他人にもわかりやすいため，よく用いられている。なお，フローチャートと同じく，アルゴリズムを記述する方法に疑似言語があり，こちらは図形を使わず，主に文章や記号でアルゴリズムを記述する形式だが，今回は省略することとする。

(4) 変数の役割とアルゴリズムの例

前述のように，アルゴリズムはコンピュータに指示する処理手順であるが，その処理の対象はデータであり，データの処理を行うには変数が必要である。アルゴリズムによってコンピュータに指示される処理内容は大きく分けて，データの入力，データの加工，データの出力，がある。コンピュータは一連の処理の間，入力されたデータを主記憶装置（メインメモリ）に保存する。コンピュータはアルゴリズムの処理命令に対して，主記憶装置からデータを出しては加工して，加工しては主記憶装置に保存する。つまり，主記憶装置の容量が大きいということは，人間の脳の短期記憶と同じく，暗記能力に優れているということになる。なお，主記憶装置上にデータを保持する形式であるデータ構造については，今回は省略するものとする。

しかし，実際に使う主記憶装置の場所（アドレス）をプログラムが書く人が指定するのは難しい。もし仮に，プログラムを書く人が指定するのだとしたら，プログラムを書く人があらかじめ自分で主記憶装置の中の空いているアドレスを調べなければならないことになり，例えば，4Gの主記憶装置ならば，4×2^{30}，つまり約40億個のアドレスをいちいち調べることになり，不可能である。したがって，データの出し入れにまつわる作業を大幅に省エネ化する方法として，「変数」を指定する。変数とは，主記憶装置の引き出しにつけるラベル（名札）のようなもので，変数を使うことで，コンピュータが勝手に空いている引き出し（アドレス）を探して，データを出し入れする仕組みになっている。なお，変数名は原則的にはプログラムをする人が勝手に決められるが，1つのプログラムの中では，それぞれの変数名は唯一無二（ユニーク）である必要がある。他の規則としては，各プログラミング言語によって多少の規則はあるが，例えば，ifやfor, whileといったプログラミング言語自体が予約している予約語を単体でつける，数字だけの変数名や数字で始まる変数名はつけるなどは不可能である。

また，変数名を指定するときには，一緒に「データ型」（整数型，実数型，文字型）を指定する。データというと主に数字を示しているように思う人もいるが，コンピュータが扱えるデータは数値のみではない。宣言する変数のデータの型によって，メモリ上で何区画分の領域を確保するかが変わる。一旦宣言した変数には，自由にデータを入れることができる。変数にデータを入れることを代入といい，特に変数を宣言した後に最初に行う代入のことを変

数の初期化という。変数には，データ型にあったデータを1つ（1桁ではない。ただし文字型の変数には文字は一つ）しか入れることができない。変数には，別の変数のデータを使って計算した結果を代入する（参照という）こともできる。また，変数は自分の値を参照して代入することもできる。

さらに，アルゴリズムにおいて，複数の変数をまとめて使いたいときには，「配列」とよばれる，1つの変数で同じデータ型のデータをたくさんの値をおさめておける特殊な変数を使うという方法がある。配列とは，値をおさめるたくさんの箱をもった変数で，同じデータ型のデータを大量に扱うことができる。箱には番号が振ってあり，1番の箱に値を入れる，3番の箱から値を出すようにたくさんの処理ができる。データの入れ物のことを「要素」，要素に振られた番号を「添え字（要素番号・インデックス）」という。プログラミングの世界では箱の番号を0番から順番に振りあてることは多々あるので注意が必要である。

また，四則演算には算術演算子（プログラミング言語によっても少し違うが，基本的には，＋，－，＊，/，％，を使う。％は割り算で余りを求める演算子）を使う。普通の四則演算と同じく，1つの文中に複数の算術演算子がある場合は，基本は先頭から順番に計算されるが，＊，/，％があれば最初に計算される。複数の計算式も認識できる。

2つのデータを比較するのに使う場合には比較演算子（プログラミング言語によって少し違う場合もあるが，基本的には＜，＜＝，＞，＞＝，＝＝，！＝，を使う。！＝は≠のことである。）を使う。比較する対象はデータに限らず，算術演算子を使った算術式とも比較可能である。

また，優先順位は，単項演算（「i＋＋」の「＋＋」のように，変数や値が一つだけ登場している演算子のこと），乗除演算（＊，/），加減演算（＋，－），関係演算（＜，＜＝，＞，＞＝，＝＝，！＝），論理積（and），論理和（or）である。

実際のアルゴリズムとプログラムをみてみよう。

●例1　三角形の面積を求めるアルゴリズム

三角形の面積は底辺の長さ×高さ÷2で求められるので，実際に計算をする手順は，「底辺の長さ」と「高さ」を掛け合わせて2で割り，「面積」を出せばよい。そして，データとして必要なのは，底辺の長さ，高さであり，それぞれ変数を用意して代入して計算をする。計算しただけだと，計算結果がわからないので，結果データは面積を用意し，代入して，ディスプレイに表示させればよい。このアルゴリズムは，どこにも分岐やループがないので，順次構造となる。

実数型変数を3つ用意する。変数名は何でもよい。例えば，底辺は base，高さを height，面積を area という変数名にする。次に，base と height にデータを入力する。最後に area にデータを出力する。この工程をフローチャートと化したものと，プログラム例として JavaScript の例を Table 4-12 に表す。

●例2　2つのデータの大小を判定するアルゴリズム

2つのデータの大きさを比較したい場合，扱うデータは2つなので，実数型変数を2つ用意して，それぞれのデータを入力する。変数名は何でもいいし単純でよいので，今回は，A,

Table 4-12 アルゴリズムの種類

フローチャート	JavaScriptのプログラム

開始 → baseとheightを入力する → base*height/2 → area → areaを出力する → 処理終了	let base = prompt("底辺の値:");
	let height = prompt("高さの値:");
	let area = base * height / 2;
	console.log(area);

Bとする。比較するということは，これは関係演算子を使って表示を分けることになるので，アルゴリズム的には，選択構造（分岐構造）となる。AとBを比較して，Aの方が大きければAを出力し，そうでなければBを出力するとする。これがTable 4-13のフローチャート1である。

ところが，フローチャート1はA＝Bの場合が抜けている。Table 4-13のフローチャート1の場合，AとBが等しい場合は，Noという判定になり，Bが出力されてしまい，これは正確な答えとはならない。よって，これを避けるためには，先ほどのフローチャート1での条件の後に，もう1つ，「A＝Bならば」といった条件式を付け加えなければならない。これがTable 4-13のフローチャート2である。例1と同様に，フローチャート2でプログラミングした例も示す。

```
let A = prompt("数値A:");
let B = prompt("数値B:");
if (A > B) {
   console.log(A);
} else if (A === B) {
   console.log("AとBは等しい");
} else {
   console.log(B);
}
```

Table 4-13 2つの大小を判定するアルゴリズム

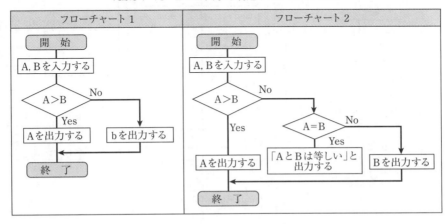

例3 10個の数を合計するアルゴリズム

例えば，「53, 97, 13, 99, 53, 25, 93, 79, 3, 68」という数字があったとする。10個の整数

型変数を用意して，順次構造で全部足していってもよいが，データ型が同じなので，ひとまとめにして配列の変数とし，変数名はarrayとするものとする。左から添え字は，0から順に9となる。

一番単純なアルゴリズムは，Table 4-14のフローチャート1のように，素直に全部足し合わせる処理である。だが，10個ならばそれは可能でも，20個，30個となっていくと，大変面倒な作業となる。そこで，整数型配列を使い，反復構造を使うこととする。基本的な反復構造の考え方は，Table 4-14のフローチャート2のように，sumを用意して，1つずつ数を足しては，その数に次を足していくという考え方をする。sumを初期化（0を代入）してから，sum＋array[1]をすると，sum＝53になる。そのsumにarray[2]を足して，53＋97で，sum＝150になる。それにarray[3]を足し……と繰り返していくという考え方である。

それを，反復で考えると，添え字を1増やしていると考えればよいわけなので，array[i]に対して，i＋1→i（添え字は，1つずつ増えていく）となり，添え字を0から9まで増やせばよいので，i＜10の間繰り返す，と考える。i＝10になったときに反復を抜け出し，sumを表示する。したがって，Table 4-14のフローチャート3のようになる。Table 4-14のフロー

Table 4-14　10個の数を合計するアルゴリズム

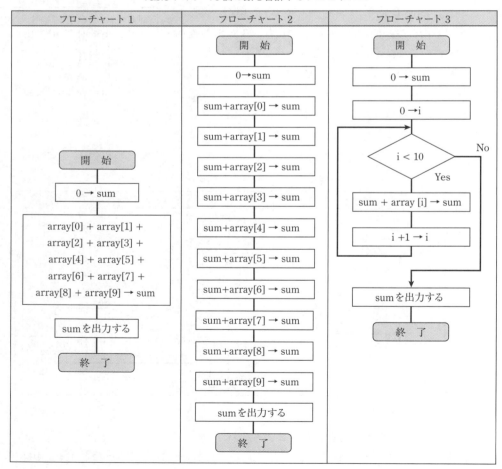

チャート3をプログラミングしたものも示す。
　以上の例に示したように，アルゴリズムを考えるということは，課題（問題）に対して，解答に至る手順（道筋）を考えることである。また，アルゴリズムは，複数考えられ，正しい答えが出るかどうか（例2）や，効率的かどうか（例3）もあり得るので，複数のアルゴリズムを考え，より正しい，効率的なアルゴリズムを考える必要がある。

```
JavaScriptのプログラム
let array = [53, 97, 13, 99, 53, 25, 93, 79, 3, 68];
let sum = 0;
let i = 0;

while (i < 10) {
  sum = sum + array[i];
  i = i + 1;
}
console.log("合計:" + sum);
```

　このアルゴリズムが考えられれば，上記したJava Scriptの例のように，それぞれ使用するプログラミング言語に直せばよいだけである。アルゴリズムの流れの細かさの大小はもちろんあるが，アルゴリズムを考えなくてすむプログラミング言語は現状存在しない。プログラミングの基本は，「アルゴリズムを考える」ということである。

　なお，上で示した3つのJava Scriptのプログラム例は，実際にそのまま打ち込めば動くプログラムである。Google Chromeのデベロッパーツールのconsoleを使うと簡単に確かめられるので，もし可能であればトライしてみるとよい。なお，デベロッパーツールは，Google Chromeの右上の縦「…」から，その他のツール→デベロッパーツール→Consoleからできる。あるいは，Google Chromeを開いて，F12を押せば出てくる（Fig.4-8）。

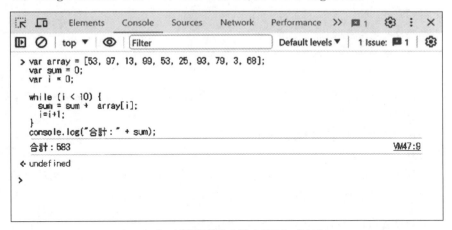

Fig.4-8　10個の数を合計するアルゴリズム

(5)　定番アルゴリズム

　アルゴリズムの中でも，すでに基本的な処理手順がつくられているものがあり，それを定番アルゴリズム[16]という。以下に有名なものの一例を示す。

〈線形探索：目的のデータを探し出すアルゴリズム〉
- ➤ 線形探索法（リニアサーチ）：配列の先頭からデータを順番に探す。
- ➤ 二分探索法（バイナリサーチ）：配列を半分に絞りながらデータを探す。
- ➤ ハッシュ探索：計算式（ハッシュ関数）を用い格納先を決めて格納した物を探す。
- ➤ グラフ探索：ネットワーク（グラフ）を使った探索。ある頂点から出発し，辺をたどり

ながら頂点を探索していき，目的の頂点を見つける。幅優先，深さ優先，始点と終点に対する最短経路を探すアルゴリズムなどがある。

〈整列(ソート)：データの昇順や降順に並び替えるアルゴリズム〉
- 単純選択法(選択ソート)：数列の中から最小(大)値を選択して，左先頭から並べる(最小値を探すときには線形探索を使っている)。
- 単純交換法(バブルソート)：右から左に向かって，2つの隣り合うデータを比較し，交換しながら並べる。
- 単純挿入法(挿入ソート)：データを左から順にソートしていく。左側からソート済になり，右側の未探索領域から数字を取ってきて，正しい位置に挿入する。
- マージソート：ソートしたい数列をほぼ同じ長さの2つの数列に分割して，それ以上分割できなくなったら，グループ同士を統合(マージ)していく。
- 他にも，クイックソート，ヒープソート，シェルソートなどがある。

〈セキュリティ・暗号：暗号化のアルゴリズム〉
　(Aさんが盗聴されたら困るデータを暗号化してBさんに送り，Bさんは暗号を解除(復号)してデータを読む)
- 共通暗号方式：暗号化と復号に同じ鍵を使う。
- 公開暗号方式：暗号化(公開鍵)と復号化(秘密鍵)に違う鍵を使う。
- ハイブリッド暗号方式：共通暗号と公開暗号のいいとこどりなど

〈数値計算〉
- ユークリッド互除法
- エラトステネスのふるい
- ガウスの消去法(掃き出し法)
- 他にも，代数公式，ダイクストラ法，二分法，ニュートン法，素数判定法など

〈文字列探索〉
- 力任せの探索法，KMP法，BM法など

〈その他〉
- クラスタリング(似たもの同士を分類する)，ページランク，ハノイの塔など

以上の中から探索とソートの一部のアルゴリズムを紹介する。

探索1 線形探索(リニアサーチ)

　データがでたらめに並んでいるときに使える探索であり，特に探索するための条件はない。配列の前から順番にデータを調べていく探索であり，格納されているデータは何でもよい。ただし，最初から順番に比較を繰り返すため，データ数が多く，目的のデータが配列の後ろの方にある場合や，目的のデータが無い場合に，比較回数が多くなり，時間が掛かってしまう。データ数が n だとすると，計算時間は $O(n)$ と表記される。なお，$O(n)$ はビッグ・オー表記といい，O は order(次数・規模)を意味する。

　🥭 例：特定のデータ(例：数字の5)を探す。(一致すれば終了，一致しなければ次)
　　1回目　{1 3 9 7 5 2 4 6 8}

2回目　{1 3 9 7 5 2 4 6 8}　左端から5と比較　一致しない。次
3回目　{1 3 9 7 5 2 4 6 8}　一致しない。次
4回目　{1 3 9 7 5 2 4 6 8}　一致しない。次
5回目　{1 3 9 7 5 2 4 6 8}　一致しない。次
6回目　{1 3 9 7 5 2 4 6 8}　5が見つかったので探索終了

また，番兵（sentinel：目印となるデータ）という，線形探索を効率化するテクニックがあり，線形探索では，配列の末尾に番兵となるデータを追加することで，処理を効率化する。末尾に探したいデータと同じデータ（番兵）を追加することで，判定条件の1つである「目的のデータかどうか」を省略し，効率よく探索を行うことができる。つまり，末尾で見つかったのなら，そのデータはない（番兵のデータだから）ということになる。番兵がない場合は1つの要素に対して2つのチェックが行われる。

💣例：{1 3 9 7 5 2 4 6 8}の数列において，8のあとに番兵の5を置けば，途中で見つかるため，該当データがあることになる。だが，例：{1 3 9 7 10 2 4 6 8}の数列において，途中に5がないので，8のあとに番兵の5を置いても最後で見つかるだけなので，該当データはないという話になる。

探索2　二分探索（バイナリサーチ）

探索条件はデータがすでにソート（整列）されている場合である。配列の真ん中あたりのデータと目的のデータを比較していくことで，データがそれよりも右なのか左なのかを判別する。一度の比較で半分にしぼれる。データが見つかるか，存在しないことがわかるまで繰り返す。配列の真ん中は，（左端＋右端）÷2で求める。元々n個あるデータを毎回半分にするという操作を$\log_2 n$回繰り返せば，データは1個になる。計算時間は線形探索よりも指数的に高速（$O(\log_2 n)$）だが，そもそもデータがソートされている必要があり，配列そのもののメンテナンスにコストがかかるのがデメリットである。

💣例：年齢あてゲームで，目の前に年齢がわからない20代の人がいる。最低何回の質問で年齢をあてることができるか。

仮にこの人が22歳だったとする。
　　Q. あなたは25歳以上ですか？　（もちろん以下でもいい）　No.（半分にしぼれた）
　　Q. あなたは22歳以上ですか？　Yes.（これで20，21じゃないことはわかった）
　　Q. あなたは23歳以上ですか？　No.（23，24ではなくなった）
　　Q. あなたは22歳ですね。YES.

整列1　単純交換法（バブルソート）

右から左に向かって，隣り合うデータを交換しながら並べる整列方法である。なお，バブルソートの名前の由来は，並べ替えの過程でデータが下から上へ移動する様子が，泡（バブル）が浮かんでいくようにみえるからである。

比較回数は，$(n-1)+(n-2)+\cdots+1$であるため，計算時間は$O(n^2)$となる。入力データの順番に依存し，たまたま小さい順なら時間は0，たまたま大きい順だと，毎回比較後に入

れ替える羽目になる。

💭 例：20まで数字が書いてあるくじから，ランダムに当選者5名を決め，小さい順に表示することとする。例えば，当選したのが，16, 14, 9, 10, 4とする。

```
 0回目  {16, 14,  9, 10,  4}
 1回目  {14, 16,  9,  4, 10}
 2回目  {14, 16,  4,  9, 10}
 3回目  {14,  4, 16,  9, 10}
 4回目  { 4, 14, 16,  9, 10}：1ラウンド終了
 5回目  { 4, 14, 16,  9, 10}
 6回目  { 4, 14,  9, 16, 10}
 7回目  { 4,  9, 14, 16, 10}：2ラウンド終了
 8回目  { 4,  9, 14, 10, 16}
 9回目  { 4,  9, 10, 14, 16}：3ラウンド終了
10回目  { 4,  9, 10, 14, 16}：4ラウンド終了
```

整列2　単純選択法（選択ソート）

　数列の中から最小値を検索（線形探索）し，左端の数字と入れ替える整列方法である。線形探索のために $(n-1) + (n-2) + \cdots + 1$ 回の比較を行う。したがって，比較の回数はバブルソートと変わらず，計算時間は $O(n^2)$。ただし，選択ソートは，最小値（または最大値）を未整列部分の先頭に移動させるだけなので，各ループでの値の交換回数が最大1回で済む。たまたま入力データが小さい順に並んでいたら入れ替えは1回も発生しない。最小値（または最大値）を探すために要素の値を繰り返し比較する回数はバブルソートと同じになるが，バブルソートよりも交換回数が少ないので選択ソートの方が高速であるといえる。

💭 例：20まで数字が書いてあるくじから，ランダムに当選者5名を決め，小さい順に表示することとする。例えば，当選したのが，16, 14, 9, 10, 4とする。

```
0回目  {16, 14,  9, 10,  4}
1回目  {14, 16,  9,  4, 10}  1番小さい数を線形探索で見つけて
       { 4, 16,  9, 14, 10}  入れ替える。
2回目  { 4, 16,  9, 14, 10}  2番目に小さい数を線形探索で見つけて
       { 4,  9, 16, 14, 10}  入れ替える。
3回目  { 4,  9, 16, 14, 10}  3番目に小さい数を線形探索で見つけて
       { 4,  9, 10, 14, 16}  入れ替える。
4回目  { 4,  9, 10, 14, 16}  4番目に小さい数を線形探索で見つけるが，順番は変わらない
       { 4,  9, 10, 14, 16}  ソート完了
```

整列3 単純挿入法（挿入ソート）

　数列の左端から順番にソートし，左側からだんだんソート済みになる。挿入ソートは常に隣り合う要素で比較，交換を行う。右側の未探索領域から数字を1つとってきて，ソート済みの領域の適正箇所に挿入をする。$1+2+,\cdots+(n-1)+(n-2)$ の比較を行う。比較の回数はバブルソートや選択ソートとかわらない。計算時間は $O(n^2)$

🏆 例：20まで数字が書いてあるくじから，ランダムに当選者5名を決め，小さい順に表示することとする。例えば，当選したのが，16，14，9，10，4とする。

```
0回目   {16, 14, 9, 10, 4}
1回目   {16, 14, 9, 10, 4}    まず16を操作済みとする（第1ラウンド終了）。
2回目   {16, 14, 9, 10, 4}    すぐ右（未探索領域）にある14と，ソート済みの16を比較し
        {14, 16, 9, 10, 4}    14の方が小さいので入れ替える（第2ラウンド終了）。
3回目   {14, 16, 9, 10, 4}    未探索領域にある9と，ソート済みの16を比較，14を比較
        {9, 14, 16, 10, 4}    14の前に入れる（第3ラウンド終了）。
4回目   {9, 14, 16, 10, 4}    未探索領域にある10と，16，14，9と比較し
        {9, 10, 14, 16, 4}    9の後ろに入れる（第4ラウンド終了）。
5回目   {9, 10, 14, 16, 4}    未探索領域にある4と，16，14，10，9と比較し
        {4, 9, 10, 14, 16}    9の前に入れる（ソート終了）。
```

　具体的に有名な探索を2種，整列（ソート）を3種類説明したが，その他にも様々な定番アルゴリズムがある。なぜ定番アルゴリズムを知っておくべきかというと，例えば，何らかの数をソートしたいとき，最初から自分でそのアルゴリズムを考えることもできる。だが，定番のアルゴリズムでも，小さい順（あるいは大きい順）に並び替えるという結果にたどり着くアルゴリズム（方法）は複数あり，最初から自分で考え出す必要はない。また，その整列する内容によって，アルゴリズムを変えることで，計算や時間のコストが削減できる。また，定番アルゴリズムを数多く知っておくことで，その選択肢が増える。そして，その定番アルゴリズムを使用した上で，更に違うアルゴリズムをつくり出すこともできる。ぜひ，その他の定番アルゴリズムも，アルゴリズムの専門書を参考にして学ぶとよい。

プラスOne　世界最古のアルゴリズム

　世界最古のアルゴリズムとよばれるユークリッド互除法は，紀元前300年代に書かれたユークリッドの著書からこの名がつけられた。2数の最大公約数を求めるアルゴリズムで，A÷Bの商Qと余りRの関係には「AとBの最大公約数＝BとRの最大公約数」が成り立つというものである。A, Bの値よりもB, Rの値の方が小さくなるので，この関係を繰り返し用いれば最後はR＝0となり，このときのBが最大公約数となる。

このアルゴリズムを整理すると
① 入力はAとBであり，A＞Bであるとする（もちろん，ここで，A＜Bであったならば，AとBを交換するというアルゴリズムをつくるとより丁寧である。その場合は，例えば，Wという交換用の変数をつくり，A→Wとし，B→Aとした後に，W→Aとすることで交換が可能である）。
② A÷B＝Q…R
③ R＝0ならば，Bを出力して終了する。
　R≠0ならば，④へいく。
④ A←B（BをAに代入）
　B←R（RをBに代入）
②に戻る

　となる。Table 4-15にフローチャートとプログラムを用意したので，参考にしてほしい。

Table 4-15　ユークリッド互除法

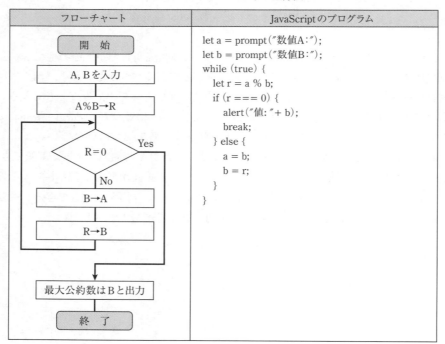

＜参考文献＞　　＊　　＊　　＊　　＊　　＊　　＊　　＊
1) 矢沢久雄：プログラムはなぜ動くのか：知っておきたいプログラミングの基礎知識．日経BP社（2009）
2) 天野司：Windowsはなぜ動くのか：知っておきたいWindowsアーキテクチャの基礎知識．日経BP社（2002）
3) 矢沢久雄：情報はなぜビットなのか：知っておきたいコンピュータと情報処理の基礎知識．日経ＢＰ社（2006）
4) 山口和紀（編）：情報第2版, 東京大学出版会（2017）
5) 漢字文化資料館：大漢和辞典記念館，（大修館），https://kanjibunka.com/jiten/kinenshitsu/kinenshitsu/
6) Paul Sen（Director）．（1995）．Lost Interview [Film]．John Gau Productions
7) Frey, Carl Benedikt, and Michael A. Osborne：The future of employment: How susceptible are jobs to computerisation?. Technological forecasting and social change 114, 254‐280（2017）
8) 野村総合研究所：News Release「日本の労働人口の49％が人工知能やロボット等で代替可能に〜601種の職業ごとに，コンピューター技術による代替確率を試算〜」（2015），https://www.nri.com/‐/media/Corporate/jp/Files/PDF/news/newsrelease/cc/2015/151202_1.pdf
9) Bejnordi, Babak Ehteshami, et al：Diagnostic assessment of deep learning algorithms for detection of lymph node metastases in women with breast cancer, Jama 318.22, 2199‐2210（2017）
10) Ting DSW, et al：Development and Validation of a Deep Learning System for Diabetic Retinopathy and Related Eye Diseases Using Retinal Images From Multiethnic Populations With Diabetes. JAMA, 12;318（22）, 2211‐2223（2017, Dec）
11) Esteva A, et al：Dermatologist‐level classification of skin cancer with deep neural networks. Nature. 2;542（7639）:115‐118（2017, Feb）
12) 米田昌悟：プログラミング入門講座：基本と思考法と重要事項がきちんと学べる授業．SB Creative（2016）
13) 山本利一　他：初等中等教育におけるプログラミング教育の教育的意義の考察．教育情報研究32. 2, 3‐12（2016）
14) 松秀樹，難波宏司：プログラミング教育の意義に関する研究．園田学園女子大学論文集52, 49‐60（2018）
15) IEEE, https://spectrum.ieee.org/top‐programming‐languages/
16) 石田保輝，宮崎修一：アルゴリズム図鑑　増補改訂版　絵で見てわかる26のアルゴリズム．翔泳社（2017）

第5章 情報工学

概要 この章では，情報工学について解説する。まず，情報を表現するとはどういうことか，情報通信のモデル化について解説する。さらに，情報量とは何かについて言及する。また，ネットワークとは何かについて学び，インターネットだけがネットワークでないことを紹介する。

次に，通信とは何かについて言及し，データ通信の歴史からインターネットを考え，通信規約とは何か，ドメインとは何かについて解説する。また，情報の流れについて学び，モバイルデータ通信について，公衆無線 LAN でのデータ通信の危険性を解説する。最後に通信が社会に与えた影響について考える。

01 情報の表現

情報交換を行う両者は共通の表現を用いる必要がある。これらの共通な情報を表現するモデルとして，情報理論では，情報源で生起したシンボルを共通のシンボルに変換することを考える。あるシンボルの系列を別のシンボルの系列に変化することを符号化という。

Table 5-1 の ASCII 符号を用いて「BOOK」を符号化すると，Fig.5-1 のようになる。

```
           BOOK
     符号化  ⇓    ⇑  復号
  1000010  1001111  1001111  1001011
```

Fig.5-1　符号化

情報源で生起するシンボルを情報源シンボル，共通のシンボルを符号シンボルとよぶことにする。情報工学では $\{0, 1\}$ の 2 元符号シンボルが基礎となっている。符号化の逆操作は復号とよばれる。通信の観点からみると，符号シンボルの長さはできるだけ短いものが，望まれる。それでは，一意に複合できるもので，符号シンボルの長さをどこまで，短くすることができるだろうか。これに答えるのが情報源符号化定理である。その際，情報源に対する平均情報量（エントロピー）が重要になるが，これを次節で解説する。本書では，情報源符号化定理について，ここで，大まかに紹介するだけにとどめる。

(1) 情報源符号化定理

定常無記憶情報源 A に対して，符号シンボルの平均的な長さである平均符号長の下限は，A に対するエントロピー（平均情報量）$H(A)$ で与えられる。

Table 5-1　ASCII 等号（抜粋）

記号	ASCII	16進数	記号	ASCII	16進数	記号	ASCII	16進数
SP	100000	20	0	110000	30	@	1000000	40
!	100001	21	1	110001	31	A	1000001	41
"	100010	22	2	110010	32	B	1000010	42
#	100011	23	3	110011	33	C	1000011	43
$	100100	24	4	110100	34	D	1000100	44
%	100101	25	5	110101	35	E	1000101	45
&	100110	26	6	110110	36	F	1000110	46
'	100111	27	7	110111	37	G	1000111	47
(	101000	28	8	111000	38	H	1001000	48
)	101001	29	9	111001	39	I	1001001	49
*	101010	2A	:	111010	3A	J	1001010	4A
+	101011	2B	;	111011	3B	K	1001011	4B
,	101100	2C	<	111100	3C	L	1001100	4C
-	101101	2D	=	111101	3D	M	1001101	4D
.	101110	2E	>	111110	3E	N	1001110	4E
/	101111	2F	?	111111	3F	O	1001111	4F

　さて，情報は様々な媒体を通して，伝送される。例えば，電信によって電報を打つ場合，情報源は依頼者が記述した電文であり，それは印刷電信符号電流などに変換され，ケーブルや電波などの媒体に信号が流れていく。情報理論では，このような媒体を通信路という。こうして情報の表現であるシンボルがある通信路を経由して受信者に受け取られる。しかし，通信路の途中で様々な要因により，正しく伝わらない場合がある。これらの原因を総称して雑音（noise）という。できる限り雑音の少ない通信路が望まれる。例えば，回線を雑音から防ぐためにシールドを施すといった通信路自体に技術的に手を加えることによって，すぐに改善することが考えられる。しかし，情報理論の本来の目的は現にある通信路の情報伝送速度を甘んじて許容し，符号器と復合器を工夫することによって，通信路上での誤りをへらし，信頼性を上げることにある。例えば，冗長なシンボルを付加することにより，通信路上での誤りを受信機にて訂正することが可能である。このような通信路で発生する符号の誤りを減らすための符号化を通信路符号化という。しかし，誤りを訂正するために，冗長なシンボルを付加するなど考えられるが，その際，速度の低下が起きる。では，どれくらいの速度の低下を覚悟しなくてはならないのか。これに答えるのが通信路符号化定理である。その際，通信路容量が重要になるが，これを次節にて解説する。本書では，通信路符号化定理について，ここで，大まかに紹介するだけにとどめる。

(2) 通信路符号化定理

通信路容量が C の雑音のある定常無記憶通信路において，情報伝送速度を C より小さくしておけば，符号を工夫することによって，誤送信される誤り確率をいくらでも 0 に近づけることができる。ただし，情報伝送速度が C より大きい場合はそのような符号は存在しない。

情報源符号化定理と通信路符号化定理の正確なステートメントや詳細については，文献[1]を参照する。

02 情報理論

まず最初に，情報を工学的に扱ううえで，基礎となるシャノンによる情報理論の導入までに至る経緯について概説する。詳細については，文献[2]を参照する。

情報理論は，シャノン(C. E Shannon)が1948年に発表した論文[3]によって創始されたといわれる。それ以前にも，情報理論の基礎となる符号化の実用例として，電信に用いられるモールス信号がよく知られている。トンとツーとよばれる2種類の信号からなり，前者は電流の短い時間間隔からなり，後者は長い時間間隔からなる。英語のアルファベット26文字，あるいは日本語の仮名48文字のそれぞれはトンとツーの組み合わせで符号化されている。また，互いに離れた船同士での手旗信号などもその例である。両手の先の旗の挙げ方一つひとつに対して仮名の文字を対応させていた。

現在の情報通信において，伝送を効率的に行う技術は重要であるが，モールス符号においても，そのような考えの一環で，アルファベット26文字の中のEのように出現頻度が高い文字に対しては，トンとツーの組み合わせがなるべく短くなるよう考慮されていた。

さて，このような符号の系列が伝送されることによって得られる情報の量を客観的に理解しようする試みとして，シャノン以前に，ハートレイ[4]による通報の情報量として $\log M$ が知られている。ここで，M は可能な通信文の有限個の数で，その M 個の集合の中から1つが選び出されることによって得られる情報量として考えられている。ここでは，工学的な問題として，定式化されやすいように，それぞれの通信文のもつ固有の意味については考えられていない。そのハートレイの仕事から20年後に前述のシャノンによる仕事がようやくなされた。この20年間の間には，多大な犠牲を伴った第2次世界大戦があり，その需要により電気通信技術が発展した時期でもあり，時代環境がそのような情報理論が生み出される土壌をつくり出したともいえよう。また，そのような土壌の醸成の理由として，コルモゴロフ[5]による近代確率論の導入とウィーナー[6]による確率過程の理論や予測理論の後押しにもよるものが挙げられる。

シャノンは，その論文[3]において，符号シンボルの平均的な長さに関する情報源符号化定理や，雑音のある通信路を通して情報伝送を行う際，適当な符号化法を導入することによって，より信頼性の高い情報伝送が可能なことを示した（通信路符号化定理）。

① 情報量

情報量*とは，ある事象に関する情報の量を定量的に表現するものであり，基本的には不確実性の減少量として理解される。情報量の概念は，情報理論の基礎となるもので，特に確率や統計の理論に基づいて体系化される。まず，情報量の定量化について説明する。情報を得れば，新しい知識を得ることができ，あいまいさを減らすことができる。生起確率**が低い事象に関する情報ほど，情報量が大きいと考える。

また，ここでは，エントロピー（平均情報量）を導入し，知識を得る前と後，すなわち事前と事後のあいまいさをエントロピーで表すことができることを紹介する。

*情報量と**生起確率：情報量は，事象の生起確率と密接に関係している。具体的には，生起確率が低い事象ほど，その事象に関する情報量は大きくなる。これは直感的にも理解しやすく，予想外の出来事ほど多くの情報を提供するといえる。

数学的には，ある事象 a の情報量 $I(a)$ を底を2とする対数を用いて
$I(a) = -\log_2 P(a)$ で定義する。単位としてビット（bit）*が用いられる。

ここで，$P(a)$ は事象 a の生起確率を示している。この式からわかるように，事象の確率が低いほど，情報量は大きくなる。

例えば，ジョーカーを除いたトランプ52枚の中から1枚のカードを引くとき，ハートである事象を a とするとき

$$I(a) = -\log_2 P(a) = -\log_2 \frac{13}{52} = -\log_2 \frac{1}{4} = 2$$

また，別の例として，1,024本の中に当たりくじが1本だけあるくじを引くとき，当たりを引く事象を b とすると

$$I(b) = -\log_2 P(b) = -\log_2 \frac{1}{1024} = -\log_2 \frac{1}{2^{10}} = 10$$

② エントロピー（平均情報量）

トランプとくじ引きの例では，特定の事象がもっている情報量であったが，生起する事象 $a_i (i=1,2,\cdots,n)$ を考え，a_i の生起確率 $p(a_i)$ との組

$$A = \begin{Bmatrix} a_1 & \cdots & a_n \\ p(a_1) & \cdots & p(a_n) \end{Bmatrix}$$

を考える。これは，事象系とよばれ，さらに $a_i \cap a_j = \phi \ (i \neq j)$，$\sum_{i=1}^{n} P(a_i) = 1$ を満たすとき，完全事象系とよばれる。情報理論では情報源ともよばれる。

*ビット（bit）：底が e のとき単位はナット（nat），底が10のとき単位はハートレイ（hartley）が用いられる。1ハートレイ ＝ $\log_2 10$ ビット ≒ 3.3219 ビット，1ナット ＝ $\log_2 e$ ビット ≒ 1.4427 ビット

完全事象系 A に対して，エントロピー（平均情報量）を

$$H(A) = -\sum_{i=1}^{n} P(a_i) \log_2 P(a_i)$$

で定義する。あるいは，次の確率分布に従う離散型確率変数 X を用いて

x	a_1	$\cdots$	a_n
$p(x) = P(X = x)$	$p(a_1)$	$\cdots$	$p(a_n)$

$H(A)$ の代わりに $H(X)$ で表すこともある。すなわち

$$H(X) = -\sum_x p(x) \log_2 p(x)$$

例1〕 次の確率変数 X を考える。

x	a	b	c
$p(x) = P(X = x)$	$\frac{1}{2}$	$\frac{1}{4}$	$\frac{1}{4}$

このとき

$$H(X) = -p(a)\log_2 p(a) - p(b)\log_2 p(b) - p(c)\log_2 p(c)$$
$$= -\frac{1}{2}\log_2\frac{1}{2} - \frac{1}{4}\log_2\frac{1}{4} - \frac{1}{4}\log_2\frac{1}{4} = \frac{1}{2} + \frac{1}{2} + \frac{1}{2} = 1.5$$

例2〕(2値エントロピー)次の確率分布に従う離散型確率変数 X に対して

x	0	1
$p(x) = P(X = x)$	p	$1-p$

$$H(X) = -p(0)\log_2 p(0) - p(1)\log_2 p(1)$$
$$= -p\log_2 p - (1-p)\log_2(1-p) \quad (0 \leq p \leq 1)$$

となり，2値エントロピー(binary エントロピー)とよばれ，$H_b(p)$ と記される。

Fig.5-2のグラフより，$p=\frac{1}{2}$ のとき最大値1をとり，p が 0 または 1 のとき，最小値 0 をとる。

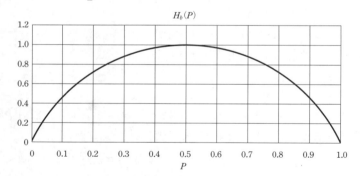

Fig. 5-2　2値エントロピー

③ 同時エントロピーと条件付きエントロピー

ここでは，2次元離散型確率変数(X, Y)に対して，同時エントロピー$H(X, Y)$を次のように定義する。

$$H(X, Y) = -\sum_x \sum_y p(x, y) \log_2 p(x, y)$$

ただし$p(x, y) = P(X=x, Y=y)$は$X=x$かつ$Y=y$となる確率を表す。$p(x, y)$は同時確率分布とよばれる。

例3〕次の同時確率分布に従う(X, Y)に対して

Table 5-2

x \ y	1	2	3	計
1	$\frac{1}{8} = \frac{2}{16}$	$\frac{1}{16}$	$\frac{5}{16}$	$\frac{8}{16}$
2	$\frac{1}{16}$	$\frac{1}{8} = \frac{2}{16}$	$\frac{1}{16}$	$\frac{4}{16}$
3	$\frac{1}{16}$	$\frac{1}{16}$	$\frac{1}{8} = \frac{2}{16}$	$\frac{4}{16}$
計	$\frac{4}{16}$	$\frac{4}{16}$	$\frac{8}{16}$	1

$$\begin{aligned}
H(X, Y) = &-p(1,1)\log_2 p(1,1) - p(1,2)\log_2 p(1,2) - p(1,3)\log_2 p(1,3) \\
&- p(2,1)\log_2 p(2,1) - p(2,2)\log_2 p(2,2) - p(2,3)\log_2 p(2,3) \\
&- p(3,1)\log_2 p(3,1) - p(3,2)\log_2 p(3,2) - p(3,3)\log_2 p(3,3) \\
= &-\frac{1}{8}\log_2\frac{1}{8} - \frac{1}{16}\log_2\frac{1}{16} - \frac{5}{16}\log_2\frac{5}{16} \\
&- \frac{1}{16}\log_2\frac{1}{16} - \frac{1}{8}\log_2\frac{1}{8} - \frac{1}{16}\log_2\frac{1}{16} \\
&- \frac{1}{16}\log_2\frac{1}{16} - \frac{1}{16}\log_2\frac{1}{16} - \frac{1}{8}\log_2\frac{1}{8} \\
= &\frac{29}{8} - \frac{5}{16}\log_2 5 \fallingdotseq 2.899 \text{ ビット}
\end{aligned}$$

ここで，Table 5-2において，1列目と5列目だけを取り出し縦と横を入れ替えたTable 5-3は，Xの周辺確率分布とよばれ，2次元離散型確率変数(X, Y)においてXだけに着目し，$X=x$となる確率$P(X=x)$の表となっている。

Table 5-3

x	1	2	3	計
$P(X=x)$	$\frac{8}{16}$	$\frac{4}{16}$	$\frac{4}{16}$	1

以後，誤解がない限り，$P(X=x)$を$p(x)$と表記する。同様に，Table 5-2において，1行目と5行目だけを取り出した以下のTable 5-4は，Yの周辺確率分布

と呼ばれ，2次元離散型確率変数(X,Y)においてYだけに着目し，$Y=y$となる確率$P(Y=y)$の表となっている。

Table 5-4

y	1	2	3	計
$P(Y=y)$	$\dfrac{4}{16}$	$\dfrac{4}{16}$	$\dfrac{8}{16}$	1

以後，誤解がない限り，$P(Y=y)$を$q(y)$と表記する。

<条件付きエントロピー>

確率変数の組(X,Y)に対して，条件付きエントロピー$H(Y|X)$を次のように定義する。

$$H(Y|X) = -\sum_x p(x) H(Y|X=x)$$

$$= -\sum_x p(x) \sum_y p(y|x) \log_2 p(y|x)$$

$$= -\sum_x \sum_y p(x,y) \log_2 p(y|x)$$

ここで，簡単のために，$X=x$となる事象Aが起きるというもとで，$Y=y$となる事象Bが起こる条件付き確率を$p(y|x)$と記した。一般に，事象Aが起きるというもとで，事象Bが起こる条件付き確率を$p(B|A)$と表す。すなわち，$p(B|A) = \dfrac{p(A \cap B)}{p(A)}$

(例えば，サイコロを1回投げて，奇数が出る事象を$A=\{1,3,5\}$，1の目が出る事象を$B=\{1\}$とおくと，$A \cap B = \{1\}$より，$p(B|A) = \dfrac{p(A \cap B)}{p(A)} = \dfrac{1/6}{3/6} = \dfrac{1}{3}$)

また，$p(A \cap B) = p(B|A)p(A)$であるので，$p(y|x)$と先のXの周辺確率分布$p(x)$を用いて，$p(x,y)=P(X=x,Y=y)$は$p(x,y)=p(y|x)p(x)$と表せることに注意する。同様に，$Y=y$となる事象Bが起きるというもとで，$X=x$となる事象Aが起こる条件付確率を$p(x|y)$と記すことにすると，Yの周辺確率分布$q(y)$を用いて，$p(x,y)=p(x|y)q(y)$と表せることにも注意しよう。また，$H(Y|X=x)$は$X=x$となる事象Aが起きるというもとで，Yの条件付確率$p(y|x)$に着目し，それに対応するエントロピー

$$\sum_y p(y|x) \log_2 p(y|x)$$

を表すことにする。Table 5-2において，例えば，$H(Y|X=1)$を計算すると，

$$H(Y|X=1) = -\sum_y p(y|1) \log_2 p(y|1)$$

$$= -p(1|1)\log_2 p(1|1) - p(2|1)\log_2 p(2|1) - p(3|1)\log_2 p(3|1)$$

$$= -\dfrac{p(1,1)}{p(1)} \log_2 \dfrac{p(1,1)}{p(1)} - \dfrac{p(1,2)}{p(1)} \log_2 \dfrac{p(1,2)}{p(1)} - \dfrac{p(1,3)}{p(1)} \log_2 \dfrac{p(1,3)}{p(1)}$$

$$= -\frac{2/16}{8/16}\log_2\frac{2/16}{8/16} - \frac{1/16}{8/16}\log_2\frac{1/16}{8/16} - \frac{5/16}{8/16}\log_2\frac{5/16}{8/16}$$

$$= -\frac{2}{8}\log_2\frac{2}{8} - \frac{1}{8}\log_2\frac{1}{8} - \frac{5}{8}\log_2\frac{5}{8}$$

Table 5-2 の同等確率分布に従う，2次元離散型確率変数 (X, Y) に対して

$$H(Y|X) = -\frac{8}{16}\sum_y p(y|1)\log_2 p(y|1)$$

$$-\frac{4}{16}\sum_y p(y|2)\log_2 p(y|2)$$

$$-\frac{4}{16}\sum_y p(y|3)\log_2 p(y|2)$$

$$= \frac{8}{16}\left[-\frac{2}{8}\log_2\frac{2}{8} - \frac{1}{8}\log_2\frac{1}{8} - \frac{5}{8}\log_2\frac{5}{8}\right] + \frac{4}{16}\left[-\frac{1}{4}\log_2\frac{1}{4} - \frac{2}{4}\log_2\frac{2}{4} - \frac{1}{4}\log_2\frac{1}{4}\right]$$

$$+ \frac{4}{16}\left[-\frac{1}{4}\log_2\frac{1}{4} - \frac{1}{4}\log_2\frac{1}{4} - \frac{2}{4}\log_2\frac{2}{4}\right]$$

$$= \frac{17}{8} - \frac{5}{16}\log_2 5 \fallingdotseq 1.399 \text{ ビット}$$

さて，X のエントロピー $H(X)$ は Table 5-3 より

$$H(X) = -\frac{8}{16}\log_2\frac{8}{16} - \frac{4}{16}\log_2\frac{4}{16} - \frac{4}{16}\log_2\frac{4}{16} = \frac{3}{2} = 1.5 \text{ ビット}$$

ところで，$H(Y|X) + H(X) = \frac{29}{8} - \frac{5}{16}\log_2 5$ で，これは $H(X,Y)$ に一致しているが，一般に次の定理が成り立つ。

定理 1　$H(X,Y) = H(X) + H(Y|X)$

④　相対エントロピーと相互情報量

2つの離散型確率分布 $\psi(x)$ と $\phi(x)$ に対して，相対エントロピー（Kullback Leibler 距離）を

$$D(\psi||\phi) = \sum_x \psi(x)\log_2\frac{\psi(x)}{\phi(x)}$$

で定義する。

例4〕次の確率分布 $\psi(x)$ と $\phi(x)$ を考える。

x	0	1
$\psi(x) = P(X=x)$	$1-s$	s

x	0	1
$\phi(x) = P(X=x)$	$1-t$	t

このとき

$$D(\psi||\phi) = (1-s)\log_2\frac{1-s}{1-t} + s\log_2\frac{s}{t}$$

$$D(\psi||\phi) = (1-t)\log_2\frac{1-t}{1-s} + t\log_2\frac{t}{s}$$

例えば $s = \frac{1}{4}$, $t = \frac{1}{8}$ のとき

$$D(\psi||\phi) = \frac{3}{4}\log_2\frac{\frac{3}{4}}{\frac{7}{8}} + \frac{1}{4}\log_2\frac{\frac{1}{4}}{\frac{1}{8}} \fallingdotseq 0.0832 \text{ ビット}$$

$$D(\psi||\phi) = \frac{7}{8}\log_2\frac{\frac{7}{8}}{\frac{3}{4}} + \frac{1}{8}\log_2\frac{\frac{1}{8}}{\frac{1}{4}} \fallingdotseq 0.0696 \text{ ビット}$$

また，$s=t$ のときは，$D(\psi||\phi) = D(\phi||\psi) = 0$ となる。
一般に，$D(\psi||\phi) \neq D(\phi||\psi)$ である。

さて，同時確率分布 $p(x,y)$ に従う2次元離散型確率変数 (X,Y) を考える。さらに X と Y のそれぞれの周辺確率分布を $p(x)$ と $q(y)$ とする。それとは別に，$p(x)$ と $q(y)$ の積として与える同時確率分布 $\phi(x,y) = p(x)q(y)$ を考える。このとき，2次元離散型確率変数 (X,Y) に対して，相互情報量 $I(X,Y)$ を $p(x,y)$ と $\phi(x,y)$ の間の相対エントロピーとして定義する。すなわち

$$I(X,Y) = D(p(x,y)||\phi(x,y))$$

$$= \sum_x\sum_y p(x,y)\log_2\frac{p(x,y)}{\phi(x,y)} = \sum_x\sum_y p(x,y)\log_2\frac{p(x,y)}{p(x)q(y)}$$

特に，$p(x,y) = \phi(x,y)$ であれば，離散型確率変数 X と Y は独立であるが，このとき，$I(X,Y) = 0$ である。相互情報量 $I(X,Y)$ と種々のエントロピーの関係を調べると

$$I(X,Y) = \sum_x\sum_y p(x,y)\log_2\frac{p(x,y)}{p(x)q(y)}$$

$$= \sum_x\sum_y p(x,y)\log_2\frac{p(x|y)q(y)}{p(x)q(y)}$$

$$= \sum_x\sum_y p(x,y)\log_2\frac{p(x|y)}{p(x)}$$

$$= -\sum_x\sum_y p(x,y)\log_2 p(x) + \sum_x\sum_y p(x,y)\log_2 p(x|y)$$

$$= -\sum_x p(x)\log_2 p(x) - \left(-\sum_x\sum_y p(x,y)\log_2 p(x|y)\right)$$

$$= -\sum_x p(x)\log_2 p(x) - \left(-\sum_x\sum_y p(x|y)q(y)\log_2 p(x|y)\right)$$

$$= -\sum_{x} p(x)\log_2 p(x) - \left(-\sum_{y} q(y)\sum_{x} p(x|y)\log_2 p(x|y)\right)$$
$$= H(X) - H(X|Y)$$

ここで，$q(y)$ は Y の周辺確率分布であったことに注意する．このことにより，相互情報量 $I(X,Y)$ は，Y が与えられたときの X のエントロピーの減少量と考えられる．

また，定義より $I(X,Y) = I(Y,X)$ であるので

$$I(X,Y) = I(Y,X) = H(Y) - H(Y|X) \stackrel{定理1}{=} H(Y) - (H(X,Y) - H(X))$$
$$= H(X) + H(Y) - H(X,Y)$$

さて，$H(X)$，$H(Y)$，$H(X,Y)$，$H(X|Y)$，$H(Y|X)$，$I(X,Y)$ の値の間の関係は，次の図 Fig.5-3 を用いて表される．$H(X)$ の円の部分と $H(Y)$ の円の部分の交わりの部分は $I(X,Y)$ を表しているが，ここで，$X = Y$ とすると，$H(X)$ からなる円と $H(Y)$ からなる円は一致し，交わりの部分 $I(X,Y) = I(X,X)$ とも一致する．すなわち，$I(X,X) = H(X)$ となることがわかる．

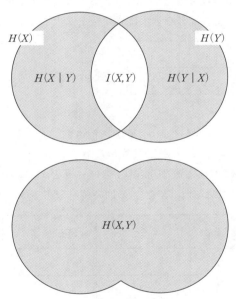

Fig.5-3 関係図

⑤ 情報通信のモデル

さて，Fig.5-4のような情報通信のモデルを考える．

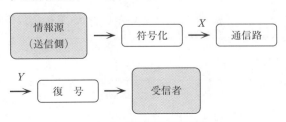

Fig.5-4 情報通信のモデル

ただし，通信路はシンボル x を送信したとき，出力シンボル y を観測する条件付き確率 $p(y|x)$ が与えられているシステムとして定義する．

例5〕 2元対称通信路

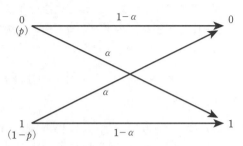

Fig.5-5 2元対称通信路

0と1がそれぞれ，確率 p と $1-p$ で送信され，さらに，確率 α で1と0に誤って受信され，確率 $1-\alpha$ で0と1に正しく受信される Fig.5-5 のような2元対称通信路を考える．送信記号を表す確率変数を X，受信記号を表す確率変数を Y とすると，X の確率分布 $p(x)$ は

x	0	1
$p(x) = P(X=x)$	p	$1-p$

で与えられる．

さて，$p(x,y) = p(y|x)p(x)$ より，0が送信され，さらにただしく0に受信される確率 $p(0,0) = P(X=0, Y=0)$ は，0が送信される確率 $p(0) = p$ と，0が送信されたもとで，それが，0に正しく受信される確率 $p(0|0) = (1-\alpha)$ との積 $p(0|0)p(0) = (1-\alpha)p$ となる．他の $p(x,y)$ も同様に求められ，X と Y の同時確率分布 $p(x,y)$ は

$x \diagdown y$	0	1	計
0	$(1-\alpha)p$	αp	p
1	$\alpha(1-p)$	$(1-\alpha)(1-p)$	$1-p$
計	α_p	$1-\alpha_p$	1

で与えられる．ここで，
$\alpha_p = (1-\alpha)p + \alpha(1-p) = p + \alpha - 2p\alpha$ とおいた．また，Y の周辺確率分布 $q(y)$ は

y	0	1
$q(y) = P(Y=y)$	α_p	$1-\alpha_p$

で与えられる．

X と Y の相互情報量 $I(X,Y)$ を計算すると，定義より

$$I(X.Y) = \sum_x \sum_y p(x,y) \log_2 \frac{p(x,y)}{\phi(x,y)}$$

$$= p(0,0) \log_2 \frac{p(0,0)}{p(0)q(0)} + p(0,1) \log_2 \frac{p(0,1)}{p(0)q(1)}$$

$$+ p(1,0) \log_2 \frac{p(1,0)}{p(1)q(0)} + p(1,1) \log_2 \frac{p(1,1)}{p(1)q(1)}$$

$$= (1-\alpha) p \log_2 \frac{(1-\alpha)p}{p \cdot \alpha_p} + \alpha p \log_2 \frac{\alpha p}{p \cdot (1-\alpha_p)}$$

$$+ \alpha(1-p) \log_2 \frac{\alpha(1-p)}{(1-p)\alpha_p} + (1-\alpha)(1-p) \log_2 \frac{(1-\alpha)(1-p)}{(1-p)(1-\alpha_p)}$$

$$= H_b(\alpha_p) - H_b(\alpha)$$

ここで，$\alpha_p = p + \alpha - 2p\alpha = -2\left(p - \frac{1}{2}\right)\left(\alpha - \frac{1}{2}\right) + \frac{1}{2}$ と変形できることと，$0 \leq p, \alpha \leq 1$ より，$0 \leq \alpha_p \leq 1$ であることに注意する。例2の2値エントロピーの性質より，第1項 $H_b(\alpha_p)$ は，$\alpha_p = 1/2$ のとき最大値1をとる。すなわち，$\alpha \neq 1/2$ のときは，$p = 1/2$ のとき，$H_b(\alpha_p)$ は最大値1をとり，$\alpha = 1/2$ のときは，どの p にもよらず，$H_b(\alpha_p)$ は最大値1をとる。

⑥ 通信路容量

再び⑤で扱った送信記号を表す離散型確率変数として X，受信記号を表す離散型確率変数として Y をもつ通信路に対して，相互情報量 $I(X,Y)$ を考える。X のあらゆる確率分布 $p(x)$ を考えたときの相互情報量 $I(X,Y)$ は様々な値をとるが，その上限は通信路容量（Channel Capacity）と呼ばれ，$C = \sup_{p(x)} I(X,Y)$ と記される。

例6］2元対称通信路の通信路容量

Fig 5-5の2元対称通信路の通信路容量 $C = \sup_{p(x)} I(X,Y)$ を求める。例5で求めたられた $I(X,Y) = H_b(\alpha_p) - H_b(\alpha)$ において，p を0から1に変化させたときの第1項 $H_b(\alpha_p)$ の上限から，$H_b(\alpha)$ を引いたものと C は一致し，例5の結果より，$C = 1 - H_b(\alpha)$ となる。

Fig 5-6はこのグラフで，α が0または1のとき最大値1をとる。いうなれば，まったく嘘

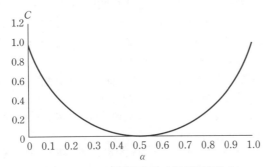

Fig.5-6　2元対称通信路の通信路容量 C

をつかない正直者または常に嘘をつく嘘つき者からなる伝令の情報は，もっとも役に立つことを示している。α が 1/2 のとき，最小値 0 をとるが，これは，ときには，正直なことをいい，ときには嘘をつく割合が半々の者からなる伝令から得た情報ほど役にたたないものはないことを示している。

例 7　雑音のない 2 元通信路の通信路容量

　Fig 5-7 のように与えられる，0 と 1 がそれぞれ，0 と 1 に正しく受信される雑音のない 2 元通信路の通信路容量 C を求める。Fig 5-5 で，$\alpha = 0$ としていたものが Fig 5-7 とみなせるので，例 6 で求められた 2 元対称通信路の通信路容量 $1 - H_b(\alpha)$ に，$\alpha = 0$ を代入すればよく，$C = 1 - H_b(0) = 1 - 0 = 1$ と計算される。すなわち，この通信路が 1 回使用されるたびに，1 bit が誤りなく送信されることが示されている。

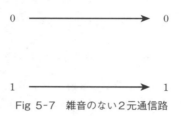

Fig 5-7　雑音のない 2 元通信路

Column　情報理論の父：クロード・シャノン

　クロード・シャノンは，アメリカの応用数学者であり，情報理論の創始者として広く知られている。1936 年にミシガン大学の数学科を卒業し，1940 年にはマサチューセッツ工科大学（MIT）で修士号を取得した。その後，1941 年にベル電話研究所に入社した。1956 年からは MIT の教授も兼任し，1948 年に発表した画期的な論文「A Mathematical Theory of Communication」で，情報と通信の分野にエントロピーの概念を初めて導入した。この論文では，条件付きエントロピーや相互情報量といった新しい概念も提唱し，これらを用いて誤りのある通信路の通信路容量を定義した。さらに，通信路の通信路容量が，この通信路の情報伝送速度の限界であることを示すことに成功し，通信路符号化定理を導き出した。

　シャノンの業績はこれだけにとどまらない。彼は情報と通信の理論の基礎を築き，多くの賞を受賞した。アメリカ科学アカデミー賞や国民科学賞に加え，1985 年には第 1 回京都賞（基礎科学部門）を受賞している。また，1950 年代には暗号理論や人工知能に関する論文も発表し，その影響力は多岐にわたる。

　シャノンの革新的な研究は，現代の情報社会の基盤を築き上げ，その影響は今なお多くの分野に広がり続けている。彼の功績は，未来を切り拓く灯台のように輝き続けることだろう。

03 ネットワークとは何か

(1) ネットワークの定義

　世の中では，ネットとはインターネットを指すことが多く，ネットワークとインターネットを同一視する場合がある。だが，ネットワークとインターネットは必ずしもイコールではない。例えば，人脈を広げるという意味でネットワークを広げるという言葉を使う場合や，脳は神経細胞による巨大なネットワークであるという言い方をすることからもわかるように，ネットワークは，決してインターネットのことだけを指すわけではない。

　まず「ネットワーク (network)*」を英語辞典[7]で引いてみると，以下のようになっている。

*network《名》：〔繊維やロープの〕網，網製品［細工］，網状の織物
　〔道路や水路などの〕網状組織，道路［水路・鉄道］網
　〔人間関係の〕ネットワーク，人脈
　〔ラジオやテレビの〕放送網，ネットワーク：コアとなる番組を共有しているラジオ局やテレビ局の集まり。
　　キー局を中心とした系列局のネットワーク
　〔ラジオやテレビの〕キー局：コア番組を系列局に配信するラジオ局やテレビ局
　《電気》回路網
　《コ》ネットワーク，網

英辞郎 on the weB

　これをまとめると，ネットワークとは，網，あるいは網状の何か，である。

　もう少し詳しくみてみる。網状の構造をもつ (Fig.5-8) ネットワークには必ず，3つの構成要素がある。「Node (要素・節点・結節点)」，「Link (線)」，「Flow (流れ)」である。Node (ノード) とは，ネットワークを構成する各要素のことであり，Link (リンク) はNodeとNodeをつなぐ線 (経路)，Flow (フロー) は，NodeとLinkの間の流れのことである。つまり，2つ以上のNode (要素) が互いにLink (接続) され，中に何かしらのFlow (流れ) が存在するという，網状の構造をもつ物がネットワークといえる。なお，ネットワークには各Nodeは，相互依存している。一つのNodeの決定がLinkを通じFlowされるため，他のNodeに影響をもたらしてしまう。

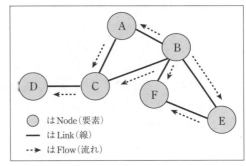

Fig. 5-8　ネットワーク

(2) 様々なネットワーク

　インターネットだけがネットワークではないというのは上記した通りだが，ネットワークの種類を考えてみよう。ネットワークは多種多様な領域に広がっているが，大きく分けて4つのネットワークに分類することができるとされる[8] (Table 5-2)。

　1つ目は，生物的 (生態系) ネットワーク (Biological Network) である。このネットワークは，生物が関わるネットワークであり，例えば，食物連鎖などの生態系や，脳のニューロンネッ

Table 5-2 ネットワークの種類

種類	特徴	代表例
生物的(生態系)ネットワーク Biological Network	生物が関わる(生態や仕組み)ネットワーク	生態系(食物連鎖)，脳のニューロンネットワーク，接触感染ネットワークなど
情報ネットワーク Information Network	Flowが情報であるネットワーク インターネット社会の基盤を形成するネットワーク	E-mail，HTML，データベース，TV局(メディア)など
社会的ネットワーク Social Network 社会的経済的ネットワーク Social and Economic Networks	対人関係など，人をつなぐネットワーク 人びとの生活にみられるネットワーク	会社(大学)関係，友人関係，組織と組織のネットワーク，SNS(Social Networking Service)など
技術的ネットワーク Technological Network	サービスや荷物などの流通を行う，インフラ的なネットワーク	インターネット，交通網，電力網など

トワーク，あるいは接触感染ネットワークなどが代表例として挙げられる。

2つ目は，情報ネットワーク(Information Network)である。このネットワークは，Flow(流れ)が情報であるネットワークであり，インターネット社会の基盤を形成するネットワークともいえ，E-mailやHTML，データベース，TV局のネットワークなどが代表例として挙げられる。

3つ目は，社会的ネットワーク(Social Network)，社会的経済的ネットワーク(Social and Economic Networks)である。このネットワークは，対人関係などを含む人をつなぐネットワークであり，人びとの生活にみられるネットワークである。会社関係，大学関係，友人関係，組織と組織のネットワーク，SNS(Social Networking Service)が代表例として挙げられる。

4つ目は，技術的ネットワーク(Technological Network)である。このネットワークは，サービスや荷物などの流通を行うインフラ(infrastructure)的なネットワークでありインターネットや物流を含めた交通網・電力網などが代表例として挙げられる。なお，インフラとは，下支えするもののことを指し，転じて生活を支える基盤のことを示す。

ただし，これらのネットワークは，これは便宜上の分け方ともいえ，見方によっては複数のネットワークに関わるものもある。例えば，インターネットは技術的ネットワークの代表例である。だが，インターネットの中に流れているのは情報であると考えれば，インターネットは情報ネットワークといっても間違いではない。

また，近年，情報通信技術(ICT)は驚異的に進歩したが，この技術は社会的ネットワークの性質に大きな影響を与えている。これが第2章で説明した，情報(化)社会である。

この情報化社会についてだが，ネットワーク構造の概念を最初に研究に持ち込んだのは，社会学だといわれる。すでに第3章で取り上げたが，1967年にアメリカの心理学者スタンレー・ミルグラム(Stanley Milgram)が提唱した有名な社会的ネットワーク現象であるスモール・ワールド現象(small world phenomenon, small world effect)がそれに当たる。

04 通信の基礎

(1) データ通信とは

データ通信(data communication)には，明確な定義はない。だが，一般的には，インターネットなどの何らかの通信回路を介して，コンピュータや端末装置をつなぎ，デジタル化されたデータのやり取りをすることを指す。広義としては，デジタル化されたデータを伝送する機能やサービスを含める場合がある[9]。また，データ通信システムとは，データ通信をする仕組みのことであり，端末装置や，コンピュータ自身まで含める場合もある。

そして，データ通信自体は，誰しもが日常的に使っているWWW(World Wide Wave)の仕組みを使って情報交換をするインターネットだけを示すわけではない。例えば，端末を直接コンピュータにつなぐ，電話回線を使う，近くにあるコンピュータや端末をBluetoothやケーブルでつないで資源の相互利用を行うなども，データをやり取りしているデータ通信である。

データ通信は，コンピュータの普及に伴い，遠隔地にある端末装置からの利用の要求が増えたため生まれた。そして，データ通信が必要な理由は，以下の3つである。①資源の共有：あるコンピュータに存在するプログラムやデータ，CPU，プリンタなどの各種装置を別のコンピュータから利用する。これは，1対1での資源が要らず，コスパがよいからである。②負荷の拡散：複数台のコンピュータで処理を分担し，全体として一つの業務を遂行する。これは，それぞれのコンピュータの負荷が減る並列処理のことである。③危険の分散：処理業務やデータを複数に分散することで，単数のコンピュータに障害が生じても，別のコンピュータが代役を果たせる。これは，業務に障害が生じる可能性を減らす役割を担う。

そして，世界中に広がったデータ通信網が，インターネット(Internet)である。インターネットは，通信プロトコル(規約)を利用し，情報端末同士を相互接続している。

(2) 通信の歴史，インターネットの歴史

通信の歴史は，3段階[10] (Table 5-3)ある。第1の通信は「電信」である。電信は，電気の作用を利用し，モールス符号などを使って，離れた場所に伝達するという通信手段である。1837年にサミュエル・モールス(Samuel Finley Breese Morse)が初めて電信機を発明し，日本には江戸時代に伝わってきた。今も祝電・弔電などの電報として形式的に残っている。

第2の通信は「電話」である。電話は，音声を電気信号に変え，電線などを伝って伝達し，その後，音声に戻して相互に通話するという通信手段である。1876年にアレクサンダー・グラハム・ベル(Alexander Graham Bell)が電話を開発し，日本には明治時代に伝わってきた。

そして，第3の通信は「データ通信」であり，現在のインターネットにつながっていく。1958年に，世界初のデータ通信である半自動防衛システムのSAGE(セージ：Semi-Automatic Ground Environment)がアメリカ合衆国で稼働したところからデータ通信の歴史は始まるといわれ，1964年に同国の国防総省高等研究計画局(ARPA，後のDARPA)が，現在

のインターネットの原形である国防用の分散型ネットワークであるARPANET（アーパネット：Advanced Research Projects Agency Network）を稼働させた。ARPANETは，1969年に初版が公開されたOSであるUNIX（AT&T Inc.のベル研究所）のコンピュータを接続した。また，1970年前半にはアメリカのヴィントン・サーフ（Vinton Gray Cerf）とロバート・エリオット・カーン（Robert Elliot Kahn）により，現在のインターネットプロトコル（規約）であるTCP/IP（Transmission Control Protocol/Internet Protocol）が考え出された。ARPANETは，現在の一般的なインターネットプロトコルであるTCP/IPを採用していることから，インターネットの原形だともいわれている。なお，インターネットというと，Webページを想像するが，もとは別々の目的で開発されたものである。Webページについては1989年にCERN（欧州原子核研究所）のティム・バーナーズ・リー（Tim Berners-Lee）により，WWW（Word Wide Web）が考案され，HTML（Hyper Text Markup Language）やCSS（Cascation Style Sheets）などにより，文章などの情報共有が可能になった。

日本でのデータ通信の歴史は，1960年に開発され1964年に運営が開始された日本国有鉄

Table5-3　データ通信の簡略史

第1通信「電信」	
1837年	モールスが初めて電信機を発明（モールス信号）
1854年	日本に電信が伝わる。（黒船来航時，徳川幕府に献上）
1869年	日本で電信を開始（横浜の役所←→裁判所） 明治元年12月に電線の架線を決定し，翌年8月に電信開始
1894年	マルコニーが無線通信機を発明（現在の電報のシステム）
1951年	日本で初めて加入電信（テレックスサービス）開始
第2通信「電話」	
1876年	グラハムベルが電話を発明
1877年	日本に電話輸入，研究開始
1887年	東京と熱海との間に電話線を架設
1888年	公用の通信に使用。翌年，公衆通信の取扱い（通話局相互間の通話）を開始
1928年	日本で電話サービス開始
第3通信「データ通信」	
1958年	世界初のデータ通信SAGE（Semi-Automatic Ground Environment：半自動防空システム）がアメリカで稼働
1964年	東京五輪の集計・管理にコンピュータを利用。 国鉄の予約システムMARS（みどりの窓口）の稼働。翌年，銀行でオンラインシステムを導入・稼働
1964年	ARPANET（国防用の分散型ネットワーク）がアメリカで稼働
1970年代前半	TCP/IP等の規約（インターネットプロトコル）の開発
1984年	JUNET（インターネットの原型）が日本で稼働
1988年	WIDEプロジェクト（今も日本のインターネットを支えている）が始動
1989年	CERN（欧州原子核研究機構）でwww（Word Wide Web）の考案
黎明期	ダイアルアップ接続（PC間に直接電線を張る，電話局から専用回線を借りて通信
1990年後半	パケット通信（現在のインターネット通信の通信方式のデフォルト）

道(現在のJR)の予約システムであるMARS(マルス：Multi Access seat Reservation System)が稼働したところから始まったとされる。なお，このMARSは進化をし続けており，現在もみどりの窓口で使われている。また，1964年の東京オリンピックの集計，管理にもコンピュータが使われた。そして，日本のインターネットの原形は，1984年に稼働した電話回線を用いた研究用ネットワーク(Academic Network)であるJUNET(Japan University Network)である。JUNETは，UNIXマシン同士でデータ転送を行う通信プロトコルであるUUCP(Unix to Unix Copy Protocol)を用いていた。つまり，JUNETは実質的にUNIXネットワークの集合体である。JUNETは，1984年9月に東京工業大学(現東京科学大学)と慶應義塾大学，同年10月に東京大学を含めて，3大学を結ぶネットワークとして実験を開始，最終的には約700の機関を結ぶネットワークになったが，1994年10月に停止した。並行して，1988年に，WIDEプロジェクト(Widely Integrated Distributed Environment Project)が始動した。このプロジェクトの実験基盤でのネットワークをWIDEインターネットとよび，1989年にアメリカ国立科学財団のCSNET(Computer Science Network)に，日本のネットワークWIDEをつなげた。WIDEプロジェクトは，1994年に日本初のインターネットエクスチェンジ(IX)であるNSPIXP1を東京都内に開設し，その後1996年にNSPIXP2(都内)，1997年にNSPIXP3(大阪市)を開設。2003年4月に日本初の本格的な分散運用型IXとしてdix‐ie(NSPIXP2を発展)運用を開始した。WIDEプロジェクトは，現在もインターネットを支えている。なお，JUNETもWIDEプロジェクトも，創始者は，日本のインターネットの父，ミスターインターネットともよばれる村井純博士である。なお，インターネットの黎明期は，ダイアルアップ接続という，PC間に直接電線を張り，電話局から専用回線を借りて通信する形だったが，1990年後半からは，現在のインターネット通信の通信方式のデフォルトであるパケット通信になっている。

(3) インターネットの情報の流れ

　　LAN(Local Area Network)とは，組織などの閉じられた空間でのネットワークのことで，情報機器だけでなく，最近は様々な家電や車などもつないでいる。なお，家庭内LANとよばれる小規模なホームネットワークもLAN(Fig.5-9)の一種である。そして，LANからインターネットへつなぐ際は，インターネットへの接続を提供する組織であるISP(Internet Service Provider，プロバイダ)を経由してつなぐ。インターネットの使用料金はISPのアクセスポイントまでの料金であり，どこまでアクセスしても同じ料金となる。

　　LANとISPの間には，専用回線(光，ケーブルなど)があるため，家庭内LANには，モデム(modem)あるいはONU(Optical Network Unit：光回線終端装置)がある。モデムは端末装置が理解できる電気信号(デジタル信号)と電話回線などのアナログ信号を変換する機械でONUは電気信号(デジタル信号)と光信号を変換する機械である。ONUとモデムは，変換する信号が違うが役割が一緒なので，ONUをモデム/光モデムという人もいる。なお，モデムもONUも信号を変換する装置だが，各1台しかつなげない。しかし，組織(家)の中には多数の機器があるため，それらのネットワーク(LAN)をつなぐ必要がある。そこで役立つのがルーター(router)である。ルーターでLAN側とWAN(Wide Area Network：ONUやモデ

ム）側をLANケーブルでつなぐと，LAN側の複数の端末が同時にインターネットに接続できるようになるというのが，ISPまでのつながりである。

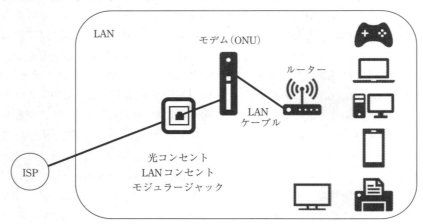

Fig. 5-9　LAN

ISPにつないだ後について説明する（Fig.5-10）。まずはISPには大小がある。大きいISPを1次，それ以降2次，3次と続く。2次以降のISPは，必ずどこかで，1次ISPにつながっており，1次ISPはInternet Exchange point（IX, IXP）につながっている。IXとは，プロバイダ同士を接続する拠点（インターネット相互接続点）であり，ISP事業者やコンテンツ事業者等が相互接続し，通信トラヒックを交換する。なお，通信トラヒックとは，通信回線（この場合はインターネット）において，一定時間内に転送されるデータ量のことを指す。IXはIX同士でつながり，それが全世界中でそれぞれの中心となり，インターネットが展開されている状態である。なお，IXは，日本にあるのは10か所前後で，一番有名なIXはWIDEプロジェクトによるNSPIXP（Network Service Provider Internet eXchange Point）で，dix-ie，NSPIXP-3，NSPIXP-6などが稼働している。また，JPIX，MEX，BBIX，JPNAPなどの商用IXも

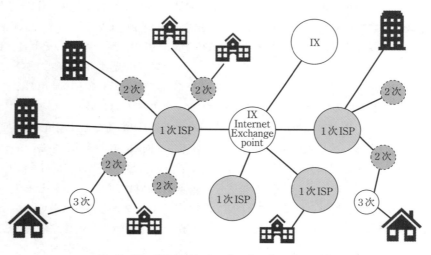

Fig.5-10　ISPとインターネットエクスチェンジ

稼働している。

　なお，データはパケット通信でやり取りされるのが基本である。パケット（packet：小包）とは，輸送単位であり，1つのデータを小さなブロックに分割した，細切れのデータの集団のことを指す。わかりやすいイメージとしては宅配便を思い浮かべればよいとよくいわれている。送信側のトランスポート層（次項の通信プロトコルで説明）で，データをパケット（一定の長さの塊）に分割する。そして，IPパケット（分割したデータの塊）に宛先などの送信に必要な情報を付加する。IPパケットは，宛先の情報を見ながらコンピュータの中とネットワーク上で次々と転送される。相手に届いたIPパケットは，送ったのと逆の手順で荷解きされ，取り出したデータを組み合わせて，もとのデータに復元する。なお，送達確認などの仲介役が規約のTCP（次項の通信プロトコルで説明）である。ただし，パケット通信方式は分散型のため，全部が必ず届くことは保証されていない。これを「ベストエフォート方式」という。

(4) 通信プロトコル（Internet protocol suite）

　プロトコル（規約，Protocol）というのは，どのようにやり取りをすればよいかを定めた規約（規則）である。プロトコルはよく狼煙に例えられるが，「敵襲時には狼煙を使って合図を送る」という取り決めを，互い（送信側と受信側）に認識していれば，情報の伝達を行うことができるというものである。

　インターネットのプロトコルは，通信プロトコル（Internet protocol suite）とよばれる。現在のインターネットにアクセス可能な情報端末は，すべてTCP/IP（Table 5-4）というプロトコルに対応している。TCP/IP（Transmission Control Protocol/Internet Protocol）は様々なインターネットにおけるサービスを実現するプロトコルの集合体であり，TCP/IPプロトコルスイートともいう。例えば，HTTPや，FTP，SMTPなどもすべてこのTCP/IPの中に含まれている規約である。なお，もう一つ1982年頃にISO（国際標準化機構）とITU（国際電気通信連合）が定めたOSI参照モデルというモデルもある。もちろん通信自体は変わらないが，通信に対する概念が異なるため，区切られている層が違うが，動くプロトコル自体は変わらない。

　TCP/IPは，役割ごとにアプリケーション層，トランスポート層，ネットワーク層，ネットワークインターフェイス層（物理層，データリンク層）の4層に分かれている。そして，これらの層の規約を行き来することで，インターネットに接続する。アプリケーション層はアプリケーションごとのやり取りの規定で，HTTP（HyperText Transfer Protocol），SMTP（Simple Mail Transfer Protocol），POP3（Post Office Protocol），FTP（File Transfer Protocol）などがある。トランスポート層はデータの分割やデータの確認などを行う規定で，TCP（Transmission Control Protocol），UDP（User Datagram Protocol）などがある。ネットワーク層はネットワーク間の通信の規定で，IP（Internet Protocol），ARP（Address Resolution Protocol），ICMP（Internet Control Message Protocol）などがある。ネットワークインターフェイス層は，コネクタの形状や周波数などのハードウェアに関する規定と，データを電気信号や光信号に変える規定で，イーサネット（Ethernet），PPP（Point-to-Point Protocol），フレームリレー（Frame

Relay），ATM（Asynchronous Transfer Mode），Wi‐Fi（Wireless Fidelity）などがある。

　通信する場合，それぞれの層を通るときに，通信に必要な情報を取り付けるためのカプセル化（パッケージ化）を進めていき，物理層でカプセルを信号化し，送り出す。そして，受け取った先では，それぞれの層で通信に必要だった情報を取り外す非カプセル化をすすめ，アプリケーション層まで戻る（Fig.5-11）。例えば，電子メールの送信はアプリケーション層のSMTP→トランスポート層のTCP→ネットワーク層のIP→ネットワークインターフェイス層のイーサネットという順番でカプセル化を進め，メールを送信（データを送り出す）し，そして受け取った先では，ネットワークインターフェイス層のイーサネット→ネットワーク層のIP→トランスポート層のTCP→アプリケーション層のPOP3という順番で非カプセル化を進めて，メールを受信することになる。

① IPアドレス

　IPアドレス（Internet Protocol Address）とは，インターネットに接続されたコンピュータを特定する住所である。IPアドレスは，ネットワーク層のIPプロトコルに従って番号が当

Table5-4　通信プロトコル（TCP／IP）

TCP/IP	OSI参照モデル		内容
第4層 アプリケーション層	7層	アプリケーション層	通信用アプリケーションごとのやり取りの規定 送信用データの作成，相手先のアプリケーションへの受け渡しを行う プロトコル：HTTP, SMTP, POP3, FTPなど
	6層	プレゼンテーション層	
	5層	セッション層	
第3層 トランスポート層	4層	トランスポート層	データの分割やデータの確認を行う規定 ネットワーク層のIPと，アプリケーションソフトの橋渡しを行う TCPは送信側と受信側でお互いに確認をとるコネクション型，UDPは確認をとらないコネクションレス型 プロトコル：TCP, UDP
第2層 ネットワーク層	3層	ネットワーク層	ネットワーク間の通信の規定 IPの他に，相手のMACアドレスを探すARPなどのプロトコルも含まれる プロトコル：IP, ARP, ICMPなど
第1層 ネットワークインターフェイス層	2層	データリンク層	物理層：送信するデータを電気や光の信号で運ぶ データリンク層：送信データをフレームにカプセル化し，中継先の機器まで運ぶ プロトコル：イーサネット，PPP，フレームリレー，ATM，Wi‐Fiなど
	1層	物理層	

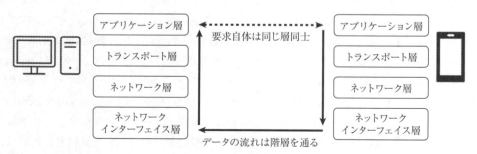

Fig. 5-11　通信プロトコル

てはめられている。

　IPアドレスは，32 bit の数字で表現される IPv4（例：192.168.1.1）が使われているが，IoT（Internet of Tings）の動きもあり爆発的に情報機器が増えたため，IPアドレスは不足している。そのため，ここ最近では，128 bit（6 byte）の IPv6（例：2001：0 db 8：1234：5678：90 ab：cdef：1234：5678）という新しい規約が導入されつつある。

　IPアドレスは，グローバルIPアドレスとプライベートIPアドレスがある。グローバルIPアドレスはインターネットでの通信の際に利用される。プライベートIPアドレスは自宅や会社内といった LAN 内の通信で利用される。プライベートIPアドレスだけではインターネットに接続できないため，ルーターなどで，プライベートIPアドレスからグローバルIPアドレスに変換する必要がある。

　なお，IPアドレスは接続したいコンピュータを指定することができるが，コンピュータが提供するサービスまでは指定できない。指定するのはポート番号を使う。ポート番号とは，コンピュータの中にある書くサービスを識別するためのものであり，IPアドレスの下にあるサブアドレスである。有名なものだと，TCP 20 が FTP（データ転送），TCP 25 が SMTP（メール送信），UDP 53 が DNS（名前），TCP 80 が HTTP（Web アクセス），TCP 110 が POP 3（メール送信），TCP 443 が HTTPS（Web アクセス）などである。また，インターネットのプロキシサーバーなどで 8080 などが使われるのも有名である。

② URL とドメイン

(A) URL とは

　Web サイトを閲覧する際，例えば，http://www.infomationscience.co.jp/education/info.html のような文字列を使うが，このような文字列を URL（Uniform Resource Locator）という。なお，URL の上位概念は，URI（Uniform Resource Identifiers）といい，ファイルを識別する総称のことである。なお，ファイル名のことは URN（Uniform Resource Name）と言い，URI の中に URL も URN も含まれる。

　URL は「スキーム名：//ホスト名．ドメイン名/パス名」で成り立つ。スキーム名は，リソース（情報資源）にアクセスするための方法（プロトコル）を表す。ホスト名は，ホストである www を指す。ただし，www がなくても，ない状態で IP アドレスを割り振れば，URL として成立するため，www をなくす企業なども増えてきている。ドメイン名は，リソースを取得するためにアクセスするサーバー（コンピュータ）を指す。そして，パス名は，接続先のサーバー上のディレクトリ（フォルダ）や，ファイル名を指す。つまり，上記の「http://www.infomationscience.co.jp/education/info.html」という URL の場合，ドメイン名「infomationscience.co.jp」のサーバー内にある，「www」というホストの「education」フォルダ内にある「info.html」ファイルをプロトコル「HTTP」で読む，という意味になる（Fig.5-12）。

　なお，よく使われているスキーム名には，HTTP（Hyper Text Transfer Protocol）と，HTTPS（Hyper Text Transfer Protocol Secure）がある。主な違いは，通信内容が暗号化されていない（HTTP）か，されているか（HTTPS）の違いである。HTTPS では，TLS（Transport Layer Security）というプロトコルが使われているが，長年，SSL（Secure Socket Layer）というプロトコルが使われてきたため，SSL とも，SSL/TLS ともいう。例えば，クレジットカードや

個人情報などのやり取りをする際には，必ず URL の最初が https であることを確かめる必要がある。ただし，https のスキームになっているだけでは安全だとはいえない。https になっているうえで，URL の前の部分が，鍵マークか，「保護された通信」か，「組織名」がある場合に，保護された通信といえる。なぜなら，サーバーの証明書を取るだけなら，実は誰でも取れるため，信頼性にならないのである。

したがって，https になっていても詐欺である場合もある。そこで，ドメインの認証をみる必要がある。認証は，ドメイン認証，企業認証，EV 認証の順でセキュリティが強い。例えば，EV 認証の場合，アドレスバーの左側に緑色の文字で企業名が表示される。

♣用語：WWW (world wide web)
World wide web (WWW, Web, W3) はインターネット上で提供されているハイパーテキストシステムで，CERN (欧州原子核研究機構) のティム・ジョン・バーナーズ＝リー(Tim John Berners-Lee)博士によって開発された。元々，ENQUIRE (エンクワイア) という実験者用の情報提供システムがあり，それを改良したものである。情報提供側は Web サーバーを公開し，一般利用者は Web ブラウザを介して WWW サーバー (Web サーバー) にある情報を閲覧できる。

つまり，もともとインターネットと WWW は別物である。前述したように，インターネットは ARPANET から始まり，結果として各地のコンピュータ同士をネットワークでつなげた。Web は世界中の研究者と文章を共有する仕組みをつくった形であり，インターネット上で動く仕組みを開発した。インターネットと Web は相互依存するように発展していった。

---

http :// WWW. infomationscience.co.jp / education/info.html
　①　　　　②　　　　　③　　　　　　　　　④

①スキーム名：リソースにアクセスするためのプロトコル
　　この場合は，http = Hypertext Transfer Protocol (ハイパーテキスト転送プロトコル) という通信規約を適用する。

②ホスト名：WWW = World Wide Web。コンピュータにつける識別用の文字列
　　ただし，WWW がなくても，ない状態で IP アドレスを割り振れば，URL として成立するため，WWW をなくす企業なども増えてきている。

③ドメイン名：リソースを取得するためにアクセスするサーバー (コンピュータ)

④パス名：サーバー内のリソースの所在

ドメイン名「infomationscience.co.jp」のサーバー内にある，「WWW」というホストの「education」フォルダ内にある「info.html」ファイルをプロトコル「HTTP」で読む。

Fig.5-12　URL の意味

（B） ドメインとは

ドメインとは，IPアドレスの別名であり，同じドメインは一つもない。ドメインは文字列で表現されるため，会社名や個人名などを入れることができ，人間には，わかりやすい。しかし，あくまでインターネット上ではIPアドレスが住所である。そこで，ドメインを利用してコンピュータに接続する際には，ドメインとIPアドレスを結びつける必要があり，それを担っているのが，DNS (Domain Name System) であり，DNSのサービスを提供するサーバーをDNSサーバーという。

ドメイン名は，一定の法則で成り立つ（Fig.5-13）。ドメイン名の各項目は，小分類から順に左から並び，「(www.)組織名．組織の種．国名」のような形である。それぞれの意味の切れ目は必ず，「.(ドット)」である。例えば，前述と同じ，

「http://www.infomationscience.co.jp/education/info.html」の場合，

「infomationscience.co.jp」あるいは，「www.infomationscience.co.jp」をドメイン名という。正確にいうと，wwwはドメイン名ではなく，ホスト名であるが，慣習的につけている場合もある。また，前述したようにwwwがない場合もある。なお，組織名は任意の文字列のため，組織の名称や個人名などにする。組織の種別（組織種別型JPドメイン名）は法則が決まっている。例えば，例に挙げたURLの場合，coなので企業となる。最後の国名（ccTLD）も決まっており，例にあげたURLの場合，jpなので日本となる。

```
       www   .  Infomationscience  .  co  .  jp
        ①              ②              ③     ④
```
①ホスト名：ホスト名（www）
②組織名：任意の名前を付けることができる。
③組織種別型JPドメイン名（組織の種別）
④ccTLD：サーバーのある国がわかる。

「日本（jp：japan）の，会社（co：company）である Infomationscience

Fig.5-13 URLの意味

トップレベルドメイン（TLD）は，ドメイン名を構成する要素のうち，URLの最も右にある要素で，最も上位の階層における識別名のことである。TLDには，国別ドメイン（ccTLD）と，汎用トップレベルドメイン（gTLD）がある。gTLD (generic TLD：汎用TLD) は，用途や組織種別などに応じて設置されたドメインであり，例えば，.com (commercial：商用)，.net (network：プロバイダ・通信事者)，.org (organization：非営利団体) などがある。また，近年追加された物として，.biz (ビジネス)，.info (情報サービス)，.name (個人向け) などがある。そして，ccTLD (country code TLD：国コードTLD) は，国・地域ごとに割り当てられたTLDである（Table5-5）。なお，アメリカはccTLDは省略される。また，歴史的な経緯で残っている特殊TLDとしては，.gov (米国政府)，.mil (米軍) などがある。

Table5-5 ccTLD

uk	イギリス
fr	フランス
de	ドイツ
it	イタリア
jp	日本
cn	中国
kr	韓国

また，JPドメインのうち，属性を表すものを，組織種別型JPドメイン名という（Table 5-6）。この組織種別をみることができれば，その情報が属する先をみることができる。

Table 5-6　ccTLD

ac	大学・研究機関	academic
ad	ネットワーク管理者	administrator
co	企業	company
ed	学校（小中高）	education
go	政府機関	government
gr	任意団体	group
lg	地方自治体	local government
ne	ネットワークサービス	network service
or	その他	organization

これらのドメイン名は読めるようになっておくに越したことがない。例えば，ドメイン名をみれば，犯罪や詐欺に巻き込まれなくて済むケースもある。古くからあるフィッシングサイト（Table 5-7）はドメイン名をもじってできていて，人のミスを誘うことで詐欺に巻き込む。例えば，有名なケースで，2016年のAmazon，2022年のえきねっと，2024年の高知地方検察庁や内閣府などがある。2016年のAmazonのケースでは，多くの人が騙された。パスワードやクレジットカードの情報を盗み取ることが目的であると思われる。サイトのデザインは丸ごと模倣されており，見かけ上の判別は不可能であった。多くの詐欺サイトはそうである。ところが，URLだけは本物とは違い判別できる。偽サイトは，「http://www.amazon-co-jp.pw」となっていた。ドメインの意味は必ず「．（ドット）」で途切れるので，「-（ハイフン）」はつながった意味になり，これは，pw（パナマ）のamazon-co-jpとなる。つまり，この詐欺は，URLやドメインの意味さえすれば防げた詐欺である。なお，この方法で，メールで送られてくる架空請求なども，同様に防ぐことができる。メールアドレスも「任意の英数字＠ドメイン名」で成り立つため，同様に見分けることができる。例えば，東京ガスからのメールは，「＠tokyo-gas.co.jp」や「＠mail.tokyo-gas.co.jp」からくる。それ以外から来た場合は，それは架空請求を疑うべきである。

Table 5-7　ドメイン名からみる偽サイト

	正式なサイト	偽サイト
Amazon	https://www.amazon.co.jp 意味：日本の企業であるamazon	http://www.amazon-co-jp.pw 意味：パナマのamazon-co-jp
えきねっと	https://www.eki-net.com 意味：商用（co：commercial）のekin-net	https://www.eki-net.ru 意味：ロシアのeki-net
高知地方検察庁	https://www.kensatsu.go.jp/kakuchou/kochi/index.html 意味：日本の政府機関である検察庁 　　　パスで，各地／高知となっている	https://www.kensatsu-go-jp.com/index.html 意味：商用のkensatsu-go-jp

（5） ネットワークの性質と伝達性能

　インターネットを通じて送受信される情報量である通信トラヒックは，年々跳ね上がっている[11]。総務省のデータ（Fig.5-14）をみても，年々跳ね上がっていることがわかる。2017年以降は，調査協力のISPが4社増えたため連続データとはいえなくなっているが，2004年と比べて2023年は，アップロードで15倍以上，ダウンロードで130倍以上になっている。同条件でのデータとしては，コロナ禍以前の2019年と比べても2023年は，アップロードで2.4倍，ダウンロードで2.7倍の通信トラヒックになっている。なお，1契約者あたりの通信トラフィックもそれぞれアップロードで2.1倍，ダウンロードで2.4倍になっている。

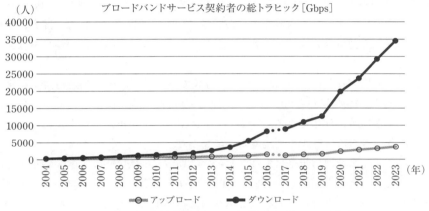

Fig.5-14　固定回線トラヒック（毎年11月のデータ）

　このような状況下で，懸念されているのは，日本国内のインターネットトラヒックが東京と大阪へ過集中していることである[12]。2020年の段階で，IXへの接続数をISPの数でみると，東京75％，大阪24％であり，日本の99％が大都市に集中している。つまり，通信は大都市以外での同一地域内の通信であったとしても大都市を経由している。この状態は，自然災害やテロ，戦争といったリスクへの脆弱性が指摘されている。また，首都圏以外の衰退も指摘されている。

　また，データ通信の質として，レイテンシとスループットがある。まずレイテンシ（latency）は，データが送信されてから受信されるまでにかかる時間である。レイテンシが小さいほど遅延時間が短いため，通信の状態が良好だと評価される。レイテンシは，ミリ秒（ms）の単位で示され，ネットワークの種類や構成などによってその値は変化する。スループット（throughput）は，単位時間あたりに通信されるデータ量であり，値が大きいほど，高速で大容量の情報をやりとりでき，より多くの接続に対して，迅速に対応できることを示す。ただし，スループットが大きくても，レイテンシが大きい場合もあり，この場合の評価はわるくなる。同じ通信回路を通る他の通信次第でスループットはわるくなるし，同じ環境の場合でもTCPの応対時間やルーターへの負担などでレイテンシが遅くなる場合もある。通信回路は共有財産のため，性能は保証できない。したがって，ベストエフォート形式（最大限の努力はするが，保証はしない）となる。なお，プロバイダなどが示す速度，例えば1Gbps（Giga bit per second）は，1秒間に1Gbitのデータが伝達可能であるという意味である。

（6） モバイルデータ通信

移動通信規格を使って通信が成されているモバイルデータ通信は，現在，5Gと4Gが主流である．なお，5th Generation（第5世代の通信規格）を5Gと表す．移動通信規格とは，国際電気通信連合（ITU：International Telecommunication Union）が定める規格に準拠する無線通信システムのことであり，ITUには，日本は1959年から理事国としてITUの管理・運営に参加している．

簡単に移動通信規格の歴史（Table 5-8）を紹介する．

1G（第1世代移動通信規格）は，アナログ方式のアナログ携帯電話だった．はじめは自動車無線電話（1979年）から始まり，ショルダーフォン（1985年）を経て，1999年に停波した．アナログのため，ノイズが入りやすく盗聴されやすい通信規格だった．また，自動車無線電話時代は無線の免許状が必要だった．1Gでは，場所に縛られず，いつでも通話できるようになった．

2G（第2世代移動通信規格）はデジタル方式であり，以降の移動通信規格はすべてデジタル方式である．1993年から2012年まで使われた規格で，特徴は同一の周波数の電波を複数のユーザーが同時に使用できる点であった．2Gでは，音声がデジタルになることで雑音が少なくなり，さらにメールを使えるようになった．

3G（第3世代移動通信規格）は，2001年からDocomoがサービスを開始し，その後，各会社が続いてサービスを開始した．約14Mbpsの通信速度で，今の規格からすると遅い通信ではあるが，電波が障害物に強い特徴があり，建物の中まで電波が入りやすいため，最近まで使われていた通信規格である．なお，KDDIとSoftbankはすでに停波したが，Docomoは2026年に停波予定である．3Gでは，国際規格になり，海外で携帯電話が使えるようになった．クリアな音質の通話，画像付きメールでコミュニケーションの幅が広がった．また，携帯電話がインターネットにつながることで，エンターテイメント性が生まれた．

4G（第4世代移動通信規格）については，実は，3Gと4Gの間に3.9Gともよばれる LTE（Long Term Evolution：長期進化）がある．2010年からサービスがスタートしたが，2012年にITUが「3Gの発展規格を4Gと呼称する」ことを許可したため，この後は4Gとよばれている．一応の基準はあり，LTEの高速通信は100Mbps以下，それ以上は4Gとなっている．4Gは現行の通信規格の中の一つである．4Gは，3Gに比べてはるかに通信速度が速くなった．また，スマホが定着し，高画質・高音質になった．

5G（第5世代移動通信規格）については，2020年からサービスがスタートした規格であり，3つの特徴がある．1つ目が，超高速大容量化（eMBB：enhanced Mobile Broadband）であり，理論上は4Gの100倍の速さで，高解像度の動画配信などが可能である．2つ目が，多数接続（mMTC：Massive Machine Type Communications）であり，平方km当たりの接続機器数が100万台まで増大した．これは，身の回りのあらゆる機器がつながるIoT（Internet of Things）に対応できるサービスである．3つ目が，超低遅延（URLLC：Ultra-Reliable and Low Latency Communications）であり，通信遅延が激減でき，遠隔からの機器の操作をスムーズに行うことができるというものである．5Gは人と人だけでなく，人とモノ，モノとモノをつなぐことも目的としている．

Table 5-8 モバイルデータ通信の簡易史

世　代	年　代	速　度	内　容
1G	1979～2000	2.4～10 kbps	通話
2G	1993～2012	11.2～28.8 kbps	＋メール ＋インターネット
3G	2001～2026	0.06～14 Mbps	＋ゲーム ＋音楽 ＋動画
3.9G（LTE） 4G	2010～（現行）	0.04～1 Gbps 理想値は，3 Gbps	＋高画質 ＋高音質
5G	2020～（現行）	10 Gbps 理想値は， 20 Gbps	＋超高速・大容量 ＋多数接続 ＋超低遅延

　5Gは，ミリ波，sub6，そして4Gの周波数帯の3つの周波数帯が使われている。まず，ミリ波（波長がミリ単位の電波）は，5Gの特徴をすべて備えた周波数であり，日本では，30 GHz～300 GHzと28 GHz帯を使っている。広い帯域幅を確保するので，高速通信が期待でき，同時接続も優れる。ただし，減衰が大きく，電波の届く範囲は狭く，直進性が高いので障害物の影響を受けやすいのが弱点であるため，今後もスポット的に使われるようになると思われる。次に，Sub6（6 GHz未満の周波数帯）である。日本は3.7 GHz帯と4.5 GHz帯を使っている。ミリ波に比べると減衰が少なく，広域に電波が届き，障害物も回り込む。現状，よくつながる5Gはsub6の電波である。

　また，5Gで新たに使われる無線技術を，5G NR（New Radio）というが，総務省の許可の元，5G NR規格を適用して4Gの周波数帯域を5Gに利用している場合もある。既存の基地局設備を活用することで，4G並の広範囲のエリアをカバーでき，5Gの特徴の一つである低遅延を実現できるとされるが，通信速度が4Gとほぼ変わらない。使われるのは，DSS（Dynamic Spectrum Sharing）という技術である。

　なぜ，5Gには様々な電波があるかというと，周波数の特性によるものである。前述のように，高周波（ミリ波）は，一度に送れる情報の量が増え，高速通信が可能となるのが利点だが，距離による減衰が大きくなり，遠くまで飛ばない。また，直進性が高くなり，障害物や雨に邪魔をされるというデメリットがある。そのため，お互いを補うような形で様々な周波数帯が使われているのである。

　5Gで通信は格段に早くなり快適になった。また，IoTがさらに普及したのは，低遅延化による通信の信頼性の向上ゆえだといわれる。5Gは人と人だけでなく，人とモノ，モノとモノをつなぐことも目的としており，今後さらに幅広い産業での活躍が期待されている。だが一方で，モバイルデータ通信で，さらにインターネットの使用者が増えたということは，サイバー犯罪のターゲットが増えたことを意味している。トラヒック数の増加による情報漏洩の可能性も増加し，セキュリティリスクがさらに高まっている。

　移動通信規格の変動は，おおよそ10年周期といわれているので，6Gの実現は2030年頃と思われる。2024年の4月現在，6Gは3GPP（Third Generation Partnership Project）による

標準化や，国際電気通信連合(ITU)によって，国際的な定義や基準が存在しているわけではないが，すでに各社がコンセプト等を出している状況ではある。興味がある人は，各社のホームページを見てみるとよい。

(7) 通信と社会への影響

インターネットには，時間的・場所的な制限がないためグローバルな交流ができ，匿名性があるため気軽に様々なことができる。また，有形財ではないデータ上の物であるデジタル財でやり取りをしているため，気軽に様々なことを共有しやすくなった。さらに，COVID-19で急加速した電子民主主義の促進，電子政府，マイナイナンバー制度の普及もあり，ますます電子化が加速するだろう。反面，第3章のサイバー犯罪で説明したように，時間的・場所的な制限がなく，匿名性や無痕跡性があるということは，サイバー犯罪に巻き込まれやすいということである。それは，プライバシーや，セキュリティについて，軋轢があるということである。また，デジタル財をやり取りしている以上，著作権や肖像権を侵害しやすい。また，デジタルディバイドも影響してしまうだろう。

まず，このような情報化社会を生んだIT革命(情報革命)は，情報流(人から人に情報が伝わる流れ)の大変化である。西垣通博士によると情報革命によるデータ通信の普及は，文字(約5000年前)，活版印刷(1450年頃)，テレビ(1950年頃)に匹敵する，数十年にわたる文明史的な革命といえる[13]。私たちはデータ通信，特にインターネットが普及するに従い，様々な便利さを追求し，享受してきた。例えば，対面でやる必要がない会議などはWeb上でできるようになり，それに伴い，移動時間などもかからなくなった。いちいち郵便で送らなければならなかった書類などもメールなどで送ればよい状態となった。情報発信は限られたマスメディアしかできなかったのが，誰もが情報発信できるようになった。自分が所属する周囲でしか物事は動かなかったのが，自分自身が動く必要がなくなった。皆がその便利さを求めるようになり，さらに通信のインフラが整備され，通信コストが安価になっていった。これらをまとめると，私たちは，場所，時間，経路，輸送のコストをかけずにコミュニケーションができるようになったということであり，地理的な要因に依存した世の中が一変したといえる。つまり，Microsoftの創始者であるビル・ゲイツ(Bill Gates)が掲げたとされるスローガンである"Information at Your Fingertips(指先で情報を)"という時代が到来しているのである。

それと当時に，インターネットによる情報流の変化は，本来は権力の象徴であったはずの情報を，誰もがもてるようになったということでもある。それまでの社会や体制，あるいは権力を支えていたはずの情報による権威をひっくり返し，社会が変容したのである[14]。例えば，3点例を挙げてみる。①流通機構の変化である。法律の目が行き届かないオークションやネットフリマは，古物商違反，薬機法違反，著作権法違反などが見逃されている。もちろん，国も手をこまねいているばかりではない。COVID-19の大流行でマスクが足りなくなった時には，「国民生活安定緊急措置法に基づくマスクの転売規制(2020年3月10日施行。8月29日付で解除)」を発動した。だが，やはりいたちごっこであることは否めない。②情報の流通における閲覧機能の低下である。現在のインターネットの世界は，情報が玉石混淆であ

る。これは，検閲なしの情報流通が基本であり，虚偽がそのまま流れているからである。例えば，COVID-19の時には，トイレットペーパーがなくなる等の虚偽が流布した。製紙会社が否定しても，暫くはパニックが続いた。③購買の変化が与える経済への影響である。私たちが，インターネット上で，より安い買い物，便利な買い物をするため，小売店がつぶされているのである。顕著なのが本屋である。本来，書店は情報（知識）が集まる場所であり，権威があったが，今はAmazonを始めとするオンライン書店の影響で，書店数が急激に減少してきている[15]。例えば，2003には20,880店舗あった書店は，2023年にはほぼ半分の10,918店舗しかなくなった。反面，平均坪数は80.3坪から132.9坪へと広がっており，つまり大型店舗しか残っていないことがわかる。以上の3点だけでも，既存の社会規範（法律や倫理）だけでは制御や管理しきれない部分があることがわかる。

また，データ通信は，市場に流通する媒体を変えた。今までは，CD, DVD，写真，本など，物理的に取引されていた物が，情報上のデータとして，やり取りされるようになった。これは，所有という概念を変容させ，自分のものであるという意識が希薄になり，データそのもの，あるいはデータのコピーを他者に渡すことへの抵抗が少なくなった。結果として起こったのが，テレビ番組や映画，本，漫画などの無断アップロードや，それらの違法ダウンロードである。つまり，著作物に対する意識，敬意がさらに低下し，著作権問題が大きくなってしまったのである。

また，インターネットは，以前は不可能であった個人に関する詳細な情報を収集することを可能にした。これは，個人情報や企業や国家の機密情報の安全をどう守るか？という問題に直結する。民主主義を支える上で重要なのは，プライバシーである。自由は民主主義の大きな側面だが，インターネット上で，すべての行動が記録され，公開されることで，自由ではなくなってしまう。個人情報保護法では，個人情報の取り扱い事業者に対して，個人データの開示，訂正，利用停止を求める権利を保障しているが，気がつかないうちに巻き込まれるのも事実である。また，個人情報の保護と国家安全保障が対立する場合もある。プライバシーとセキュリティの境界は大変難しい問題である。

例えば，2015年にFBIとアップルが，国家安全保障と個人情報保護で対立したことがある。2015年12月にカリフォルニア州で，サン・バーナディーノ銃乱射事件が起き，14名が殺害された。容疑者はその場で射殺されたが，容疑者の持っていたiPhone（iPhone 5s, iOS 9）の中にある暗号化された情報にFBIがアクセスしようとした。FBIは，このiPhoneの中の情報から，このテロを誰の指示によって起こしたのか，どういう人間関係が背後にあるのかを調べたかったが，間違ったパスワードを10回入力するとデータが消去されてしまう。そこで，FBIは，このiPhoneのセキュリティロックを解除して欲しいとAppleに要請したが，Appleは拒否をした。連邦裁判所もAppleに対して，国家安全保障のために，ロック解除命令を発したが，Appleは拒否をした。これだけをみると，Appleは国家安全保障を無視し，自分たちの利益を追求しようとしたようにみえるが，それは間違いであり，Appleは個人情報保護の観点からその要請を拒否をしたといわれる。Appleが，iPhoneのロック解除が可能となるツールを開発すれば，政府がすべての端末に簡単にアクセスできるマスターキーをもつようなものであり，これはAppleが構築してきたセキュリティの信頼性を壊す行

為である。これはこの事件でロックを解除することへの社会的便益よりもリスクが大きいことだと Apple は主張したのだ。つまり，FBI も Apple もどちらも正しいことを主張し，対立した形である。最終的に，FBI が Apple 以外の第三者に端末のロック解除を依頼し，法廷闘争は終結したが，個人情報と国家安全保障の対立した事件として，有名な事件である[16]。

　インターネットは，社会に対して，様々な問題をはらんでいる。だが，インターネットは，わるいことばかりをもたらしたわけではない。例えば，インターネットにより，地理的要因による情報格差は是正されつつある。今まではアクセスできなかった情報に気軽にアクセスできるようになり，あきらめざるを得なかった物事にチャレンジできるようになった。これは，公平性をある意味でもたらしたといえる。また，第3章で説明した通り，インターネットは，「自由で規制のない議論空間」であるため，民主主義の進展に良い影響を及ぼすと示唆されている。さらに，インターネットにより，様々な手続きが簡素され，生産性が向上することで，社会的な利便性が上がった。そして，情報通信市場が増え，経済活動が活発になった。

　インターネットの社会に与えるメリットデメリットをきちんと理解したうえで使いこなす必要がある。

<参考文献>　　　*　　*　　*　　*　　*　　*

1) Thomas M. Cover, Joy A. Thomas 著，山本博資・古賀弘樹・有村光晴・岩本貢 訳：「情報理論 基礎と広がり」共立出版（2023）
2) 有本卓著：「情報理論」共立出版（1976）
3) C. E. Shannon : A mathematical theory of communication, Bell Syst. Tech. J., Vol 27, pp. 379‒423 and 623‒656（1948）
4) R. V. L. Hartley : Transmission of Information, Bell Syst. Tech. J., Vol 7, pp. 535‒563 (1928)
5) A. N. Kolmogoroff : Grundbegriffe der Wahrscheinlichkeitsrechnung, Springer (1933)
6) N. Wiener : Extrapolation, Interpolation, and Smoothing of Stationary Time Series, Wiley (1949)
7) 英辞事典，https://eow.alc.co.jp/
8) Mark E. J. Newman (2010), Networks : An Introduction, Oxford University Press.
9) 郡司隆男：岩波情報科学辞典．コンピュータ ソフトウェア，8(4), 4_387-4_389(1991)
10) 郵政省：通信白書．https://www.soumu.go.jp/johotsusintokei/whitepaper/s48.html (1974)
11) 総務省：我が国のインターネットにおけるトラヒックの集計・試算，
https://www.soumu.go.jp/joho_tsusin/eidsystem/market01_05_03.html
12) 総務省：インターネットトラヒック研究会，
https://www.soumu.go.jp/main_sosiki/kenkyu/internet_traffic/index.html
13) 西垣通，横江広幸：連続インタビュー・転換期のメディア(12)IT革命はマスメディアをどう変えるか－情報学者 西垣通氏．放送研究と調査＝The NHK monthly report on broadcast research/NHK 放送文化研究所編．55(3), 38-49(2005)
14) 山口和紀(編)：情報第2版，東京大学出版会(2017)
15) 日本の書店数，出版科学研究所，https://shuppankagaku.com/knowledge/bookstores/
16) BBC NEWS JAPAN，アップルCEO，ロック解除めぐりFBI批判，
https://www.bbc.com/japanese/35657045, 2016年2月25日

第6章 アナログとデジタル

概要 私たちの身の回りにはアナログのものとデジタルのものが，様々に入り乱れている。スマホなどの情報機器はもちろんデジタルだが，音や映像などはアナログのものをデジタルに変換し，情報機器からデジタルの信号として再生される。

この章では，まず連続と離散について学び，アナログとデジタルの違いを考える。そのうえで，アナログとデジタル，両者のメリット・デメリットを考えることする。次に，アナログ情報からデジタル情報に変換する過程における，標本化，量子化，そして符号化という手順について解説をし，デジタル化するということは，どういうことなのかを言及する。具体例として，画像と音声を取り扱う。最後に，アナログの情報が切り捨てられるということはどういうことか，それがもともとのデータに対して，どう影響するのかについて考えていくこととする。

01 連続量と離散量

気温は連続的に変化している。例えば，気温をアナログの温度計で測っているとしよう。気温は，20℃から急に21℃に変化はせず，20℃から連続的に21℃に変わっていく。これが連続量であり，アナログデータである。ただし，たとえアナログの温度計で測ったとしても，20℃だった気温が，1分後に測ったら21℃だった，2分後に測ったら21.5℃だった，などの場合は離散量であり，デジタルデータである。1秒間隔や，1分間隔で記録した数値は，すでにデジタルとなる。また，デジタルの温度計の場合は，20℃から21℃になった状態を，ずっと見続けていたとしても，それは離散量である。もちろん，気温以外にも，体温や音，車窓の風景など，連続的に変化するものは，アナログデータである。対して，時間軸に対して近似的・離散的に変化しているものはデジタルデータである。

このように，離散的なもの，つまりデジタルデータというのは，必ずしも電子機器が絡んだものとは限らない。例えば，道路の場合，坂はアナログだが，階段はデジタルである。楽器も，弦楽器やトロンボーン，歌は連続的に音を変化させられるためにアナログだが，ピアノやトランペットは特定の周波数しか出ないため，デジタルといえる。また，ゲームは，テレビゲームが広がった結果，デジタルの反対はアナログであるという印象が広がり，日本ではアナログゲームは電子的な構造をもたないゲームとなったが，実はこれは俗語である。本来，

Table6-1 アナログとデジタル

種 類	アナログ（Analog）	デジタル（Digital）
道 路	坂（スロープ）	階段（ステップ）
計算機	アナログ計算機（計算尺，微分解析機など）	そろばん，機械的な卓上計算機，パソコンなど
楽器（音階）	弦楽器，トロンボーン，歌	ピアノ，トランペット
ゲーム	人生ゲーム，双六，福笑いなど	囲碁，オセロ，将棋，チェスなど

デジタルかアナログかは構造上の話なので，注意が必要である(Table 6-1)。

アナログとデジタルの特徴を簡単に説明する(Table 6-2)。アナログ(Analog)とは，自然界で見たり聞いたりするもの，連続的な値をもつ連続量である。ある情報量を連続的に表すことをアナログ表現といい，連続情報量のことをアナログ量という。そして，アナログデータとは，時間軸に対して滑らかに(連続的に)変化しているデータである。アナログデータは，無限の精度を必要とする存在であり，データを複製したとしても，その近似にしかなり得ない(再現できない)。また，時間経過におけるデータの劣化は回避できず，ノイズが入りやすいという問題がある。

対して，デジタル(Digital，ディジタル)はアナログの反対であり，ある情報に対してある一定の間隔の尺度(メモリ)を導入した，連続的ではない値をもつ離散量である。元の値をその尺度の値に近似して表すことをデジタル表現といい，電圧が高い(オン)，低い(オフ)に対応した離散情報量のことをデジタル量という。デジタルデータとは，時間軸に対して近似的・離散的に変化しているデータである。デジタルデータの精度は有限であり，近接する量と明確に区別できるため，正確な複製が可能である。また，データは，劣化しにくいデータなので扱いやすいが，情報コンテンツの著作権保護などに新たな問題がある。

Table 6-2 アナログとデジタルの特徴

種類	アナログ(Analog)	デジタル(Digital)
値	連続的な値 量子化されていない	離散的な値 量子化されている
量	アナログ量＝連続情報量 アナログ表現	デジタル量＝離散情報量 デジタル表現
表現法	自然界で，人が実際に見たり聞いたりするもの。ある情報量を連続して表すこと	連続量を尺度に応じて近似して離散的に表すこと
メリット	無限の精度がある。(細かいニュアンスが伝わる) 直感的にとらえることができる。(感覚で理解しやすい) 複製が難しいため，秘匿性が高い	データの正確な複製がつくれる。 劣化しにくい メディアを選ばない ノイズが入りにくい 情報の検索が容易
デメリット	再現ができない 劣化しやすい ノイズが入りやすい 無限の精度を必要とする	元のアナログデータの再現はできない(無限の精度はない) データ量・転送量が影響する 前後が切り捨てられるため，偶然の知に対する機会が失われる 著作権などの権利が侵害されやすい

02 標本化と量子化，符号化

アナログデータからデジタルデータに変換することを AD 変換[1),2)]という。元々アナログ量がもっていた連続的な情報を切り捨てて，離散的なデジタル量にする(Fig. 6-1)変換である。反対に，デジタルデータからアナログデータに戻すことを DA 変換という。デジタル

データは，一定時間間隔の値しかもっていないため，DA変換は，この間隔をつなぐ役割をもっている．自然世界に，コンピュータをつなごうとするときには，必ずAD変換とDA変換が必要である．

AD変換は，上記したようにアナログデータがもっていた連続的な情報が切り捨てられるが，もちろん，何の規則もなく切り捨てているわけではなく，波の切り方は2つの方法で行う[1]．それが，時間軸に対して，ある間隔でデータを抽出（アナログデータを縦に切り，時間経過をデジタル化）する「標本化(sampling)」と，そのデータの値をある間隔ごとに表現（アナログデータを横に切り，電気信号の値をデジタル化）する「量子化(Quantization)」である．2つの作業は，情報の使用目的に応じて，離散間隔の選択が必要となる．

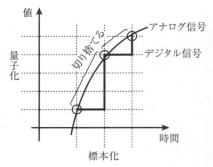

Fig.6-1　AD変換

まず，量子化とは，連続量をある一定間隔の離散的な表現に変換することである．情報が必要とされる用途によって詳細度（離散間隔）が決まるが，一般的には，人間の知覚でその差が判断できないほどであれば，十分に細かい間隔の離散表現となる．例えば，コンピュータディスプレイ装置のカラー表現は，赤(R)，緑(G)，青(B)を混色したRGB形式で表され，RGB各256色，$256^3 = 16777216$色で表現されている．人間の視覚では，RGBが1異なる色の違いはほぼ認識できない．また，音楽CDの量子化は16 bitが多いが，これは連続な波形として表される音の振幅を$2^{16} = 65536$個の段階に分解して表現しており，人間の聴覚の分解能を十分カバーする．

次に，標本化とは，対象となる情報が定義されている範囲（標本空間）での，情報の抽出間隔，つまり記録の頻度である．この記録の頻度は，クロード・シャノンが定義した標本化定理（サンプリング定理）で頻度を出すことができる．区切る間隔を標本周期（サンプリング周期），取り出した点のことを標本点という．なお，標本化定理とは，音声や画像などの情報表現や圧縮に用いるが，アナログ信号をデジタル信号へと変換する際に，必要な情報の精度がわかれば，どの程度の間隔で標本化すればよいかを定量的に示す定理であり，信号を周波数成分に分解（フーリエ解析）することで決まる．そして，この標本化において，復元できる周期関数の限界があり，それをナイキスト周波数という．ナイキスト周波数は，あるアナログ信号を標本化するときの時間間隔がt_0の場合，その半分である$\frac{1}{2}t_0$であり，その時間間隔を下回ると，折り返し雑音とよばれるエイリアシング(Aliasing)が起こる．これは，間違った関数が復元される状態(Fig.6-2)である．関数の復元とは逆にいえば，標本点さえ通ればよいということなので，標本点の数が少なくなればなるほど，関数は本来の関数からずれていく可能性が高くなる．対象となる情報の正確な復元のためには，標本間隔を注意深く選択しなければならない．

そして標本化と量子化の後に行うのが符号化で

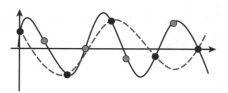

Fig.6-2　ナイキスト周波数

ある。符号化とは，ある情報を他の記号集合で表す。符号化は，圧縮（通常よりも少ないデータ数（ビット数）で同等の情報を表現する手段）の可能性があるため行われる。現在の情報処理やデータ通信では，デジタル符号化（2進符号化）が行われている。圧縮には，圧縮したものから元の情報を完全に復元できる可逆圧縮と，圧縮したものから元の情報には戻らない非可逆圧縮がある。非可逆圧縮も人間の知覚でわからない程度の復元ができるのであれば有用とされる。

(1) 具体例「音声（音楽）」

音は空気が振動する波（音波）である。よって，AD変換では，空気の振動を電気信号にした波をデジタル化するということになる。音の標本化は，まず，マイクなどで音を録音し，電気信号化する。そして電気信号化した波を一定の時間間隔で区切り，その時間ごとの波の高さを出す。その後，標本化で出した値をその値に最も近い離散的な値に変換する。そして最後に量子化された値を2進数で表す。

音楽は人間が鑑賞するのが基本であるため，人間の聴覚が知覚できないような高い周波数の音は記録する必要はない。そして，人の可聴域は20Hzから20000Hzである。例えば，音楽CDの規格で，標本化と量子化を考える。音楽CDに入っている音楽信号は，元々の音声を標本化，量子化，符号化をすることで，PCM信号（Pulse code modulation：パルス符号化変調）となっている。パルス符号化変調とは，音声などのアナログ信号をデジタルデータに変換する方式の一つであり，音楽CDの場合は，44.1kHz，16bitと決まっている。

音楽CDの標本化は44.1kHz（44100Hz）である。この周波数から何秒に1回記録をすればよいかがわかる。

$$T(周期) = \frac{1}{f(周波数)} = \frac{1}{44100} = 0.0000227 \text{ より}$$

0.0000227（s）の時間間隔で音の情報を標本化していることがわかる。

また，音楽CDの量子化は16bitである。これは2^{16}段階の音量調整ができることを示している。また，量子化はダイナミックレンジ（dynamic range）に関係し，1bitは6dBである。ダイナミックレンジは，信号の最小値（最弱音）と最大値（最大音）の比率であり，音楽CDの場合は96dBとなる。

最後に符号化は，0と1のデジタル信号に変換され，PCM信号となる。なお，PCM信号は，ビット列としてCDに記憶されている。

このように音楽CDの場合，標本化と量子化の数値は決まっているが，例えば，プレイヤーやイヤホンで「音質をよくする」という効果を狙っている商品がある。これは，ハイビットやハイサンプリングなどの拡張技術によるもので，CD音源ではカットされていた，アナログ音声特有の滑らかさを再現する。あくまでCDの規格内での工夫だが，滑らかにつないでいる分，クリアであり，情報量が増えたように感じるという技術である。実際に16bitから32bitに感じさせる技術等が存在するが，2^{16}（65536）倍の滑らかさを提供してくれる。

また，音楽CDの規格以外に，ハイレゾ音源（High Resolution）規格がある。これはCD音

源を上回る情報量をもつ音源で，標本化は 96 kHz，量子化が 24 bit である。

(2) 音声の情報量

音声情報は波であり，アナログ量である。波をデジタル化するには，サンプリング周波数（一定の細かい時間間隔）で波の高さを測ることになる。1 kHz (1000 Hz) の場合，1 秒間に 1000 回の測定，44.1 kHz (44100 Hz) の場合，1 秒間に 44100 回の測定をする。そして，測定する波の高さをデジタル化するには波の高さを何段階かに分けて表した量子数で音質を決める。量子数が多いほど，きめ細かく数値化するので音質が上がるが，量子数が多いほど情報量も多くなるので情報（データ）が重くなる。

音声データの 1 秒あたりのデータ量を考える場合

$$音声データ量 = ステレオか否か (1か2) × サンプリング周波数 × 量子数 (byte)$$

の式でデータ量を求める。なお，ステレオか否かについては，左右ステレオの場合，2 となる。

■練習問題　＊　＊　＊　＊　＊　＊　＊

音楽 CD（標本化が 44.1 kHz，量子化が 16 bit）が 1 秒間に有する情報量はどれくらいかを計算しなさい。さらに，650 M の CD 1 枚には何分の記録ができるかを計算しなさい。

解答例

まず，1 秒あたりの情報量を求める。

音楽 CD なので，左右ステレオの情報である。

よって，1 秒あたりの情報は，

$2 × 44100 × 16\ bit = 2 × 44100 × 2\ byte = 176400\ byte$

なお，8 bit = 1 byte より，16 bit = 2 byte である。

また，$1K = 2^{10}$ なので，

$176400\ byte ÷ 2^{10} = 172.265625 ≒ 172.3\ K\ byte$

A. 172.3 K byte

次に，1 分あたりの情報量を求める。

1 分は 60 秒なので，1 秒あたりの情報量に 60 をかける。

1 分あたり：

$2 × 44100 × 2 × 60\ byte$

さらに，650 MB の CD に入る情報量を求める。

$1M = 2^{20}$ であることより，

$650\ M = 650 × 2^{20}\ byte$

よって，CD の中に何分入るかを計算すればよいので，以下のようになる。

$(650 × 2^{20}) ÷ (2 × 44100 × 2 × 60) = 64.39...$

A. 64.4 分

(3) 具体例「画像」

アナログの画像，あるいは風景を切り取り，デジタル化する作業のことを画像処理という

が，つまりこれは画像のAD変換である。

　画像を取り込むと，まず標本化される。標本化の程度を解像度（画素の数／inch）といい，画素（ピクセル・ドット）という点の集合に分解（ピクセル化）する。次に，量子化を行い，各画素ごとに色の明暗やその平均値を計算し，記録する。そして，色の3原色（CMY：Cyan, Magenta, Yellow）は光の3原色（RGB：Red, Green, Blue）に変換する。そして，量子化された値を左上から順に並べ，2進数で表す符号化を行って，コンピュータ（デジタル上）で復元される。画像をきめ細かく再現させるには，画素数を多くする必要があるが，画素数が多くなるとデータ量が膨大化してしまう。よって，画素数の大きな画像は圧縮された形で保存される。画像のAD変換には，非可逆圧縮も可逆圧縮もどちらも圧縮形式の種類が多い。なお，画像のデータ量は，データ量＝画素数（横×縦）×濃度レベル（bit）で表される。

　また，画像の分け方として，ラスタ画像とベクタ画像がある。

　まず，ラスタ画像（ビットマップ画像・ペイント画像）は，画像を色のついた点（画素）の羅列・集合として表現するデータ再現方式である（Fig.6-3）。複雑な図形を扱うのに適しているので，用途としては写真や絵画のデジタル化である。細かい表現や透明感を出したい場合，写真のように微妙な色の変化を表現したい場合に有効であるが，よい画質を確保しようとすると，情報（データ）が膨大になる。また，データは点の集合として表されているため，拡大をすると輪郭のギザギザが目立ち，画質の劣化が生じる。また，画像の中から特定の部分を消去することが難しい。なお，ラスタ画像を扱うアプリケーションソフトは，ペイント系ソフトとよばれる。

　ベクタ画像（ドロー画像）は，画像を線や円，多角形を単位として扱い，点の座標とそれを結ぶ線などの数値データを基とし，

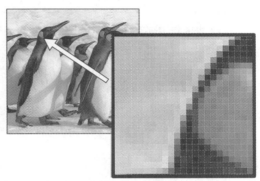

Fig.6-3　ラスタ画像

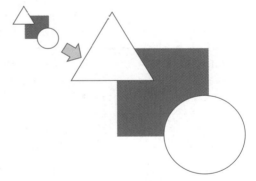

Fig.6-4　ベクタ画像

演算によって再現する方式である（Fig.6-4）。図の拡大や縮小をするたびに，保存されている数式が動き出し，再計算実行されるため，拡大しても画像の解像度は変わらず，線画や図などに向いている。また，図形の移動や回転，一部の図形除去などの変形も容易にできるのも特徴で，拡大して使用する必要がある線や面の輪郭がはっきりした，人工的な画像を作成する場合に最適である。ただし，写真のような複雑な輪郭線や配色をもつ図形には再編処理が追いつかない。この画像を扱うアプリケーションソフトはドロー系ソフトとよばれる。

Table 6-3　ラスタ画像とベクタ画像

	ラスタ画像（ビットマップ）	ベクタ画像（ドロー）
特　徴	点（画素・ピクセル）を単位として扱う 点の羅列・集合として表現するデータ再現方式	線や円，多角形を単位として扱う 演算によって再現する方式
利　点	写真などの複雑な画像の表示ができる	拡大・縮小しても画質が損なわれず，変形処理が自由自在
欠　点	よい画像を確認しようとすると，データ容量が膨大になる 拡大・縮小等の編集を行うと画質の劣化が生じる 画像の中から特定の部分を消去することが難しい	写真のような複雑な輪郭線や配色をもつ図形には再編処理が追いつかない
利　用	複雑な図形を扱うのに適している 細かい表現や透明感を出したい場合，写真のように微妙な色の変化を表現したい場合に最適	線画や図などに向いている 拡大して使用する必要がある線や面の輪郭がはっきりした，人工的な画像を作成する場合に最適

　代表的な JPEG（Joint Photographic Experts Group に由来）について説明をする。JPEG はデジタルカメラにも使われている形式で，ラスタ画像の非可逆圧縮形式である。小さな記録媒体に大量の画像データを保存する際の基礎的な技術である。非可逆圧縮なので，気をつけて画像の解像度を決める必要がある。JPEG 画像は画像の周波数解析によって圧縮しており，重要な低周波成分の情報から必要に応じて高周波成分の情報を追加することで，情報のデジタル表現のサイズを効果的に小さくしている。なお，様々な画像の保存形式[3]があるため，Table 6-4 にまとめる。

Table 6-4　画像の保存形式の例

読み方	拡張子	画像の種類	保存形式	例
ビットマップ ＢＭＰ形式	bmp	ラスタ	非圧縮・可逆	Windows などで使われる
ピクト PICT 形式	pict	ラスタ	圧縮・可逆	Macintosh で使われている。ラスタに分類されるが，ベクタ画像も可
ジフ GIF 形式	gif	ラスタ	圧縮・可逆	Graphics Interchange Format の略称 256 色しか扱えない。シンプルな画像向き
ジェイペグ JPEG 形式	jpg jpeg	ラスタ	圧縮・非可逆	Joint Photographic Experts Group の略称 写真やスキャナで取り込んだ画像に適している
ピング PNG 形式	png	ラスタ	圧縮・可逆	PorTableNetwork Graphics の略称 フルカラー対応
ティフ TIFF 形式	tif tiff	ラスタ	非圧縮・可逆	Tagged Image File Format の略称 コンピュータ間で印刷用の画像のやり取りを目的とした，DTP（Desktop Publishing）の世界の標準形式
エスブイジー ＳＶＧ形式	svg	ベクタ	圧縮・可逆	Scalable Vector Graphics の略称 大きさが変えられるベクタ画像で，グラフィック向きの形式
ピーディーエフ ＰＤＦ形式	pdf	ベクタ	可逆・非可逆	ファイル頒布標準

　身の回りのデジタル機器も，液晶はラスタ画像に対応している。縦横に並んだ点（画素・ピクセル）の集まりであり，これを標本数というが，現在の一般的な画質である FHD（フルハイヴィジョン）は 1920×1080 である。4K の場合は FHD の 4 倍の画素数であり 3840×2160 である。そして色をどのレベルで表しているかが量子数であり，RGB の場合，それぞ

れ256段階(256^3)で表現される。したがって，1画素の情報量は8bit×3色＝3byteとなる。

　プリンタの表し方にdpi(dot per inch)というものがある。dpiとは，解像度を1インチ(2.54cm)あたりのドット数のことである。この数字により，デジカメでの撮影の解像度を知ることもできる。例えば，はがき(10cm×14.8cm)に300dpiのインクジェットプリンターで印刷するとする。

　横：300×10÷2.54＝1181ドット，縦：300×14.8÷2.54＝1748ドットなので，1748×1181＝2064388(＝200万画素)つまり，300dpiのプリンタで，はがきサイズの印刷には200万画素(2Mピクセル)のデジカメで十分だということになる。

(4) 具体例「動画」

　動画のデジタル化についてだが，動画は静止画の集まり，つまりパラパラ漫画に音声がついたものである。この1秒あたりの絵の枚数(FPS(frame per second))が画質を決める。FPS(フレームレート)の規格としては，映画は24fps，テレビ(SDTV)やビデオは30fps，高精細度テレビジョン放送は60fpsになっている。コンピュータには，動画はラスタ画像として取り込まれる。画像は画素によって構成され，画面は行と列に分解される。1枚(フレーム)が1920×1200の解像度だと，RGBをそれぞれ1byteで表現すれば
1920×1200×3＝6912000byte＝約7MBの情報量をもつ。情報量を小さくするためには，差分方法(変化している部分だけ切り出すという圧縮方法)，不要な部分のコマ落ちなどの技術が重要となる。

　カメラなどで動画を撮影したときのそのまま何も加工や圧縮がされていないデータをrawデータというが，rawデータは映像(大量の画像)と音声で成立している。ところがこのまま保存をすると，データ量(情報量)が多大になり，転送にも時間コストがかかる。そこで，映像と音声に分けた圧縮がなされる。圧縮形式をコーデックという。なお，rawからコーデックすることをエンコード，エンコードされたデータから視聴できる形式にすることをデコードという。

　また，動画の圧縮のファイル形式は，ビデオCDなどのVHS相当の画質であるMPEG-1(.mpg)，デジタル放送のDVD相当の画質であるMPEG-2(.mpg)，高画質・高圧縮で広く普及しているMPEG-4(.mp4)，Windowsの標準ファイル形式であるAVI(.avi)，Macの標準ファイル形式であるQuickTime(.mov)，ストリーミング配信前提のMPEG-4のWMV(.wmv)などが有名である。なお，動画の場合，1秒間の情報量は，1秒間の情報量＝解像度×色の表現×FPSで表される。

■練習問題題　＊　＊　＊　＊　＊　＊　＊

　テレビの解像度が1920×1200であり，色の表現がRGB，それぞれが8bitで表され，30fpsの場合，1秒間の動画の情報量を答えなさい。

解答例
　1枚の静止画の情報量＝1920×1200×3byte＝6912000byte
　1秒あたりでは30倍となる。(30fpsだから)

6912000 byte × 30 = 207360000 byte

これをわかりやすいように M の表示に変える。

207360000 byte ÷ 2^{20} ≈ 197.75

A. 197.8 M byte

* K, M, G, T…の予測がつかない場合は，1024（2^{10}）で何度か割ればいい。
K：1回（2^{10}），M：2回（2^{20}），G：3回（2^{30}），T：4回（2^{40}）…

03 アナログの情報を切り捨てるとは

AD 変換において，標本化と量子化，符号化が行われ，情報が切り捨てられるというのは上記で説明した通りである。さらに，アナログとデジタルのメリットやデメリット（Table 6-2）についても言及した。最後に，情報を切り捨てるということについて考えてみたい。

(1) 再現性の問題

まず，アナログ表現では，情報伝達時にノイズ（雑音）が少しでも混入すると正確な復元が不可能になるが，デジタル表現ではノイズが混入しても情報を正しく復元することが可能である。例えば，音楽で考えると，デジタル化された音楽は再現性に優れ，音質が劣化しない。音響上，回路には必ずノイズがあり，ノイズの影響を受けて信号に歪みが生じるため，アナログ信号は歪みがそのまま波形の歪みとなる。だがデジタルは多少ノイズの影響があったとしても，そのノイズによる歪みは低い（あるいは高い）電圧に吸収されるのみで，音質には影響しない。

これだけをみると，デジタル表現の方が優れているようにみえる。ところが，再現性に強くノイズに強いということは，それだけ情報を切り捨てているということなのである。アナログは細かなニュアンスが表現できる。例えば，絵画で考えると，カメラで撮影して印刷をすれば画像として再現することは可能である。だが，絵の凹凸や筆圧，影などは再現できない。音楽にしても，例えば，弦の擦れる音や息遣いはノイズとして処理をされてしまい，再現されない。

(2) 正確性の問題

デジタル表現は，正確に再現される。これはわかりやすさにも通じ，よい面である。例えば，スマホで撮った写真をそのまま友達に転送することは容易であり，音楽も正確に転送することができる。だがこれは，すでに切り捨てたデータの正確な転送となる。(1) の再現性にも通じるが，アナログ表現の切り捨てられた情報の中には，人のアナログの耳にとっては重要な判断基準である情報が含まれている可能性がある。その判断基準の情報を切り捨てられてしまうデジタルの表現は，その人にとっては正確ではないということになる。これが，アナログは情報に連続性があるため，微妙な違いが伝わる，細かいニュアンスが伝わる，といわれる部分である。

ただし，必ずしもアナログがよいわけではなく，例えば，デジタルの聴診器や血圧計などで切り捨てられる情報があったとしても，今までは共有することが難しかった音を，同時に共有し，目で確認できるようになったり，オンライン診断の助けになったりしている。一概にアナログだけがよいとはいえない部分もある。

(3) 直感的な理解の問題

アナログのメリットは，連続だからこそ，直感的に扱える部分である。例えば，デジタルの時計は数値を使って時刻を表すが，数値のみの情報であり，確かに正確に情報が伝わる。だが，反面，あと何分で何時，何分間，という感覚がわかりにくい部分があると指摘されている。だが，アナログの時計は，その針の形から直感的に時間がわかる。つまり，この直感的にわかる部分の情報をすべて排除してしまっているのがデジタルなのである。

少し話がずれるが，アナログは五感（触覚，嗅覚，視覚，聴覚，味覚）を刺激するともいわれる。デジタルは視覚や聴覚は刺激するが，触覚や嗅覚は刺激しにくい。例えば，このデジタルな時代に文房具が人気なのは，書くことで様々な五感が刺激されるからだといわれる。同じスケジュールを記録するにしても，デジタル（スマホ）だと入力で触覚，入力時に視覚を刺激しているだけだが，スケジュール帳だと手帳の紙やペンによる触覚，紙やインクの匂いによる嗅覚，ペンの音や紙の音の聴覚，そして自分で選んだ色や書いたときの形の視覚などが刺激されるといえる。つまり，デジタルには刺激が足りないともいえる。

物にはメリット・デメリットが同時に存在する。デジタルのメリットはアナログのデメリットだが，デジタルのデメリットはアナログのメリットである。私たちの身の回りには，今，デジタルな表現があふれているが，アナログで切り捨てられた情報だからこそ大事しなければならないことがある。それを十分に踏まえたうえで，アナログとデジタルを使い分けるべきである。

＜参考文献＞　＊　＊　＊　＊　＊　＊　＊

1) 山口和紀：情報 第2版，東京大学出版会（2017）
2) ブライアン・カーニハン：教養としてのコンピュータサイエンス講義，今こそ知っておくべき「デジタル世界」の基礎知識，第2版，日経BP（2022）
3) 画像ファイル：https://www.adobe.com/jp/creative cloud/file-types/imge.html, Adobe（2024.10. 閲覧）

第7章 Wordによる文書作成

概要　コンピューターを利用して電子的に文書を作成すると，修正も容易だし，文書全体の構成を変更する場合も初めから書き直す必要もなく，手書きに比して効率的である。文書入力の最も簡便なアプリケーションはテキストエディタである。これは文字列の入力に特化されており，メモ書き，コンピューターの設定ファイルの編集，プログラムの作成などで利用される。フォントを変更したり，図，画像や表を取り込むなど，より高度な編集が行えるアプリケーションがワードプロセッサーである。ワードプロセッサーには，文書の構造に基づき入力編集していくWYSIWYM (What You See Is What You Mean)なものと，でき上がりと同じものを見ながら編集できるWYSIWYG (What You See Is What You Get)なものがある。数式入力機能が強力なTeXはWYSIWYMである。一方，WYSIWYGなもので広く普及しているのはMicrosoft社のWordである。この章では，このWordの使い方について解説する。

01　Wordの起動

　スタートボタン（画面下方にあるWindowsロゴ）をクリックし，「すべてのアプリ」がある場合はこれをクリックする。表示されるアプリケーション一覧の中から，「W」の項目のWordをクリックすれば起動できる。（ヴァージョンによっては，「M」の項目の「Microsoft Office」の項目内にWordが入っている場合もある。）またインストール時，デスクトップにWordへのショートカット・アイコンや，画面下方のタスクバーにWordアイコンがピン止めされている場合は，それらをダブルクリックすることでも起動できる。
　Wordを起動すると画面（Fig.7-1）が出てくるので，「白紙の文書」を選択する．文書を新規に作成する画面が現れる。

Fig.7-1　スタート画面

起動中はタスクバー上に Word のアイコンが表示される。ここを右クリック（あるいは長押し）して「タスクバーにピン留めする」をクリックすると，タスクバーに Word アイコンが常に表示されるようになる。以降の起動はここをクリックすればよい。

02 Word 画面の構造

Word 画面の構造は Fig.7-2 のようになっている。
① 　タイトルバー，左端の部分はクイックアクセスツールバー
② 　最小化ボタン，最大化ボタン，元に戻すボタン，終了ボタン
③ 　Office リボン
④ 　ズーム

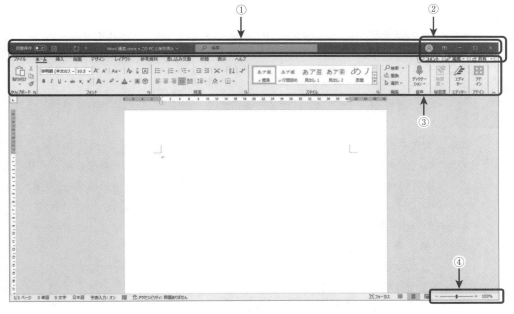

Fig.7-2　Word の画面構造

03 Word の保存

新規に作成した文書はメニュー「ファイル」タブ→「名前を付けて保存」とクリックし，「その他の場所」の「この PC」か「参照」をクリックして開くウィンドウ（Fig.7-3, 4）で保存先とファイル名を指定して保存する。操作している PC 内に保存するため，保存先は PC 以下のフォルダーを指定する。ここで，OneDrive 以下のフォルダーを指定すると，クラウド（ネットワーク上の保存場所）に保存されてしまうので注意が必要である。

編集が進んだら，メニュー「ファイル」タブ→「上書き保存」をクリックして更新内容を保存する。クイックアクセスツールバーのフロッピーディスクのアイコンをクリックするか，キーボードから Ctrl + S（Ctrl キーを押しながら S キーを押す）を入力しても上書き保存される。

Fig.7-3　ファイル保存　　　　　　　　Fig.7-4　名前を付けて保存

04　オプション

以降で文書を作成するときに便利なようにオプションを設定しよう。「ファイル」タブ→「オプション」とクリック。（「その他」→「オプション」の場合あり。）「詳細設定」→「切り取り，コピー，貼り付け」→「図を挿入／貼り付ける形式」を「前面」に変更する (Fig.7-5)。続いて「クイックアクセスツールバー」→コマンドの選択で「リボンにないコマンド」→「タッチ／マウスモードの切り替え」を探してクリック→「追加 (A)」をクリックする。「OK」をクリックする (Fig.7-6)。

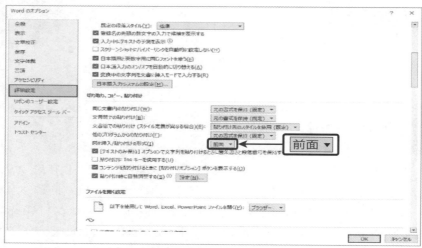

Fig.7-5　オプション 1

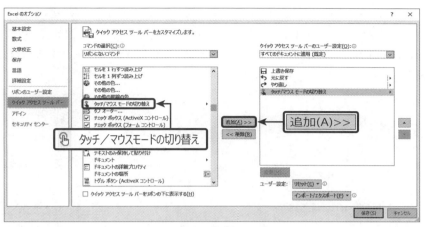

Fig.7-6　オプション2

　Office をインストールした時期によりフォントや行間の規定値（デフォルトの設定）に違いがでる。以降の節での説明で仮定される設定に変更しよう。
　「ホーム」タブの「フォント」グループからフォントダイアログボックスを開く（Fig.7-7）。日本語用フォントを「MS 明朝」，サイズを「10.5」に設定し，「既定に設定」を押す（Fig.7-8）。「Normal.dotm テンプレートを使用したすべての文章（A）」にチェックを入れ，OK を押す（Fig.7-9）。

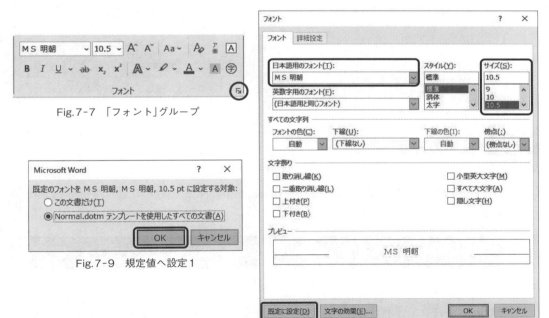

Fig.7-7　「フォント」グループ

Fig.7-9　規定値へ設定1

Fig.7-8　フォントダイアログボックス

次に,「ホーム」タブの「段落」グループから段落ダイアログボックスを開く(Fig.7-10)。「間隔」の「段落後」を「0」に,「行間」を「1行」に設定し,「既定に設定」を押す(Fig.7-11)。「Normal.dotm テンプレートを使用したすべての文章(A)」にチェックを入れ,OKを押す(Fig.7-12)。

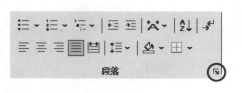

Fig.7-10 「段落」グループ

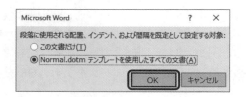

Fig.7-12 規定値へ設定2

Fig.7-11 段落ダイアログボックス

05 文字の入力

日本語入力システム IME(アイエムイー)(Input Method Editor)の状態は Windows 画面右下の通知領域(Fig.7-13)で確認できる。

Fig.7-13 通知領域

「A」であれば日本語 IME が off の状態,「あ」,「カ」,「Ａ」などであれば on の状態である。ここをクリックするか,キーボードの「半角/全角(漢字)」キーを押すことにより,日本語 IME の on/off ができる。

(1) 英数文字の入力

日本語 IME を off にして英数文字のキーを押せば，その文字が入力される。大文字は Shift キーを押しながら文字のキーを押す。以下のキーにより，改行や文字の削除ができる。

- Enter　　　　　　　　改行
- Delete または Del　　挿入カーソルの右の文字を削除
- Back Space　　　　　挿入カーソルの左の文字を削除

■練習問題 1　＊　＊　＊　＊　＊　＊　＊
以下の文を入力してみよう(Fig.7-14)。

```
↵
Ikebukuro is as amazing as Akihabara.↵
Also, Nakano.↵
↵
```

Fig.7-14　入力例

(2) 日本語の入力

日本語 IME を on にする。さらに，「あ」の上で右クリックして出てくるポップアップメニューで入力文字を切り替えられる。「ひらがな」，「全角カタカナ」，「全角英数」，「半角カタカナ」，「半角英数」と切り替えながらキーボードに

　　　　jyouhoukagaku

と入力，続いて確定のために Enter キー押すと Fig.7-15 のように入力できる。
いちいちモードをメニューから変更しなくても，「ひらがな」モードで

　　　　じょうほうかがく

と入力しておいて，

- 「ひらがな」　　　にしたいときは　「F6」
- 「全角カタカナ」にしたいときは　「無変換」を1回か「F7」
- 「半角カタカナ」にしたいときは　「無変換」を2回か「F8」
- 「全角英数」　　　にしたいときは　「F9」
- 「半角英数」　　　にしたいときは　「F10」

を押せば変換される。「F6」などはファンクションキーといい，キーボードの奥の列に並んでいる。使用機種によっては，キーボード手前の左方にある「Fn」キーと同時に押さないと機能しない。変換後，Enter キーを押し，入力を確定する。
「F9」と「F10」は押すたびに

　　　　すべて小文字→すべて大文字→頭文字だけ大文字→すべて小文字→…

の変換を繰り返す。

```
じょうほうかがく↵
ジョウホウカガク↵
ｊｏｕｈｏｕｋａｇａｋｕ↵
ｼﾞｮｳﾎｳｶｶﾞｸ↵
Jouhoukagaku↵
```

Fig. 7-15　入力結果

(3)　かな漢字変換，文節変換

日本語 IME を on にして

　　　じょうほうかがく

と入力する。文字列に破線の下線が引かれているのは，この文字列が変換途中（変換モード）の状態であることを示している。スペースキー（手前横長の無刻印キー）を押すと

　　　情報科学

と変換される。Enter キーを押すと入力が確定し下線が消える。

　期待した漢字に変換できなかったときは
- 文節間の移動は「←」キー，「→」キー，
- 変換中の文節の長さの変更は「Shift」キーを押しながら「←」キー，「→」キー

でできる。入力したいように文節を調節し，スペースキーを何回か押すと変換候補が表示されるので，適切なものを選択すればよい。変換途中ではじめに入力したひらがなの読みの状態に戻りたくなったらキーボード左奥にある Esc キー（エスケープキー）を押せばよい。

　例として

　　　きょうはいしゃにいく

と入力して，「今日歯医者に行く」と「今日は医者に行く」の2通りに変換してみよう（Fig.7-16）。
① まず1行入力し，改行する。
② 2行目に入力していくと1行目と同じ変換候補が出てくる。
③ Shift キーを押したまま左向き矢印キー「←」を1回押し，右向き矢印キー「→」を何回か押して文節「きょうは」が選択されるようにする。
④ スペースキーを押し「今日は」と変換する。
⑤ Enter キーで確定する。

■練習問題 2　＊　＊　＊　＊　＊　＊　＊

「けいけんけいけんけいけんけいけん」を「敬虔敬謙経験ケイケン」と変換してみよう。

① 今日歯医者に行く

② 今日歯医者に行く
　 今日歯医者へ行く

③ 今日歯医者に行く
　 きょうはいしゃに行く

④ 今日歯医者に行く
　 今日は医者に行く

⑤ 今日歯医者に行く
　 今日は医者に行く

Fig. 7-16　文節変換の例

■練習問題 3　＊　＊　＊　＊　＊　＊　＊
「ちょうなんかんこうへいく」と入力して，「超難関校へ行く」と「長男観光へ行く」の二通りに変換してみよう。

■練習問題 4　＊　＊　＊　＊　＊　＊　＊
次の文章を入力してみよう。
「エドワード・ジェンナー（Edward Jenner，1749 年 5 月 17 日－1823 年 1 月 26 日）は，イギリスの医学者。天然痘ワクチンを開発したことで知られる。」

■練習問題 5　＊　＊　＊　＊　＊　＊　＊
次を入力して意味の通じる文章にしてみよう。（解答例は Fig. 7-27）
いししたいしのいしがいしにいしをきざむいしをかたる。

(4)　記号や難しい漢字の入力
　通知領域の日本語 IME（「あ」や「A」）を右クリックし，「IME パッド」を右クリックする（Fig. 7-17）。表示された画面で「文字一覧」ボタンをクリックしてから，例えば「文字カテゴリ」欄の「ギリシャおよびコプト文字」をクリックで選択し，文字を選んでクリックすると Word の画面にその文字が入力される。確定するときには Enter キーを押す。Fig. 7-18 の場合はギリシャ文字の「α」が入力される。

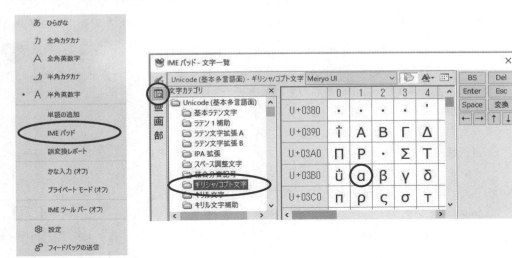

Fig. 7-17　IME オプション画面　　　　Fig. 7-18　IME パッド

06　文字の装飾と段落

具体的な作業を通じて書式の設定法について説明していく。

　　ヒポクラテスの誓い

と入力しておこう．フォントの書式を変更したいときは，変更したい文字列を選択状態にする．
① 文字列の先頭をクリックする．
② 左ボタンを押しながら右にドラッグして文字全体を選択状態にする (Fig.7-19)．

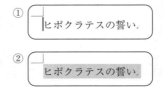

Fig.7-19 文字列の選択

(1) フォントの書式

　フォントの種類を変更する場合は，文字列を選択状態にし，メニュー「ホーム」タブの「フォント」グループ (Fig.7-20) のフォント名が表示されている部分の右の▼をクリックすると現れるプルダウンメニューから変更したいフォントを選択しクリックする．Fig.7-21 では「HG 行書体」を選択している．

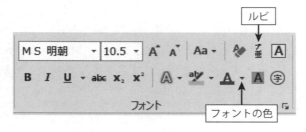

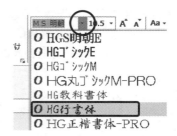

Fig.7-20 「フォント」グループ　　　　Fig.7-21 フォントの選択

　フォントのサイズを変更する場合は，文字列を選択状態にし，メニュー「ホーム」タブの「フォント」グループのフォントサイズが表示されている部分の右の▼をクリックすると現れるプルダウンメニューから変更したいフォントサイズを選択しクリックする．Fig.7-22 では「26」を選択している．

　選択状態の文字列を太字にするには「フォント」グループ「B」ボタンを，斜体文字にするには「I」ボタンを，文字列に下線を引きたい場合には「U」ボタンを，取り消し線を引きたい場合には「abc」ボタンをクリックする．下付きボタン「X_2」と上付きボタン「X^2」を使えば「H_2O」，「km^2」，「誓い^{誓い}誓い$_{誓い}$」，という入力が行える．

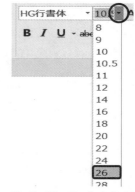

Fig.7-22 フォントサイズ

　「フォント」グループ (Fig.7-20) の「フォントの色」▼をクリックして色を選択することにより，フォントに色をつけることができる．

　以上のようにして書式設定した文字列の後に文字を入力すると，設定した書式を引き継ぐ．変更した書式を元に戻したいときは個別に戻してもよいが，「ホーム」タブ

Fig.7-23 ルビ

の「スタイル」グループの「標準」をクリックすれば，規定値のフォントに戻すことができる。

「敬虔」にルビ(読み方)をつけて「敬虔(けいけん)」としてみよう。まず，「敬虔」と入力し選択する。「フォント」グループ(Fig.7-20)のルビボタン「亜ア」をクリックし，現れるウィンドウ Fig.7-23のルビの項目に読み方を入力して「OK」をクリックする。

(2) 段落の設定

直前の段落記号「↵」の次の行から，次の段落記号「↵」までを段落という。

文字列を中央揃えする場合は，文字列を選択状態にし，メニュー「ホーム」タブの「段落」グループの「中央揃え」ボタンをクリックする。左揃え，右揃えも同様にできる(Fig.7-24)。段落記号「↵」までが揃えられる対象なので，これは段落ごとに設定されることになる。

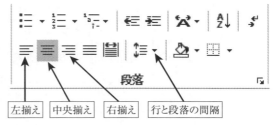

Fig.7-24　段落

行間を変更したいときは，変更したい段落上にカーソルを移動し(その段落上で左クリックする)，メニュー「ホーム」タブの「段落」グループの「行と段落の間隔」ボタンをクリックし「行間のオプション…」を選択すると現れるダイアログで変更設定する。Fig.7-25では行間を「20 pt」の「固定値」に設定している。複数の段落にわたって変更する場合はそれらの段落を選択状態にしてから以上の操作を行う。

エンターキーを押すと改行されて段落が終了し次の段落へとカーソルが移るが，以上の様にして変更した段落への変更は次の段落へも引き継がれる。元に戻したいときは個別に戻してもよいが，「ホーム」タブの「スタイル」グループの「標準」をクリックすれば，規定値に戻すことができる。

入力結果の例を Fig.7-26 に示す。

Fig.7-25　段落ダイアログボックス

ヒポクラテスの「誓い」は医療倫理についての宣言文で2000年以上も前に書かれたものである。医療従事者が敬虔(けいけん)に守るべき事項が多岐にわたり述べられている。以下は、大槻マミ太郎による訳文（大槻マミ太郎訳：誓い。小川鼎三編、ヒポクラテス全集、第1巻、エンタプライズ、東京）である。

Fig.7-26　入力結果の例

縊死した医師の遺子が石に遺志を刻む意志を語る。

Fig.7-27　■練習問題5　解答例

07　文書の作成 1

　Fig.7-29の文書を作成してみよう。メニュー「ファイル」から「白紙の文書」を選択する。ファイル名「ヒポクラテスの誓い」で「名前と付けて保存」しておこう。

　1行目に「ヒポクラテスの誓い」と入力，フォントを「HG行書体」，フォントサイズを「26」とし中央揃えする。

　「ホーム」タブの「スタイル」グループの「標準」をクリックしてフォントとフォントサイズを元に戻してから第1段落を入力し，この段落の行間を「20pt」の「固定値」に設定する（Fig.7-26も参照）。

■練習問題6　＊　　＊　　＊　　＊　　＊　　＊
　大槻マミ太郎による「ヒポクラテスの誓い」の日本語訳がヒポクラテス全集第1巻（小川鼎三編，エンタプライズ，東京）にある。日本医学会の医療倫理に関するWebページなどにも引用されている。これらを参照して第2段落以降（Fig.7-29で「〇」となっている部分）に「ヒポクラテスの誓い」の訳文を入力しなさい。

（1）図形の挿入

　図形を挿入してタイトルに枠線をつけてみよう。メニュー「挿入」タブから「図」グループの「図形」をクリックし「角丸四角形」をクリックし選択する。ポインタをタイトルの左上部の適当なところに配置してから，左ボタンを押したままドラッグしてタイトル全体を囲むようにする。Fig.7-28のようにタイトル文字が隠れる。

　図形（この場合は「角丸四角形」）が選択されているときはメニューリボンに図形専用のメニュータブ「図形の書式」が現れる。この「図形の書式」

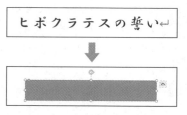

Fig.7-28　図形描画

をクリックして,「図形の塗りつぶし」の▼ボタンから「塗りつぶしなし」を選択する(Fig.7-30)。

次に,枠線を二重線に変えてみよう。図形「角丸四角形」の上で右クリックすると現れるポップアップメニューから「図形の書式設定」を選択する。Word画面の右の方に「図形の書式設定」が現れる。必要なら「ペンキ缶」をクリックし,「線」の「一重線／多重線」の▼ボタンから「二重線」を選び,「幅」を「2.5 pt」に変えてみよう(Fig.7-31)。Fig.7-29のようになる。「線」の「色」もここで変更できる。また,先の「図形の塗りつぶし」の変更はこの「図形の書式設定」からも行える。

(2) 画像の挿入

挿絵を挿入してみよう。メニュー「挿入」タブから「図」グループの「画像」→「オンライン画像」とクリックする。「図」グループに「オンライン画像」があるヴァージョンでは,この「オンライン画像」をクリックすればよい。

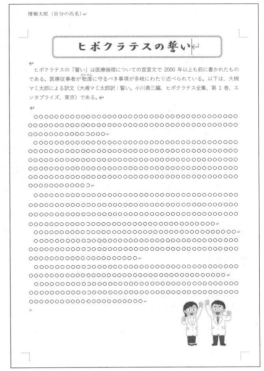

Fig.7-29 ヒポクラテスの誓い

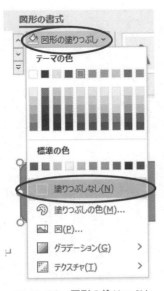

Fig.7-30 図形の塗りつぶし

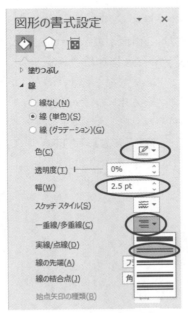

Fig.7-31 図形の書式設定

Fig.7-32 オンライン画像

検索欄に「医者　絵」と入力して検索してみよう。「Creative Commonsのみ」のチェックを外してから，現れる絵のどれか1つ選んで「挿入」をクリックする(Fig.7-32)。

(3) ヘッダーの挿入

メニュー「挿入」の「ヘッダーとフッター」グループの「ヘッダー」をクリックし，組み込み「空白」を選択する。[ここに入力]のところに例えば「情報太郎」と入力する。ヘッダーのフォントも変更できる。入力した文字をドラッグして選択状態にしてフォントを「MSゴシック」，サイズを「9pt」に変更しておこう。ヘッダーの入力が終わったらメニュー「ヘッダーとフッターを閉じる」をクリックし本文の編集に戻る。

ファイルを上書き保存しておこう。

08　文書の作成 2

Fig.7-33およびFig.7-48(p.158)の文書を作成してみよう。メニュー「ファイル」から「白紙の文書」を選択する。ファイル名「M病の判別分析」で「名前と付けて保存」しておこう。

MS明朝，サイズ36ポイントで「情報科学レポート」と入力し中央揃えする。Enterキーを4回押してから自分の名前(例えば「情報太郎」)と入力する。改行してから，「ホーム」タブの「スタイル」グループの「標準」をクリックしてフォントとフォントサイズを元に戻しておこう。

(1) ワードアートの挿入

メニュー「挿入」の「テキスト」グループの「ワードアート」をクリックし，適当なデザインのフォントを選択する。「ここに文字を入力」と画面が表示されるので，必要に応じ「Back space」キーを1回押してから，「M病の判別分析」と入力してEnterキーを押す。枠線の上で(上下左右に矢印がでているポインタの状態で)ドラッグしてFig.7-33の位置へ移動しておく。

07 (1)の要領で「図形」の「正方形／長方形」を用いて枠線をつけよう。「線」は「二重線」を選び，「幅」を「3pt」に変えておく。

Fig.7-33　M病の判別分析 1

(2) 改ページ

最終行の先頭をクリックしてから，メニュー「挿入」の「ページ」グループの「ページ区切り」をクリックする。次ページが生成されカーソルが次ページ先頭に移る(Fig.7-34)。

Fig.7-34　ページ区切り

(3) 表の作成

次の文章を入力しよう。

「S海岸に住んでいるM病疾患のネコグループAと健康なネコグループBにおける物質Hの脳と肝臓の中の総蓄積量(ppm)を調査したデータがある。」

入力したら，4回Enterキーを押してから，Fig.7-35の位置へカーソルを移動しておく。メニュー「挿入」の「表」をクリックして，作成したい表の形(4行×3列)を選ぶ。4行×3列と表示された状態でクリックすれば表が挿入される(Fig.7-36)。表の枠線で囲われた小領域を「セル」という。

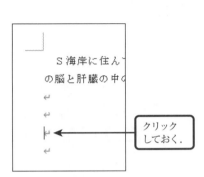
Fig.7-35 表挿入位置

Fig.7-36 表の挿入

「列幅の変更」を行う。表内の縦線上で(左右に矢印がでているポインタの状態で)左ドラッグすれば列幅を変更できる(Fig.7-37)。表全体を選択状態にしてから，表専用メニューの「レイアウト」(2つあるうち右の「レイアウト」)タブから「セルのサイズ」グループの「幅を揃える」をクリックすると，列幅をすべて同じにすることができる(Fig.7-38)。

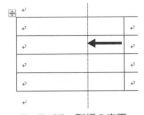
Fig.7-37 列幅の変更

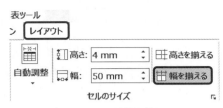
Fig.7-38 列幅を揃える

「文字列の配置位置の調節」を行う。表全体を選択状態にしてから(Fig.7-39)，「中央揃

Fig.7-39 全体を選択

Fig.7-40 中央揃え

え」ボタンをクリックする（Fig.7-40）。文字列がセルの上下及び左右の中央に配置される。

「セルの結合」を行う。1行目の3つのセルを1つのセルに結合しよう。該当箇所のセル3つを選択状態にしてから，表専用メニュー「レイアウト」タブから「結合」グループの「セルの結合」をクリックすればよい（Fig.7-41）。

Fig.7-42のように入力する。

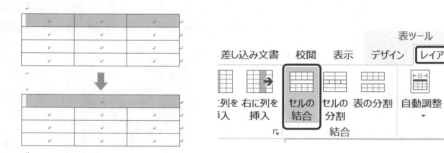

Fig.7-41　セルの結合

M病のネコ		
サンプル番号	脳内蓄積量	肝臓内蓄積量
1	10.5	68.4
2	9.1	52.3
3	8.2	53.5
4	5.2	47.6
5	7.5	45.2
平均	8.1	53.4

貼り付ける前にクリックしておく。

Fig.7-42　M病のネコの表

健康なネコ		
サンプル番号	脳内蓄積量	肝臓内蓄積量
1	0.8	31.6
2	2.4	14.4
3	2.5	33.5
4	1.3	33.6
5	1.0	12.4
平均	1.6	25.1

Fig.7-43　健康なネコの表

「表のコピー」を行う。上で作成した表をコピーして修正し「健康なネコ」の表を作成してみよう。表左上隅の小さな□ボタンをクリックして表全体を選択し，「コピー」ボタンをクリックする。貼り付ける場所を指定するために，表の2行下の段落記号（Fig.7-42の○のところ）をクリックする。貼り付ける場所を間違うと元の表とくっついてしまったりして失敗する。「貼り付け」ボタンをクリックする。貼り付けた表の左上隅の小さな□ボタンを左ドラッグして元の表の右隣りに移動する。左上隅の□ボタンがでないときは，クイックアクセスツールバーの「タッチ／マウスモードの切り替え」ボタンから「マウス」モードに切り替える。

右の表をFig.7-43のように修正する。

表の3行下から，Fig.7-44のように入力する。

```
　このデータから知りたいことは
1. M病のネコと健康なネコを判別することができるか？
2. 脳と肝臓の蓄積量において，どちらがM病に影響を与えているか？
```

Fig. 7-44　入力文書

（4）　図形の挿入とグループ化

　Fig. 7-48の下部の図を作成しよう。メニュー「挿入」タブの「図」グループの「図形」から「角丸四角形」をクリックして，画面上で四角形を作る。図形専用メニュータブ（図形が選択されている状態でのみ現れる）「図形の書式」の「図形のスタイル」グループから「枠線のみ」を選択する（Fig. 7-45）。このとき「角丸四角形」は「塗りつぶしなし」の「枠線のみ」で，内部に黒で文字が書き込める。図形内でクリックしてから「脳内蓄積量」と入力する。もし，文字が見えない場合は，文字が透明色もしくは背景色と同じ色で書かれている。図形専用メニュー「図形の書式」タブから「ワードアートのスタイル」グループの「文字の塗りつぶし」から「黒色」のところをクリックすれば文字が黒色で書き込める。

　同様にして「角丸四角形」から「肝臓内蓄積量」の図形を作る。また，「図形」の「基本図形」のところにある「円柱」を「枠線のみ」で描画して，内部に「M病」と入力する。

　次に図形間を矢印で結ぶ。メニュー「挿入」タブの「図」グループの「図形」から「線矢印」か「線矢印：双方向」を選択し，矢印の始点位置から左ドラッグし，終点位置で左ボタンを放せばよい（Fig. 7-46）。

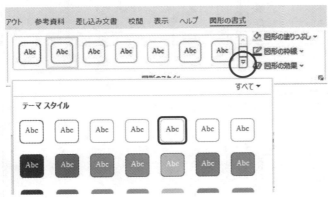
Fig. 7-45　図形のスタイル

Fig. 7-46　線矢印：双方向

　「図形のグループ化」を行う。Shiftキーを押したまま描いた図形をすべてクリックして選択状態にし，一つの図形の上で（カーソルが上下左右の矢印になっている状態で）右クリックし，出てくるポップアップメニューの「グループ化」から「グループ化」を選択クリックすればよい（Fig. 7-47）。

　ファイルを上書き保存しておこう。

第7章 Wordによる文書作成

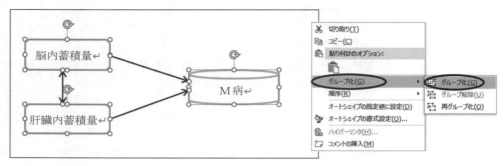

Fig.7-47　グループ化

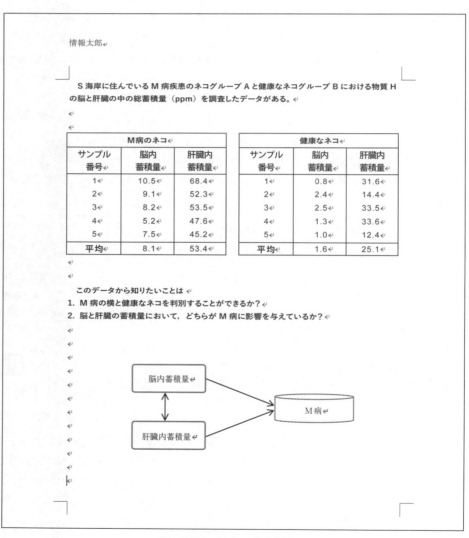

Fig.7-48　M病の判別分析 2

■練習問題7　＊　＊　＊　＊　＊　＊　＊

　Fig.7-49の文書を作成してみよう。吹き出しの指示に従って編集しなさい。吹き出し自体は入力の必要はない。

Fig.7-49　夏祭り＆花火大会

第8章 PowerPoint の使用法とその実践

概要 プレゼンテーションの際には，理解の補助のために，資料を提示する。その資料の提示方法は，情報機器が普及するに従い，PC で電子的に行われるようになった。その際に使われるのがプレゼンテーション用アプリケーション（ソフトウェア）である。

プレゼンテーション用アプリケーションは，紙芝居のようにスライド形式で情報を表示する。手軽にスライドを作成でき，主張をビジュアル的に表現できるため，印象的で効果的となり，相手に理解してもらいやすくなる。

この章では，プレゼンテーション用アプリケーションの中でも，広く普及している Microsoft 社製の PowerPoint を取り上げることとした。なお，2023年現在，ヴァージョンによって，多少の表示の違いはあるが，PowerPoint 2013以降に大きな仕様の変更はない。

01 プレゼンテーション用アプリケーションとは

講義や学会，会議などのプレゼンテーションの場で，情報を表示するためのアプリケーションを，プレゼンテーション用アプリケーションといい，紙芝居のように，1枚ごとに情報をまとめていくが，その1枚1枚をスライドという。

このスライドには，文字情報だけでなく，画像や表，グラフ，映像（動画）などを配置でき，イメージを適時使って印象的な資料を作成することができる。また，音をつけたり，動的に動かすことができるアニメーションをつけることもできるため，より印象的・効果的なプレゼンテーションが可能である。

また，Web ページへのリンク（外部リンク）や，資料内部でのリンク（内部リンク）を設定できる。さらに，スライドの中に音声を吹き込むことができ，動画をつくることもできる。また，スライドだけなく，スライド（紙）の大きさを変えることで，ポスターやフライヤーをつくることもできる。

プレゼンテーション用アプリケーションは様々あるが（Table 8-1），本章では日本で一番普及している PowerPoint を取り上げる。

Table 8-1 プレゼンテーション用アプリケーションの種類

ソフト名	会社名
PowerPoint	Microsoft 社
Google スライド	Google LLC
Keynote	Apple 社
Impress （Libre Office の中の一つ）	非営利団体 The Document Foundation

02 PowerPoint の起動

本書では，2023年時点でのMicrosoft 365内のPowerPointで説明をする。

上記したが，2023年時点では，2013年以降で大幅な改定はないように見受けられるが，デザインや多少の機能の違いはある。その部分に関しては，似たような名前の機能を使うなどで対応して欲しい。

他のアプリケーション同様，PowerPointを起動するには，Windowsの場合，スタートボタン（下にあるタスクバーからWindowsロゴ）をクリックし，ドッグの中から「すべてのアプリ」をクリックする。開いたアプリケーションの一覧の中から，「P」の項目にあるPowerPointをクリックすれば，起動できる（windowsのヴァージョンによっては，「M」の項目の「Microsoft Office」の項目内にPowerPointも入っている場合がある）。なお，インストール時にデスクトップにアイコンがつくられている場合があり，そちらをダブルクリックすることでも起動できる。

PowerPointを起動すると，通常は，スタート画面が（Fig.8-1）出てくるので，「新しいプレゼンテーション」を選択すると，タイトルスライドを作成する画面が現れる。

Fig.8-1 スタート画面

プラスOne スタートメニューにピン留めする

PowerPointに限らず，よく使うアプリはスタートメニューにピン留めすると便利なので，「すべてのアプリ」から該当のアプリを探し，アプリを右クリック（あるいは長押し）して，「スタート画面にピン留めする」を選択するとよい。そうすることで，スタートメニューにピン留めされるため，使いたいときにスタートメニューからクリックすることで起動できる。

さらに，スタートメニューにピン留めした後に，そのアイコンを右クリック（あるいは長押し）すると，「タスクバーにピン留めする」が出てくるので，タスクバーにピン留めをしておくと，常に下のタスクバーにアイコンがある状態となるので，より便利に使える。

03 PowerPointの保存

他のOffice同様,「ファイル」タブ→「名前を付けて保存」として保存をする。その際には,どこに保存するかはとても重要なため,その他の場所の「このPC」か「参照」(Fig.8-2)を押して,自分のPC内に保存すること(デフォルトだと設定でOneDriveに保存することがあり,メールに添付する際に,ファイル添付がうまく行かないなどの弊害が発生することがある)。なお,この「参照」を押すと,Fig.8-3の上の図になるので,どこに保存しているかがわかりやすい(例えば,この場合は,自分のPC内の「ドキュメント」フォルダの中に,「PowerPoint練習.pptx」として保存している)。

PowerPointは画像などを多く扱う関係上,パソコンのメモリによっては落ちやすいので,上書き保存(クイックアクセスツールバーのフロッピーディスクのアイコン,あるいは,Ctrl + S)を十分に利用すること。

Fig.8-2 保存場所

Fig.8-3 PowerPointの保存

04 PowerPointの構造

PowerPointの基本構造は,Fig8-4のようになっている。OfficeリボンなどはWordとExcel重複した説明となる。

① タイトルバー

アプリの上部の帯の部分。一般的に,アプリケーションの種類を示すアイコン,クイックアクセスツールバー,ファイル名などが表示される。クイックアクセスツールバーにはよく使うコマンドを登録しておくとよい。なお,検索ボックスには,操作したいことを入力すると,関連する機能が表示される。

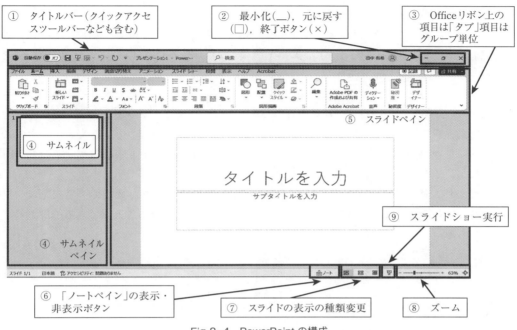

Fig.8-4　PowerPointの構成

② **最小化，元に戻すボタン，終了ボタン**

　　タイトルバーの右側にある部分。アプリを最小化するための（＿）ボタン，アプリの表示を元に戻す・アプリを最大化するための（□）ボタン，アプリを終了するときには必ず押さなければならない終了（×）ボタンがある。

③ **Officeリボン，タブ，グループ**

　　Officeリボンは，タイトルバーの下の，ツールの一覧である。「タブ」で様々なタスクを分類ごとに分け，さらにその中で，役割の「グループ」単位で様々なタスクを完了するためのコマンドアイコンが並んでいる。コマンドアイコンよりもさらに詳細な設定などがしたい場合は，それぞれのグループの右下にある矢印（↘）を押し，ダイアログボックスを起動すると出てくる。

Fig.8-5　リボンの表示

　　なお，デフォルトは常にリボンを表示しているが，タブのみを表示する，タブも表示しない，などに変えることができる。設定は，リボンの表示（リボンの右下）から，モードを変えればよい（Fig.8-5）。Officeのヴァージョンによっては，②の最小化ボタンの左側に表示ボタンがある場合もあるので注意が必要である。

④ **サムネイル・サムネイルペイン**

　　作成したスライドが小さく表示されているものをサムネイルといい，そのサムネイルが並んでいる領域をサムネイルペインという。サムネイルペインでは，作成したスライドの順序を変えたり，作成したスライドを削除したり，スライドを増やすこともできる。なお，「ペイン」（pane）とは，コンピュータの操作画面の分割した区画のことをいう。窓枠，枠，領域と訳す。

⑤ スライド・スライドペイン

内容が掛かれた1枚1枚をスライドといい，そのスライドを編集する領域をスライドペインという。スライドペインに，文章や図などを配置することで，スライドが作成できる。

⑥ ノートペイン（Fig.8-6）

「ノート」をクリックすると，ノートペインを表示することができる。このノートペインに，説明したい内容や，補足内容などをメモしておくと，プレゼンテーション実行時に発表者側で見ることができる「発表者ビュー」の右下にそのメモが現れ，発表中にそのノートに書いた内容を見ることができる。また，印刷時，「ノート」を選ぶと，ノートの内容ごと，スライドを印刷することができる。

なお，発表者ビューとは，PowerPoint 2013以降に実装された機能で，発表時に，視聴者には見えないよう，発表者のみが様々な情報やツールを見ることができるモードのことである。

⑦ 表示の種類変更

ここではスライドの表示形式を変えることができる。標準，スライド一覧，閲覧表示がある。編集するときは，デフォルトの表示である「標準」にすること。

⑧ ズーム

このズームは，「スライドペイン」の表示領域の拡大縮小のことであり，スライドサイズ自体を大きくするなどではない。

⑨ スライドショー実行ボタン

このボタンを押すと，表示しているスライドからスライドショーを実行することができる。

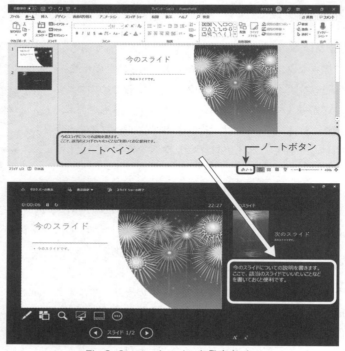

Fig.8-6　ノートペインと発表者ビュー

05 スライドのサイズ変更方法

PowerPointでは，スライドのサイズや，スライドの向きなどを変えることができる。

Officeリボンの「デザイン」タブ→「ユーザー設定」グループの「スライドのサイズ」でスライドのサイズを変更できる（Fig 8-7）。最近ではワイド画面に対応したプロジェクターが多いので，大体の場合はそのままでよい。だが，あらかじめ対応していないプロジェクターだとわかっている場合は，デザインが崩れるので，「標準（4:3）」をクリックし，スライドサイズを変更しておくとよい。

Fig.8-7　スライドのサイズ変更

プラスOne　プレゼンテーション以外での使用方法

PowerPointは，プレゼンテーションでの資料表示として使う以外に，例えば学会発表時の研究用ポスター，フライヤー，チラシ，年賀状など，色々とつくることが可能である。もちろん，印刷の向きなども変えることができる。その際には，サイズを変更するのは同じく，Officeリボンの「デザイン」タブ→「ユーザー設定」グループの「スライドのサイズ」から「ユーザー設定のスライドサイズの指定」を選ぶと，スライドサイズのポップアップが出てくる（Fig.8-8）。元々入っているパターンのサイズを選ぶことも，自分で幅や高さをcmで指定することもできるので，必要に応じてサイズを変える。

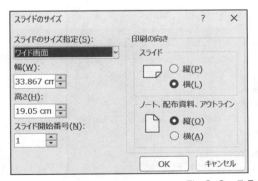

Fig.8-8　スライドのサイズ変更

06 スライドの追加方法とレイアウトの変更，スライドの削除

スライドを追加する（スライドを増やす）方法は2つある。

方法1 オフィスリボンで「ホーム」から，「スライド」グループ内の「新しいスライド」ボタンをクリックし，適時「スライドのレイアウト」を選択する（Fig.8-9）。

方法2 サムネイルペインで，スライドを挿入したい場所の下でクリックし，線を出す。そのうえで，キーボードの「ENTER」キーを押すと，スライドを増やすことができる。

また，スライドを決定した後に，スライドのレイアウトを変えることもできる。サムネイルペインで，該当のスライドを右クリックし，「レイアウト」（Fig.8-10）を選択すると，右側に様々なレイアウトが出てくるので，ここから選べばよい。なお，すでに他のスライドで「デザイン」を変えている場合，ここから他のデザイン（Officeテーマや，他スライドに適応したデザインなど）に変えるなどもできる場合がある。

Fig.8-9　新しいスライドの挿入

スライドの削除は，サムネイルペインで，該当のスライドを右クリックし，「スライドの削除(D)」を選べばよい。また，スライドを複製する場合は，同じく右クリックし，「スライドの複製(A)」を選ぶこと。

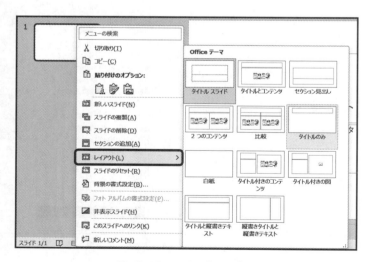

Fig.8-10　レイアウトの変更

07 スライドの順序を変える

つくったスライドの順序を変えることができる。サムネイルペインで，順番を入れ替えたいスライドをクリックする（Fig.8-11）。そのまま左クリックをしたままでドラッグをすれば，順番を入れ替えることができる。

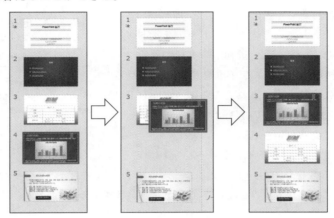

Fig.8-11　スライドの順序を変える

08 文字の装飾と段落

文字の装飾，段落の設定は，「ホーム」タブの中の，「フォント」グループと「段落」グループから可能である。ほぼ，Wordと同じだが，少し機能が違うため，Wordと違うところだけ表示する（Fig.8-12）。なお，ノートパソコンの場合，表示領域によって表示が違うので，注意が必要である。

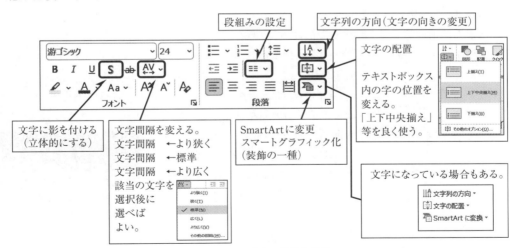

Fig.8-12　文字の装飾と段落

09 スライドの再生

プレゼンテーションの際,スライドショーを実行する必要がある。最初(1枚目)から,プレゼンテーションを実行する方法は,2通りある。

方法1 オフィスリボンでタブ「スライドショー」の中から「最初から」をクリックし,選べばよい。この方法であれば,どのスライドをスライドペインに表示していてもと,最初から実行できる。

方法2 最初(1枚目)のスライドを選択し,スライドペインに表紙を表示されたのちに,画面右下にある「スライドショーの実行ボタン」をクリックする方法である(Fig.8-13)。

Fig.8-13 スライドショーの実行

また,途中からスライドショーを実行するときは,再生したいスライドをスライドペインに表示させたのち,①オフィスリボンでタブ「スライドショー」の中から「現在のスライドから」をクリックするか,②画面右下にある「スライドショーの実行ボタン」をクリックすればよい。

10 プレゼンテーションの実行中の操作方法

プレゼンテーション中,次のスライドに進む方法は,3つある。
方法1 左クリックをする。
方法2 キーボードの右矢印を押す。
方法3 キーボードの Enter を押す。

また,前のスライドへ戻る方法は,2つある。
方法1 右クリックして「前へ」を選択する。
方法2 キーボードの左矢印を押す。

なお,スライドショー実行中には,発表者ツールの中央下にスライドを動かすことのできるマーク(あるいはスライドの画面左下に小さく◀▶というマーク)があるので,こちらをクリックしても前後の移動が可能である(Fig.8-14)。さらに,スクロールボタン付マウスならばスクロールボタンを回せば,スライドの前後移動が簡単にできる。

Fig.8-14 スライドのマーク

11 スライド実行時のオプション

プレゼンテーション実行中には，発表者ツールの左側にペンのマークがあり（あるいは，発表ツールが出ない場合は，表示中のスライドの画面左下に小さくペンマークがあり），こちらを使うことで効果的なプレゼンテーションをすることができる。

ペンマーク(Fig.8-15)をクリックすると，レーザーポインターや，ペン，蛍光ペンを使うことができる。レーザーポインターをクリックすると，マウスカーソルでレーザーポインターを扱うことができるので，レーザー光線のレーザーポインターや指示棒を用意する必要がない。また，実行中のスライドに書き込みができたり，蛍光ペンで線を引くことができる。ペンや蛍光ペンに関しては，失敗しても消しゴム機能が用意されている。効果的に説明を足すことができるので，覚えておくと便利である。

Fig.8-15 プレゼンテーション中の書き込み

プラス One　リハーサル機能

Officeリボンから，タブ「スライドショー」の中の「設定」グループの中にリハーサル機能がある。この機能を使うと，スライドショーが開始し，リハーサルの時間記録が始まる。時間記録ウィンドウの右側にある時間が掛かった総時間，左側にある時間が現在のスライドの時間である。これによって，リハーサルでかかった時間を簡単に見ることができるので，最後に，「スライドショーの所要時間は〇〇です。今回のタイミングを保存しますか？」と聞かれるので，「いいえ」として終了する(Fig.8-16)。

Fig.8-16 リハーサル

ただし，このリハーサル機能は，発表の時間をはかるのに有効ではあるが，最後の「スライドショーの所要時間は〇〇です。今回のタイミングを保存しますか？」で「はい」を押してしまうと，次以降のプレゼン実行時には，強制的にその時間でスライドが変わってしまい，本番で失敗することがある。間違って「はい」にすることもままあるので，あまりこの機能はお勧めしない。

プラス One　録画機能

PowerPointを使ってプレゼンテーション動画をつくることが可能である。officeリボンの中のタブ「スライドショー」の「設定」グループから「録画」をクリックする（あるいは「現在のスライドから」を選び，録画したいスライドのみを選ぶ）。そうすると，赤い●が現れるので，そちらをクリックすれば録画（録音）することができる(Fig.8-17)。1枚ごとに録画（録音）できるので，通しで録画する方法より，とても便利に録画ができる。オンライン講義などの動画はこの方法で作られていることも多い。

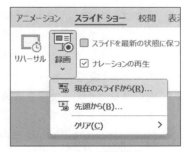

Fig.8-17 録画機能

なお，作った録画（録音）の動画をエクスポートするには，録画画面から「エクスポート」を押すか，あるいは，officeリボンからタブ「ファイル」から「エクスポート」を選び，「ビデオの作成」を選び，作製すればよい。

なお，画面の録画に関しては，後述（8-10-④）内の「画像以外のメディアの挿入」）する。

プラスOne　録画やタイミングのクリア（削除）

録画やリハーサルなどで，不本意なタイミングやナレーションを入れてしまった場合は，Officeリボンのタブ「スライドショー」の「設定」グループの「録画」から「クリア」を選べば，クリアできる（Fig.8-18）。

Fig.8-18　録画やタイミングのクリア

12　実際に作成する

以下，実際に作成する過程を示しながら，必要な内容を各箇所で説明する。

実際に作成する過程の注意点として，3スライド目まではスライドの「デザイン」を，使わずに説明をすることとする。もちろん，使えば，見栄えも簡単にきれいになるが，「デザイン」がなくても，自分で色などを変更することで，見栄えを変えることができる。また，プレゼンテーション以外でもポスターなどをつくる際には，必ず必要な技術となるので，まずはスライドのデザイン抜きで，解説をする。なお，スライドの「デザイン」については，4枚目のスライドで解説する。

(1) タイトルページをつくる（1スライド目・1枚目）
- 図形の書式設定
- 文字の中央揃え
- テキストボックスの大きさの変更と位置替え
- 背景色の設定

(2) ワードアートと表（2スライド目・3枚目）
- ワードアートの挿入
- 表の挿入

(3) スライドデザイン，テキストボックス，グラフ（3スライド目・4枚目）
- スライドのデザイン
- テキストボックスの挿入
- グラフの挿入

(4) 箇条書き，インデント，図形，外部リンク，画像（4スライド目・5枚目）
- 箇条書き・段落番号
- インデント
- 図形の挿入
- リンク①　Webページにリンクを貼る。
- 画像の挿入

(5) 目次をつくる・特定のスライドにリンクを貼る（5スライド目・2枚目）
- リンク②　特定のスライドにリンクを貼る。
- アニメーションをつける。

(1) タイトルページをつくる（表紙）

デフォルト状態で，最初のスライドは「タイトルページ」をつくる設定になっている。プレゼンテーションの場合，表紙は必ずつくる。「タイトルページ」の内容は，タイトル（表題：内容に応じた簡潔な物）と所属と名前は必ず必要である。それぞれの枠線内をクリックし，文字を書き込めば，そのままタイトル（表題）とサブタイトル（所属と名前）を入れることができる。

〔演習例〕　スライド1枚目（表紙・タイトルページ）の作成を始める。「タイトル」をタップしサイズ44で「源氏物語について」と書き，「サブタイトル」に自分の所属と名前を書き，

サイズ32にする（Fig.8-19）。フォントのサイズは，該当の文字を反転表示させて選ぶか，該当のテキストボックスの周りを選択した後，「ホーム」タブのフォントから変更する。

① 図形の書式設定

図形の書式設定を出す。方法は2通りある。

方法1 タイトル（テキストボックス）の周りの線をクリックして選択状態（周りの線が実線状態）するか，タイトルの中をクリックした後，右クリックして「図形の書式設定」をクリックする。

方法2 テキストボックスをクリックすると，officeリボンの中の，タブの一覧の右の方に，「図形の書式」（Fig.8-20）が現れるので，その中の「図形のスタイル」グループのダイアログボックスをクリックする。

方法1でも方法2でも，右側に同様の「図形の書式設定」が現れるため，どちらの方法を使ってもよい。

図形の書式設定内のアイコン

：図形に対して塗りつぶしや，線などを設定することができる。

：影をつける，3Dにするなど，図形の装飾ができる。

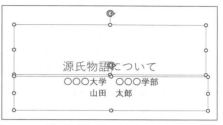

Fig.8-19　タイトルページ

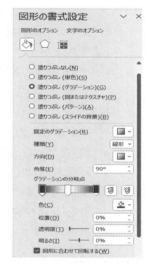

Fig.8-20　図形の書式設定

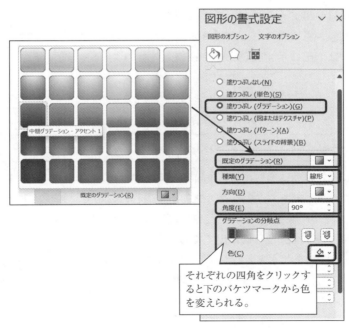

Fig.8-21　塗りつぶし効果

：大きさやテキストボックスの設定ができる。テキストボックス内の文字の位置なども設定することができる。

〔演習例〕　スライド１枚目の続きをつくる。タイトルとサブタイトルに対して，図形の書式設定の中で，　　の「塗りつぶしと線」を使う。「塗りつぶし」の中の「塗りつぶし（グラデーション）」を選び，既定のグラデーションから「中間グラデーション」を選択し，種類を「線形」，角度を「90°」とする。色の分岐点が３つできるので，それぞれ分岐場所の□をクリックして，下の　　バケツマークから，好きな色を設定する。サブタイトルについても，前スライドと同様の塗りつぶし効果を付加する（Fig. 8-21）。

② 文字の中央揃え

　テキストボックス内の文字を「ホーム」タブの「段落」グループの「文字の配置」から「上下中央揃え」を選ぶと，テキストボックス内で，文字が真ん中にくる（Fig. 8-22）。

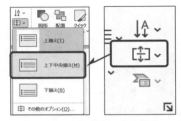

Fig. 8-22　文字の中央揃え

〔演習例〕　スライド１枚目の続きをつくる。タイトル（「タイトルを入力」か「ダブルタップをしてタイトルを追加」などとなっている）とサブタイトル（「サブタイトルを入力」か「ダブルタップをしてサブタイトルを追加」などとなっている）をクリック（あるいは，ダブルタップ）し，それぞれの文字の位置を「上下中央」にすること。

③ テキストボックスの変形と位置替え

　図形を選択するとボックスの周囲に「○」が出てくる（Fig. 8-23）。その「○」にマウスを近づけると，白抜きの「矢印」が出てくるので，その矢印をドラッグすれば，大きさを変えることができる。なお，そのときの矢印は下記に示す表（Table 8-2）の上の行のタイプである。

Fig. 8-23　テキストボックスの変形

Table 8-2　矢印の利用方法

⇔ ↕ ⤢ ↘	このタイプの矢印は，図形の大小を変えるときに使う
✥	このタイプの矢印は，画像の位置を移動するときに使う

　また，場所の移動に関しては，Table 8-2 の下の行のタイプで行う。PowerPoint のヴァージョンによるが，テキストボックスを動かす過程において，スライド上に，薄い破線（基準線）が出てきて，画像を中央に置く，端に揃える，などが簡単にできる。また，図形を選択する（複数選択も可能）と右側に出てくる「図形の書式設定」タブの中の「配置」グループ内の「配置」より，図形をどう揃えるかなどを簡単に設定することもできる（Fig. 8-24）。同様の機能は，タブに現れるタブ「描画ツール」の配置グループにもある。また，中央上の丸矢印で，テキストボックスを回転させることができる。

〔演習例〕 スライド1枚目の続きをつくる。
タイトルとサブタイトルの大きさを適当にかえて，題名と副題（所属）となるように調整する。

④ 背景色の変更

背景の色を変えるために，背景の書式設定を出す。方法は以下の2通りである。

方法1 オフィスリボンから「デザイン」タグ→「背景の書式設定」をクリックする。

方法2 スライドペインの背景部分で右クリックすれば背景の書式設定が出てくるので，それをクリックする。

いずれの方法でやっても，右側に「背景の書式設定」が現れるので，方法1でも方法2でも構わない。

「塗りつぶし」をクリックしてから，「色」の選択画面（  ）で適当な色の場所をクリックする。なお，透過性を適当に変えれば，背景の色が透過されるため，背景が浮かない色になる（Fig.8-25）。

Fig.8-24 オブジェクトの配置

〔演習例〕 スライド1枚目の続きをつくる。背景色を設定し，色の透明度を変える。
1枚目（表紙）の出来上がり（Fig.8-26）。

(2) ワードアートと表（3枚目）

オフィスリボンで「ホーム」タブをクリックし，「新しいスライド」をクリックして，適当な「スライドのレイアウト」を選択する。

〔演習例〕 2スライド目を用意する。（ただし，スライドのナンバーとしては，後に最後に2枚目として，目次を入れるため，3枚目となる。）

オフィスリボンの「ホーム」タブから，「新しいスライド」をクリックし，「白紙」を選択する。なお，サムネイルペインで ENTER キーを押す方法でも構わないが，できた新しいスライドのサムネイル上で右クリックをして，「レイアウト」から「白紙」を選ぶこと。

① ワードアートを挿入する

「挿入」タブから「テキスト」グループの「ワードアート」を選ぶと，適当なワードアートを選択することができる（Fig.8-27）。大きさは，テキストボックス同様，ワードアートの周りの〇を動かせばよい。

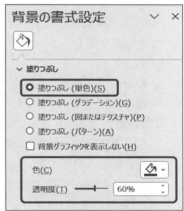

Fig.8-25 背景の書式設定

Fig.8-26 表　紙

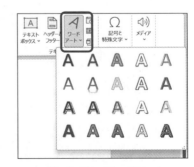

Fig.8-27 ワードアート

ワードアートを選択状態のときにタブ一覧の右側に出る,「図形の書式」タブをクリックすると,「ワードアートのスタイル」(Fig.8-28)が出る。この中の,A(文字の効果)から様々な機能を選ぶことで,文字の視覚効果を高めることができる。特に,「文字効果」の中から,「変形」(Fig.8-30)を選択すると,形状が変わる。形状が変わったワードアートに黄色の●が出てくるので,この黄色で文字の形状をさらに変えられる(Fig.8-29)。他にも「文字の効果」では,影をつけたり,反射させたり,周りを光らせたりすることができる。

Fig.8-28　ワードアートのスタイル

また,ワード(文字)のアートなので,ワードアートの文字を選択した状態で,「ホーム」タブから,文字の種類を変えることができる。文字効果の形状を変える前は,文字の大きさなども変更をすることもできる。

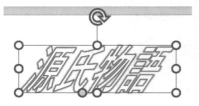

Fig.8-29　ワードアートの大きさ等変更

なお,ワードアートを右クリックすると右側に出てくる「図形の書式設定」から,(1)-①の説明と同じく,図形として背景の色を変えたりすることも可能である。

〔演習例〕　2スライド目の編集をする。ここでは,ワードアートで,「源氏物語」と入力することにする。出来た「源氏物語」というワードアートをドラッグ(動かす)して,大きさと配置を調節する。「ホーム」タブにいき,フォントを変える。お手本では,「HG丸ゴシックM-PRO」に変える。

「図形の書式」タブから,「ワードアートのスタイル」グループ内の,「文字効果」の中から,「変形」→「形状：四角」を選択する(Fig.8-30)。その後,黄色の丸を動かすと,今回は斜めにできるので,少し斜めにしておく。大きさは,テキストボックス同様,ワードアートの周りの○を動かせばよいので,適当な大きさにする。他の「文字の効果」で,影をつけたり,反射させたり,周りを光らせたりする。

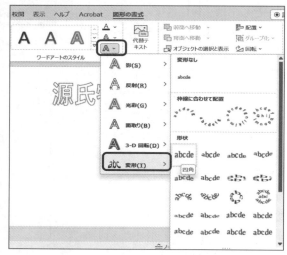

Fig.8-30　ワードアートの変形

② 表を挿入する

表を入れる方法は，次の2通り（Fig.8-31）ある。

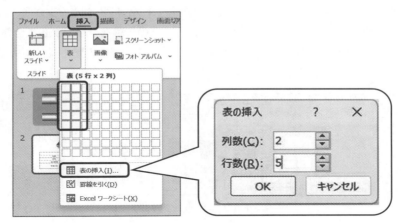

Fig.8-31　表の挿入

方法1　「挿入」タブから「表」をクリックして，そのまま必要な行と列数になるように選択して，クリックして決定する。

方法2　「挿入」タブから「表」をクリックして，「表の挿入」をクリックして，出てきた「表の挿入」から，列数と行数を入力してOKを押す。

表ができたら，表を選択したときに枠線の上に出てくる○をドラッグして大きさを調節する。あわせて，配置も調節する。

また，表の中の文字の位置を変えるには，変えたいセルを選択（表の変えたいセルをドラッグして選択する）し，タブ上の右側に出てくるテーブルの「レイアウト」タブをクリックし，「配置」グループ（Fig.8-32）から「中央揃え」と「上下中央揃え」を選択する。他にも「左揃え」や「右揃え」，「上揃え」や「下揃え」も可能である。なお，全体のセル内の配置を変えたい場合は，表の中の全体をドラッグして選択するか，表の周りの線をクリックすると，全体を選択状態にできる。

また，つくった表のセルは，分割や結合をすることができる。タブの右側に出てくるテーブルの「レイアウト」タブから行うことができる（Fig.8-33）。結合したいセルを選択（左クリックをしながら表の中をなぞる，ドラッグする）し，「レイアウト」タブの中の

Fig.8-32　表の中央揃え

「結合」をクリックすると，複数のマスを一つのマスにすることができる。反対に分割は，分割したいセルにカーソルを合わせておいてから，同じく「レイアウト」タブの中の「分割」をクリックし，何行何列に分割するかを設定すればよい。

なお，表を選択すると，タブの右側に出てくる「テーブルデザイン」の中の「表のスタイル」から，簡単に適当なデザインを選ぶことができ

Fig.8-33　表の結合と分割

る(Fig.8-34)。また，タイトル行や集計行を特別扱いするかなどの詳細設定や，塗りつぶしやその他の罫線の設定などもこの「テーブルデザイン」タブから可能である。

〔演習例〕　2スライド目の続きをつくる。「挿入」タブの「表」グループから，表を挿入する。ここでは，5行2列とする。表ができたら，表の枠線をクリックして全体を選択してから「レイアウト」タブの中の配置グループから，「上下中央揃え」と「中央揃え」をクリックし，文字の位置を中央に配置する。

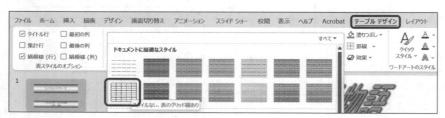

Fig.8-34　テーブルデザイン

その後，つくった表の一番上の行をドラッグして選択し，タブの右側に出てくる「レイアウト」タブの中の「結合」グループから「結合」をクリックする。これで，1行目が結合され，2マスだったのが1マスになる(Fig.8-33)。次に，つくった表の一番下の行の右1マスを選択し，「レイアウト」タブの中の「結合」グループから「分割」をクリックする。どう分割したいのか聞かれるので，この場合は列数2行数2を入力する(Fig.8-35)。こうすることで，右下のマスが2行2列に分かれる。分割した後に，表をみると，1行分を2行に分けていて行が詰まっているので，表全体を選択(周りの枠線をクリック)し，テーブルの「レイアウト」タブの「セルのサイズ」グループの「高さを揃える」をクリックする(Fig.8-36)と，全行の高さが揃う。なお，同様に横幅を揃えたいときは，「幅を揃える」をクリックすればよい。

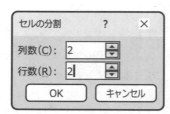

Fig.8-35　分割の実例

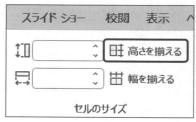

Fig.8-36　表の高さを揃える

次に，タブの右側に出てくる「テーブルデザイン」タブから，「表のスタイル」グループの右側にある下三角(下向きの>)をクリックしてから，今回は「スタイルなし，表のグリッド線のみ」を選ぶこととする(Fig.8-34)。

つくった表の中に必要なデータを入れてから，表をクリックすると現れる8箇所の「○」を動かし，大きさを整える。このままでは，表のバランスがわるいので，自分で，それぞれのセルの大きさを変える。やり方としては，該当の線にカーソル合わせ，カーソルを「←‖→」とし，ドラッグすることで，一つ列のみを広く(狭く)すればよい。

最後にこのスライドの背景の設定をする。1スライド目(表紙)を作った時と同じだが，背景部分で右クリックをして，「背景の書式設定」を出す。例えば，塗りつぶし(グ

ラデーション)を選んで，調整する。
 ２スライド目(３枚目)の出来上がり(Fig.8-37)。

Fig.8-37　２スライド目(３枚目)

(3)　スライドデザイン，テキストボックス，グラフ(４枚目)
〔演習例〕　３スライド(４枚目)を挿入する。オフィスリボンで「ホーム」タブをクリックし，「新しいスライド」をクリックして，適当な「スライドのレイアウト」を選択する。ここでは「タイトルのみ」を選択することとする。(なお，サムネイルペインで ENTER キーを押す方法でも構わない。その場合には，新しいスライドサムネイル上で右クリックをして，「レイアウト」から「タイトルのみ」を選ぶこと。)
① スライドデザイン
　オフィスリボンで「デザイン」タブをクリックすると，既製のデザインのテンプレートが列挙されている(Fig.8-38)。

Fig.8-38　スライドデザイン

　その中から適当なものを選び，クリックをすると，その既製のデザインがすべてのスライドに適応される。
　そのデザインを，特定のスライド１枚のみに適応することもできる。デザインテンプレートの上で右クリックし「選択したスライドに適用」をクリックすればよい(Fig.8-39)。もし仮に，他のスライドですでに自分でデザインしていた場合は，この方法を使うこと。そのままクリックすると「すべてのスライドに適応」となってしまうので，今までデザインしたものが崩れてしまう。

Fig.8-39　選択したスライドに適用

また，スライドのデザインを適応後，デザインの右側にある「バリエーション」で，スライドデザインの色を変えたり，あるいは「配色」や「フォント」などの設定も可能であり，これにより，より自分のイメージに近づけることができる。

　また，デザインの右側に「デザイナー（デザインアイデア）」というアイコンがあるが，これは PowerPoint 2016 以降のヴァージョンで利用できるようになった機能で，スライドの画像や文字に合わせたデザインを PowerPoint が複数提案してくれる機能である（Fig.8-40）。こちらからも様々なデザインを選ぶことができる。

プラスOne　スライドのデザインを自分で行う

　自分で自分のスライドのデザインをする方法もある。「表示」タブから，「マスター表示」グループの中の「スライドマスター」（Fig.8-41）をクリックし，デザインを行う。一番上が，すべてマスターなので，ここでデザインを行えば，下の「レイアウト」はそのままデザインが適応される。このように，自分で「テーマ」を作成することができるので，よりオリジナリティのあるスライドデザインをつくることができる。

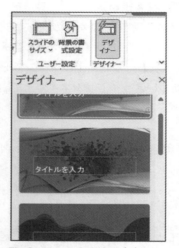
Fig.8-40　スライドのデザイナー

Fig.8-41　スライドマスター

〔演習例〕　3スライド目を編集する

　　スライドのタイトルは「旧暦の名称」とする。その後，適当なスライドデザインを選び，「選択したスライドに適用」とする。また，色やアイディアを変えることとする。

② テキストボックスを挿入する

　「挿入」タブ→「テキストボックス」→「横書き（横書き）テキストボックス」をクリックして，スライド上にドラッグしながら四角形を作成すると，テキストボックスができる。中にテキストを書き込め，その書き込んだ内容は，スライド内で自由に動かすことができる。もちろん，中のテキストは，いろいろな種類や大きさを変えることができる。

〔演習例〕 3スライド目を編集する。

テキストボックスは,「大学生にアンケートを取った結果(富永, 2019)から, 旧暦の認知度の高低(No.1とNo.2)をグラフで示す。」と入れ,「ホーム」タブの「フォント」グループから, フォントサイズを24ptにする(Fig.8-42)。

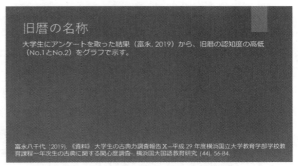

Fig.8-42 テキストボックスの挿入

その後, スライド下部に引用元である「富永八千代.(2019).《資料》大学生の古典力調査報告 Ⅹ ―平成29年度横浜国立大学教育学部学校教育課程一年次生の古典に関する関心度調査―. 横浜国大国語教育研究,(44), 56-84.」と書く。(引用の仕方は各分野によって違う。詳しくは第3章の付録(p.61)を参照のこと。今回はAPA方式とした。)ただし, 今回は練習なので, 省いてもよいこととする。

Fig.8-43 グラフの挿入

③ グラフを挿入する

PowerPointでは, Excelなどでつくったグラフの貼付けが可能であるが, 直接簡単なグラフの挿入もできる。

「挿入」タブ→「図」グループの中の「グラフ」をクリック(Fig.8-43)し, 出てきた「グラフの挿入」から適当なものを選び, OKを押す。

すると, Excelのシートに似たものが出てくるが, Excelと違い, すでにデフォルトでデータが入力されているので, このデータを書き換え, 右上の×マークを押すことでデータが確定となる(Fig.8-44)。なお, いらない列や行は削除することができ, 反対に必要であれば, 行や列に文字や数を書き込むことで増やすことができる。

さらに, ExcelやWordと同じで,「グラフのデザイン」などか

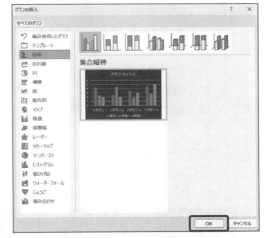

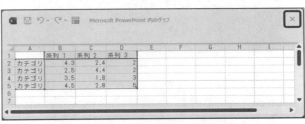

Fig.8-44 グラフの挿入

ら，グラフに必要な情報をつけ加えたり，装飾することができる。詳しい説明は Excel と同じになるため，省略する。

〔演習例〕 3スライド目を編集する。

挿入タブから，グラフを挿入する。今回は集合縦棒とする。以下の表をグラフ化することとする。

この場合，出てきたグラフの表の4列目（D列）が必要ないので，D列を選択して右クリックをして「削除」を選ぶ。その後，データを入れ，入れ終わったら右上の「×」を押し，データを確定する。そうするとグラフの原型ができる（Fig.8-45）。

	正答率	無回答率
文月（ふみづき）	30.7	52
長月（ながづき）	41.8	36.9
弥生（やよい）	60.4	25.3
師走（しわす）	82.2	13.3

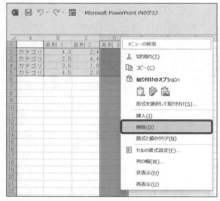

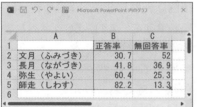

Fig.8-45　グラフのデータ編集

グラフタイトルをクリックし，中でもう一度グラフタイトルをクリックすると，編集が可能になる。タイトルを「旧暦名称の認知度」とする。グラフをクリックすると右側に出てくる「＋」から軸ラベルにチェック入れる。軸ラベルが現れる（Fig.8-46）。（あるいは「グラフのデザイン」タブから「グラフのレイア

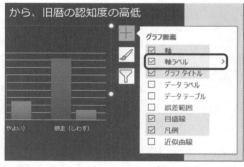

Fig.8-46　グラフ編集

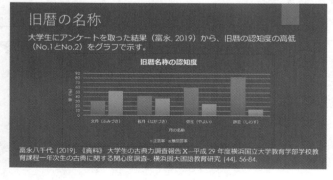

Fig.8-47　3スライド目
　　　　　（4枚目）

ウト」グループの「グラフ要素を追加」から，軸ラベルを追加する）。x軸を「月の名前」，y軸を「率(%)」とする。グラフをクリックして，周りの○から適当な大きさに変える。3スライド目（4枚目）の出来上がり（Fig.8-47）。

(4) 箇条書き，インデント，図形，外部リンク，図の挿入（5枚目）

〔演習例〕 4スライド目（5枚目）を用意する。「ホーム」タブ→新しいスライドから，フィスリボンの「ホーム」タブから，「新しいスライド」をクリックし，タイトルのみを追加する。このときに，前スライドで使ったスライドデザインが出てくるので，デフォルトのものが使いたいなら，下の方にある「Officeテーマ」から選べばよい（Fig.8-48）。もちろん，適当なスライドデザインをクリックした

Fig.8-48 新しいスライド（デザインの変更）

あとに，後で，1枚だけデザインを変えることも可能である。タイトルは「源氏物語の概要」とする。

① 箇条書き・段落番号・インデントを設定する

　基本的にPowerPoint等のプレゼンテーションでは，読み言葉（長文）を書かず，箇条書きをよく使う傾向にある。これは，短く簡潔に書いた文の方が，プレゼンテーション時に相手に伝わりやすいからである。また，インデントを使うことで，より箇条書きの効果を高めたりもする。

　これらの機能は「ホーム」タブ→「段落」グループの中にある（Fig.8-49）。「箇条書き」，「段落番号」，「インデント」などがある。また，文字の揃え方や，段落の設定などもこのグループから可能である。

　箇条書きや段落番号の箇条書きにしたい場合，テキストボックスなどに文字を打ったあと（あるいは打つ前でも可能）にそれぞれのアイコンをクリックすればよい。また，それぞれのアイコンの右側にある下側向きの「>」を押せば，箇条書きの種類や，段落番号の種類を選ぶこともでき

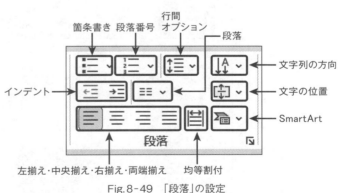
Fig.8-49 「段落」の設定

る。また，インデントは，段落を下げる，あるいは上げるための機能だが，箇条書きの内容に応じて使えばよい。

〔演習例〕 4スライド目を編集する。

「挿入」タブ→「テキスト」グループから，横書きのテキストボックスをクリックし，必要な文章等を入力する。この場合は，フォントサイズ24ptで，以下を入力するものとする。

　平安時代の貴族社会での，恋愛，栄華・没落(政治，権力)等を，光源氏を通して描いた古典中の古典とよばれる。
　　現在，20か国以上の言葉に翻訳されている。
　　通常，3部，54の章よりなるとされる。
　　光源氏の恋愛遍歴と栄華の前人生
　　光源氏の破綻と苦悩，出家の後人生
　　光源氏没後の子孫たちの物語

書き込んだ文章のうち，「光源氏の恋愛遍歴～」の前の文章までを選択し，「ホーム」タブ→「段落」グループの「箇条書き」をクリックする(Fig.8-50)。これで，箇条書きになる。なお，箇条書きの種類(黒いドットがデフォルト)を変えたい場合は，箇条書きの右側にある下 > をクリックすればよい。

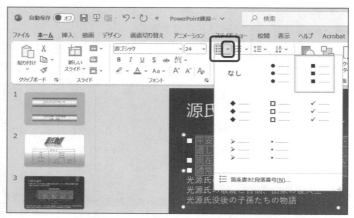

Fig.8-50　箇条書き

Fig.8-51　段落番号

次に,「光源氏の恋愛遍歴〜」から最後までを選択し,段落グループの2段目にある「インデントを増やす(→)」をクリックする。その後,段落番号の下＞をクリックし,適当な段落番号を選ぶ(Fig.8-51)。
② 　図形を挿入する,図形の中に文字を入れる
　PowerPointには用意された図形がある。「挿入」タブ→「図」グループの「図形」をクリックすると,様々な図形が現れる(Fig.8-52)。その中から適当なものを選択し,スライドペインに戻ったら左クリックをしながら大きさを決めれば,図形は挿入できる。図形の色などは,図形の書式設定の,「図形のスタイル」から変えられる。

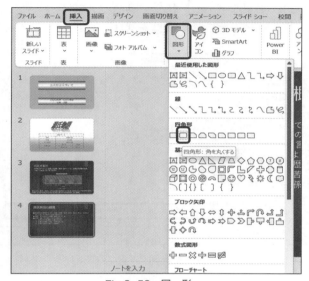

Fig.8-52　図　形

　また,図形を選択状態にしたまま文字を打ち込めば,図形の中に直接文字を書き入れることができる。なお,「図形の塗りつぶし」から,背景を「白」にすると,中の文字が白のため,文字が見えなくなるなどの事故もあるが,そのときはフォントの色を変えればよい。
〔演習例〕　4スライド目を編集する。
　　　角の丸い四角を入れて,中に文字を書き込むこととする。
　　「挿入」タブ→「図」グループの「図形」をクリックし,四角形の左から2番目の「四角形：角を丸くする」を選び,適当な大きさにする(Fig.8-52)。できた四角形の周りの黄色の○を動かすと,角の丸さが変わるので,適当に変える。
　　選択した状態のまま「青空文庫の源氏物語」と文字を入力する。入力した際に,文字が2行になる場合は,図形の周りの○を選び,図形の大きさを変えること。

184　第8章　PowerPointの使用法とその実践

③　リンクの設定①　Webページにリンクを貼る

　リンクを貼るには，貼る対象（文字，図形，写真など）を選択した後，右クリックして「リンク」（ヴァージョンによっては，「ハイパーリンク」）を選択する（Fig.8-53）。その後，「ハイパーリンクの挿入画面」のリンク先で「ファイル，Webページ」をクリックして，アドレス欄に直接URLを入力して「OK」を押せばよい（Fig.8-54）。なお同画面で，検索先から必要なファイルが入っている場所（ドキュメントやデスクトップなど）を選び，

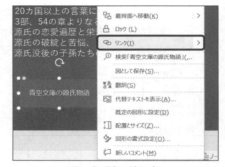

Fig.8-53　リンク

Fig.8-54　リンクのアドレス

必要なファイルを選択することで，PC内の他のファイルにリンクを貼ることも可能である。

　リンクを貼った後に，きちんと貼れているかを確かめるためには，カーソルを該当の文字や図形

Fig.8-55　リンクの確認

の上にもっていきマウスオーバー（Fig.8-55）をすると，リンク先が現れる。また，CTRLキーを押しながらクリックすると，リンク先を表示できる。

　リンクを解除したい場合は，リンクを張った対象の上で右クリックをして，「リンクの削除」を選べばよい。

〔演習例〕　4スライド目を編集する。

　　前に作った図形を一度選択したうえで右クリックし，出てきたメニューから「リンク（ハイパーリンク）」を選ぶ（Fig.8-53）。

　　「ハイパーリンクの挿入」ウィンドウが出てくるので，「ファイル，Webページ(X)」の項目にあるアドレスにURLを打ち込むかコピペをし，OKを押す（Fig.8-54）。なお，今回のURLは，https://

Fig.8-56　画像

www.aozora.gr.jp/cards/000052/card5016.html とする。リンクを貼った後にマウスオーバー（Fig.8-55）をすると，リンクが貼られていることがわかる。

④　図を挿入する

　Word と同じく，「挿入」タブ→「画像」グループの「画像」内から挿入（Fig.8-56）できる。挿入元は，以下の3種類である。

- このデバイス……（D）：パソコンに保存してある画像（ダウンロードをしたり，自分で撮影して用意）
- ストック画像……（S）：Office 内で使うのであれば，著作権フリーの画像（Fig.8-57）。インターネットに接続しなくても使える。
- オンライン画像……（O）：Word で説明したが，Bing で直接検索して表示させるため，著作権フリーとは限らないため，注意が必要である。

Fig.8-57　ストック画像

　貼りつけた各画像は，Word と同じく，画像をトリミング（画像の要らないところを削除したり，いろんな形に画像を切り出す）したり，画像の色調を変えたり，アートのようにすることも可能である。

〔演習例〕　4スライド目を編集する。

　　「挿入」タブ→「画像」グループの「画像」の「ストック画像」で「本」と検索し，適当な画像を選択し，「挿入」をクリックする。これで画像を張り付けることができる（Fig.8-57）。貼り付けた後は，適当な大きさに変えること。

4スライド目（5枚目）の出来上がり（Fig.8-58）。

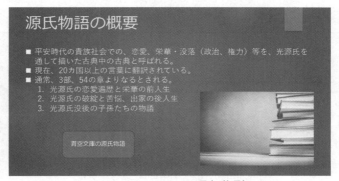

Fig.8-58　4スライド目（5枚目）

プラスOne　画像以外のメディアの挿入

タブ「挿入」の中のグループ「メディア」内から，画像以外のメディアの挿入も可能である(Fig.8-59)。

- ビデオ：自分で録画したビデオを挿入することができる。また，予め PowerPoint 内に用意されている著作権フリーのストック動画もある。また，外部のビデオ(Youtubeなど)のリンクを貼ることも可能であるが，この場合は著作権に十分に気をつけること。なお，動画のトリミングなども可能である。
- オーディオ：自分で用意した音楽をプレゼンテーション中に流すことも可能である。なお，単発のスライドで流すのか，プレゼンテーション中にバックグラウンドで流し続けるのかなどの設定も可能である。なお，バックグラウンドの再生をしたい場合は，オーディオ挿入後に，タブ「再生」から，「バックグラウンドで再生」をクリックすれば可能である(Fig.8-60)。なお，オーディオのトリミングも可能である。

Fig.8-59　メディアの挿入

- 画面録画：パソコンのデスクトップを録画することができる。例えば，操作説明の動画なども撮ることができる。

Fig.8-60　バックグラウンドで再生

プラスOne　3Dモデルとアイコン

PowerPointでは，アイコン(簡易イラスト)と，3Dモデル(立体的な画像)を使うことができる(Fig.8-61, 62)。図形などと同じく，「挿入」タブ→「図」のグループ内にある。3Dモデルは，モデルを360度回転，上下に傾けるなどをして説明をすることができる。アイコンは，SVG形式の簡易イラストで，著作権フリーなので，自由に使える。アイコンは特に説明時に簡易的な画像として使えることも多いので，覚えておくと便利である。

Fig.8-61　アイコンと3Dモデル

 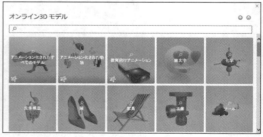

Fig.8-62　アイコンと3Dモデル

プラスOne　SmartArt

「挿入」タブ→「図」のグループ内→ SmartArt で挿入可能である。正確には，「SmartArt グラフィック」といい，情報を視覚的に表現するために使える。組織図やフローチャート，ベン図などを自分でつくるときは便利なので覚えておくとよい(Fig. 8-63, 64)。

Fig. 8-63　SmartArt

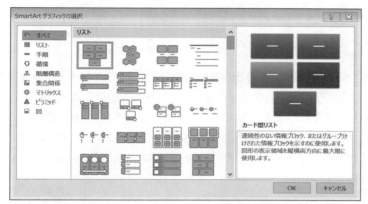

Fig. 8-64　SmartArt

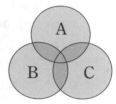

(5)　目次をつくる：特定のスライドにリンクを貼る(2枚目)

〔演習例〕　5スライド目(2枚目)を用意する。

　　左側にあるサムネイルペインから，表紙(1枚目)をクリックし，表紙をスライドペインに表示したうえで，新しいスライドから「タイトルのみ」を選択する(Fig. 8-65)。タイトルに「目次」と入れ，スライドのデザインを変えておく。デザインの変え方についての詳しい説明は，「8-3-③　スライドデザイン，テキストボックス，グラフ(4枚目)」を参考にすること。

Fig. 8-65　新しいスライド

① リンクの設定② 特定のスライドにリンクする

　同じプレゼンテーション内の他のスライドにジャンプできるようにすることができる。これにより目次をつくれる。また説明の途中で前のスライドに戻り，また元のスライドに戻るなどのループをつくることが可能である。作り方はほぼ外部リンクと変わらないが，貼る対

象（文字，図形，写真など）を選択した後，右クリックして「リンク」（ヴァージョンによっては，「ハイパーリンク」）を選択する。その後，「ハイパーリンクの挿入画面」のリンク先で「このドキュメント内(A)」をクリックする。出てくるドキュメント（プレゼンテーションのスライド一覧）内から，適当な場所（リンクしたいスライド）を選び，OKを押せばよい。

〔演習例〕　5スライド目（2枚目）に，テキストボックスを挿入する。

テキストボックスの中に，フォントサイズ24 pt，箇条書きで以下をつくることとする。

　　源氏物語の情報
　　旧暦の名称の既知度
　　源氏物語の概略

目次をつくる。例えば，最初の「源氏物語の情報」をカーソルでなぞって選択状態にする。選択状態にした文字の上で右クリックをし，「リンク」を選択する。「ハイパーリンクの挿入」の画面の，「このドキュメント内(A)」をクリックする（Fig. 8-66）。ドキュメント内の場所から，3枚目にあたる「源氏物語」をクリックして選ぶと，右側にスライドのプレビューが現れるので，大丈夫な場合は，OKを押す。他，2つの目次についても同じように作業をする。

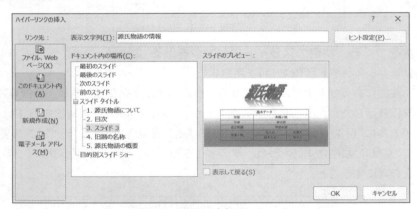

Fig. 8-66　内部リンク

また，最後のスライド（5スライド目）に，テキストボックスで「目次に戻る」という文字を作り，その上で，目次にリンクを貼ると，最後のスライドから目次に戻るループが完成する。

5スライド目（2枚目）の出来上がり（Fig. 8-67）。

Fig. 8-67　目次の作成

② アニメーションをつける

プレゼンテーション時の演出効果として，文字や画像・動画等の部品に対して，動き（アニメーション）をつけることができる。

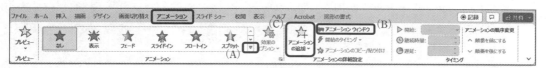

Fig.8-68　アニメーション

Ⓐ　アニメーションをつける（Fig.8-68）

基本的な操作方法としては，アニメーションをつけたいオブジェクト（文字や画像・動画・グループ化したものなど）を選び，Office リボンのタブ「アニメーション」から，「アニメーション」グループ内で，必要なアニメーションの形式をクリックで選べば，アニメーションをつけることができる。

「アニメーション」グループの右ある「▼」を押すと，代表的なアニメーションが現れる。アニメーションの種類は，主に4つ（開始，強調，終了，軌跡）あり，それぞれ必要に応じて使い分ける。

- 開始効果：ない状態から開始（現れる）
- 強調効果：あるものが強調するために動く。
- 終了効果：あるもの終了（なくなる）
- アニメーションの軌跡：あるものを動かす。

一つのオブジェクトに対してつけてもよいし，複数のオブジェクトに対して，Ctrlを押しながら選び（あるいはカーソルでドラッグして複数のオブジェクトを選ぶ），一括でアニメーションをつけてもよい。なお，後者の複数のオブジェクトを選んだ場合，Ⓑアニメーションウィンドウで説明をしている「直前の動作と同時」と同じ設定となり，複数のオブジェクトが同時にアニメーションとして動くことになる。

なお，▼を選んだ下の方には，代表的なアニメーション以外にもいろいろなアニメーションを纏めた項目があり，それぞれ下の方にある「その他の＊＊効果」から選択すればそれぞれの効果の一覧がポップアップするので，そこから選べばよい（Fig.8-69）。

Fig.8-69　その他のアニメーション

Ⓑ アニメーションウィンドウ(Fig.8-68)

「アニメーションの詳細設定」内の「アニメーションウィンドウ」をクリックすると，右側にアニメーションウィンドウが開く(Fig.8-70)。このアニメーションウィンドウは，アニメーションの詳細設定が可能である。

例えば，アニメーションウィンドウの右側にある「▲▼」は，つけたアニメーションの再生順序を変えることができる。また，各アニメーションの右側の▼(あるいは右クリック)をクリックすると，動作の同期(直前の動作と同時に動かすように設定)をしたり，動作の順番を設定(直前の動作の後に自動的に再生)したりすることができるので，より効果的なアニメーションとなる(Fig.8-71)。

また，「効果のオプション」(Fig.8-71)をクリックして開くと，「スプリット」(Fig.8-72)がポップアップし，様々な詳細設定ができる。例えば，音をつけたりタイミングを変えたりす

Fig.8-70 アニメーションウィンドウ

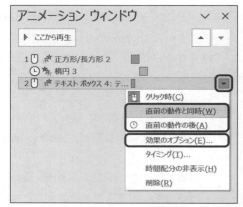

Fig.8-71 アニメーションウィンドウ効果

ることも可能である。「効果」タブではサウンド(アニメーション再生時の効果音で，あらかじめ入っている音以外にも，自分で読み込んでつけることなどができる)や，アニメーション後にどうするのか(例えば，非表示にするなど)の設定などができる。また，「タイミング」タブでは，アニメーションの時間などの設定ができる。

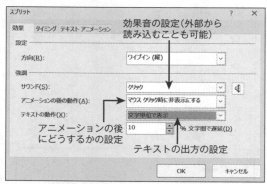
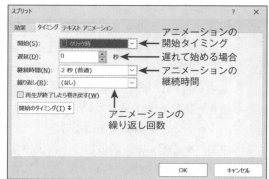

Fig.8-72 効果のオプション

Ⓒ アニメーションの追加

既にアニメーションを追加したオブジェクトに対して，他のアニメーションをつけることができる。つまり，同じオブジェクトに対して，「開始のアニメーション」→「強調のアニメーション」→「終了のアニメーション」とつけることが可能である。

1つ目のアニメーションをつけた後，「アニメーションの追加」(Fig.8-73)から，他のアニ

メーションを選ぶとよい。(あるいは，アニメーションウィンドウ内で，追加したいオブジェクトを選んで，アニメーションの追加をクリックする)そうすると，複数のアニメーションを同じオブジェクトにつけることができる。

なお，この作業を行った後に，Ⓑで説明をした「動作の同期」を行うと，自動的に一連のアニメーションを行うように設定することも可能である。

Fig.8-73　アニメーションの追加

〔演習例〕

スライド1枚目の題名「源氏物語について」に対してアニメーションをつけることにする。

題名の「源氏物語について」を選択し，タブ「アニメーション」から「アニメーション」グループの▼を押し，適当なものを選べばよい。あるいは，「その他の開始効果」より，他の物を見つけてもよい。(お手本では，「ライズアップ」を選んだ)。

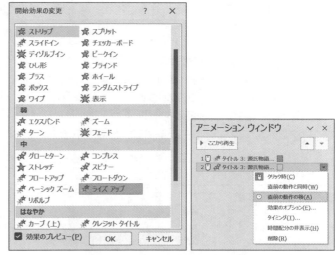

Fig.8-74　アニメーションの設定

その後，「アニメーションの追加」をクリックして「強調」のアニメーションから「パルス」を選ぶ。その後，「アニメーションウィンドウ」を開き，「強調」の方のアニメーションの上で右クリック(あるいは▼をクリック)し，「直前の動作の後」を選ぶ(Fig.8-74)。

次に，スライド4枚目の説明「平安時代の貴族社会での，恋愛，栄華・没落(政治，

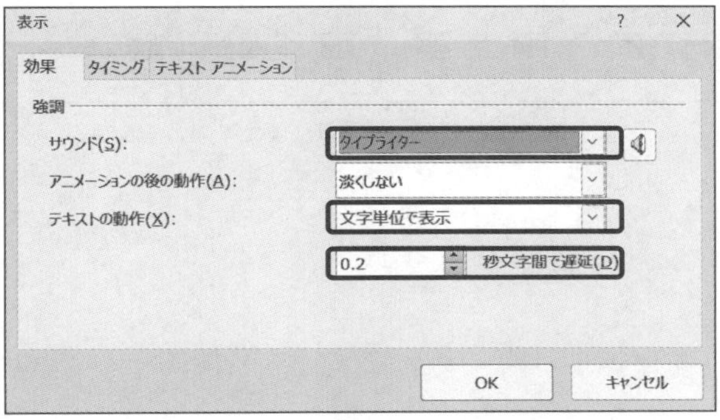

Fig.8-75　タイプライターアニメーション

権力)等を～」に対してアニメーションをつけることにする。説明を選んだ後，タブ「アニメーション」からアニメーショングループの▼を押し，適当なものを選べばよい。あるいは，「その他の開始効果」より，他の物を見つけてもよい(お手本では，「表示」を選んだ)。その後，「アニメーションウィンドウ」を開き，アニメーションの名前の上で右クリック(あるいは▼をクリック)し，「効果のオプション」を開く。「効果」タブの「サウンド」を「タイプライター」，テキストの動作を「文字単位で表示」とし，「タイミング」タブで継続時間を「0.2秒」とする(Fig.8-75)。

　これで，タイプラーターのようにカカカカという音とともに題名が現れるはずだが，ヴァージョンによっては，音がうまくでない場合もあるので，うまく行かないときは気にしないでよい。

　他のスライドにもアニメーションをつけてみるとよい。

プラスOne　画面切り替えアニメーション

　スライドを変えるとき(画面切り替え時)にアニメーションをつけることができ，注目を集めることができる。Officeリボンの「画面切り替え」タブから設定が可能である(Fig.8-76)。

　様々なアニメーションがあるが，公的な場では，「弱」か「ダイナミックコンテンツ」をお勧めする。

Fig.8-76　画面切り替えアニメーション

13 印刷をする

「ファイル」タブ→「印刷」から印刷することができる。ただし，何も設定しないでそのまま「印刷」ボタンをすると，スライド1枚に付き，1枚の紙で印刷をすることになるので，注意が必要である。

まず，「プリンター」で，自分が印刷したいプリンターになっているかどうかを確認する。今回は，配布資料をPDFでつくるという設定で説明をする（Fig.8-77）ので，「Microsoft print to PDF」を選ぶこととする。そして，設定の直下で，資料のどの部分を印刷するか（すべてのスライドを印刷するか，選択したスライドのみを印刷するかなど）を選ぶことができる。なお，その下のスライドの指定で，印刷したいスライドのみを選ぶことができる。

次に，どのような形式で印刷するかを選択する。資料として印刷したい場合は，現状「フルページのサイズのスライド」となっている部分をクリックし，「配布資料」の中から自分で必要なもの（例えば，6スライド（横）など）を選ぶ。なお，同様の場所からノートペインのメモごと印刷をすることもできる。その場合は，「印刷レイアウト」から，「ノート」を選べばよい。ただし，1枚ずつ（1スライドずつ）出てきてしまうのに注意すること。

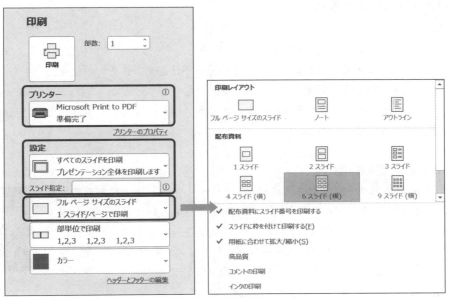

Fig.8-77 印刷

プラスOne　PDF化する

Officeに限らず，Windows 10/11にはPDFプリンタードライバー「Microsoft Print to PDF」がプレインストール（プリインストール）されている。「印刷」→プリンターを「Microsoft Print to PDF」に変え，「印刷」ボタンを押せば，好きな場所にPDFで保存可能である。なお，Macintoshの場合も同様で，「ファイル」→「プリント」と選択し，「PDF」を選び，「PDFとして保存」を選択後，PDFファイルの名前と場所を選択する。

また，Officeの場合，「ファイル」→「名前を付けて保存」→「名前を付けて保存」→右側に出てくる「ファイル名」をつけるところから，「PDF(.pdf)」にかえて保存すれば，PDF保存が可能である。

第9章 Excelの統計学への応用

概要 Excelとは，表形式の数値データの各種計算を行うスプレッドシートプログラムのことであり，データ解析に用いることができる。行と列で構成される個々のマス目をセルというが，セルにデータや計算式を入力する事で集計することができる。例えば，四則演算，科学計算，統計計算，財務計算，文字列処理用等，複雑な計算も可能である。さらに，表計算機能以外に，グラフ作成機能，マクロ機能（予め手順を定義し，必要な時に呼び出して使う機能）などがある。この章では，5つの課題に分けて，Excelの基礎と統計の基礎を学ぶものとする。

　データ解析に使うプログラムはいろいろとあるが，今回はその中でもWordやPowerPointと同じく，Microsoft社製のスプレッドシートプログラムであるExcelを取り上げることとする。なお，2023年現在，ヴァージョンによって多少の表示の違いはあるが，2013以降，大きな仕様の変更はない。

01 Excelの基礎

　データ解析とは，調査する目的に応じて収集したデータを目的が明確になるように整理し，分析することである。目的に応じて種々の分析手法があり，その手法を実現するソフトウェアも有償・無償ともに開発されている。そのうちの一つとして，ここに挙げるExcelがある。Excelはデータを表の形で整理することができ，種々の分析ができる。また，統計的な分析をするツールも備えている。

(1) Excelの基本画面

　Excelはデスクトップやタスクバー，スタートメニュー上にあるアイコン（Fig.9-1）をダブルクリックして起動する。あるいは，スタートボタンからすべてのアプリの「E」のところにあるExcelをクリックすればよい。また，立ち上げた後は，Word同様，ドキュメントギャラリーの「空白のブック」をクリックすると，Excelの基本画面になる。

Fig.9-1　Excelアイコン

　Excelの基本画面はFig.9-2のようになっている。

　ワークシートは縦横の罫線で区切られた多数のマス目で構成され，このマス目のことを「セル」という。横方向を行（1, 2, 3, ……）といい，縦方向を列（A, B, C, …）という。セルは英字表記の列見出しと，数字表記の行見出しの組み合わせの座標で表現する。また，セルポインタとは，緑の太枠で囲われたセルのことで，現在入力されるセルでもある。アクティブセル（Active Cell）ともいう。名前BOXにセルの番号が現れる。また，名前BOXに，行きたいセルの番号を打てば，そのセルに飛べる。また，数式編集バー（数式バー）には，セルポインタのあるアクティブセルの入力式が表示される。

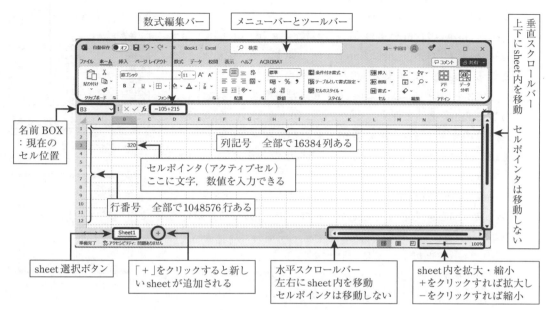

Fig.9-2　Excel 画面

（2）文字と数値の入力，計算方法

　　セルポインタがある場所（アクティブセル）に文字や数値を入力することができる。基本的には，Word の画面に文字入力するのと同じ方法で行うことができる。ここから先は，実際に作業を行いながら説明を行うこととする。

　　以下のもの（Fig.9-3）を入力する。なお，数値は必ず半角英数字で入力することを推奨する。単純な数値や簡単な数式の場合は，全角で入力しても ENTER キーで確定すれば，半角となり，エラーは出ない。だが，少し複雑な数式になると，全角ではエラーが出るようになる。最初から半角英数で入力するように心がけることが必要である。なお，半角全角の切り替えは，キーボードの左側にある「半角/全角」ボタンから簡単にできる。

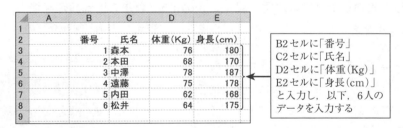

Fig.9-3　入力情報

　　次に計算をしてみる。まず，D 列と E 列の合計と平均を計算することとする。計算をさせるには，セルに入力するときに，最初に ＝（Shift ＋「ほ」のキー）を入れてから計算式を半角英数字で入力すればよい。C9 セルに「合計」，C10 セルに「平均」と入力して，各列の合計

と平均を求めることとする(Fig.9-4)。

D列(体重)の合計を求める。「D9」に、「＝76＋68＋78＋75＋62＋64」と入力して最後にEnterキーを押す。そうすると、423とでる。次に、D列(体重)の平均を求める。先程でた合計である423を用いて、D10に「＝423/6」(割り算の記号は/)と入力してEnterキーを押す。そうすると70.5とでる。次に、E列(身長)の合計をE9に求めるが、上記と同様に、「＝180＋170＋187＋178＋168＋175」と入力してEnterキーを押すと、1058とでる。

最後に、E列(身長)の平均をE10に求めるが、1058を用いて、「＝1058/6」と入力してEnterキーを押すと、「176.3333333」と出る。

次に、小数点以下の桁数の調整を行う(Fig.9-5)。E10の身長の平均が無限小数になっているので、適宜表示を変える。これには、E10セルをクリックしてからツールバーからタブ「ホーム」の中の数値グループから、[小数点の表示を減らす／増やす]で、小数点の表示桁数を変えればよい。桁数を減らす場合は右側のボタンを、増やす場合は左側を押せばよい。

なお、基礎演算子はTable9-1のようになっている。＋と－は同じだが、累乗は「＾(ハット、カレット)」、掛け算は「＊(アスタリスク)」、除算は「/(スラッシュ)」で表す。

Fig.9-4　合計と平均

Fig.9-5　小数点表示

Table9-1　基礎演算子

演算子	意味	優先順位	例	内容	適用
＾	累乗	1	a＾b	a^b	「へ」のキー
＊	乗算	2	a＊b	a×b	Shift＋「け」のキー
/	除算	2	a/b	a÷b	「め」のキー
＋	加算	3	a＋b	a＋b	Shift＋「れ」のキー
－	減算	3	a－b	a－b	「ほ」のキー

(3)　セルに入力した文字等の書式設定，表の作成(セルの書式設定を使う)

B2セルをクリックして、(マウス)ポインタが白十字の形(Table9-2のAの形状)のときに、左ボタンを押しながらドラッグしてE10セルまでを選択状態(薄い色がセルについている状態)にする(Fig.9-6)。次に、選択状態の枠の中で右クリックして、ポップアップメニューの一覧から「セルの書式設定」をクリックする(Fig.9-7)。そうすると、セルの書式設定の画面が表示されるので、「配置」タブをクリックしてから、横位置の右側にある下三角(∨)をクリックし、「中央揃え」を選択すれば、セル

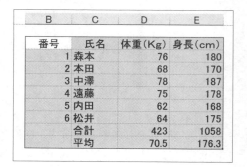

Fig.9-6　選択状態

Fig.9-7　右クリックメニュー

Fig.9-8　セルの書式設定の「配置」

内で文字の配置が左右の中央に移動する（Fig.9-8）。

　なお，同「セルの書式設定」内で，セル内の文字のフォントの変更をしたい場合は，「フォント」タブをクリックしてから，「フォント名」，「スタイル」，「サイズ」を変更することができる。変更が適用されるのは，「OK」ボタンをクリックしてからである。ここでは，ひき続き「罫線」の設定を行うので，「OK」ボタンはまだクリックしないでおく。なお，セルの書式設定内でなくとも，「ホーム」タブの「フォント」グループからも設定が可能である。

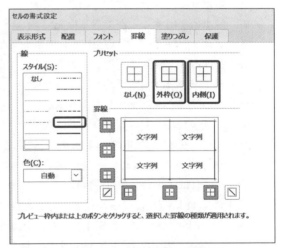

Fig.9-9　セルの書式設定の「罫線」

　さらに，同「セルの書式設定」内で，選択したセル範囲に罫線を入れるには，「罫線」タブをクリックする。「外枠」の罫線を入れるには，まず「線のスタイル」欄から線（この場合は普通の直線）を選んで，次に，外枠をクリックする。同様にして「内側」の線を入れるには，線のスタイル」欄から線を選んでから「内側」をクリックする（Fig.9-9）。なお，セルの書式設定内でなくとも，「ホーム」タブの「フォント」グループの「田」の部分からも設定可能である。また，その部分の「その他の罫線」とすると出てくるのは，この「セルの書式設定」の「罫線」である。

　そして，「OK」をクリックすれば，いままでの変更がすべて同時に適用される。

第9章 Excel の統計学への応用

Table 9-2　Excel におけるマウスポインタの種類

種類	適　用
✛	A) セルを選ぶときに使う。基本の形状
＋	B) オートフィル使用時に使う。選択したセルの右下■に合わせると出る形状
→	C) 行選択時に出てくる形状
↓	D) 列選択時に出てくる形状
↕	E) 行の幅の調整時にでてくる形状。行番号と行番号の間に合わせる
↔	F) 列の幅の調整時にでてくる形状。列番号と列番号の間に合わせる
✥	G) セルやグラフの移動時，グラフの選択時に出てくる形状
⇔	H) グラフの大きさの変更などの形状

(4) Excel の関数利用

パターン1　オート SUM 機能

オート SUM 機能は，ボタンをクリックするだけで，合計，平均，個数，最大値，最小値を出すことができる機能である。まず パターン1 では，オート SUM 機能を使って，合計と平均を求めることとする。まず，合計（平均）を求めたいデータの範囲をドラッグして選択状態にする。その後，メニューバーのタブ「ホーム」，グループ「編集」（右側の方）にあるオート SUM のボタンをクリックして現れる一覧から「合計（平均）」を選択してクリックすればよい（Fig. 9-10, 11）。

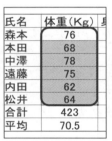
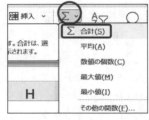

Fig. 9-10　オート SUM（合計）

まず，C11 に「合計（ツール）」と入力した後，D3 から D8 を選び，「オート SUM」から「合計（S）」を選ぶ。そうすると，D11 セルに合計が表示される。D11 セル（423 を計算したセル）をダブルクリックしてみよう。「＝SUM（D3：D8）」となっている。

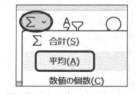

Fig. 9-11　オート SUM（平均）

なお，C11 に文字を入力すると，列の幅より文字が長くなるので，列幅を広げておく。これを行うには，列記号（例えば，C と D）の間の区切り線にポインタを合わせると，↔（Table 9-2 の F の形状）になるので，そのままドラッグして広げればよい。

合計	423	1058
平均	70.5	176.3
合計（ツール）	423	
平均（ツール）	70.5	

Fig. 9-12　オート SUM の結果

同様に，C12 セルに「平均（ツール）」と入力しておく。平均を求めたいデータの範囲（D3：D8 セル範囲）をドラッグして選択状態にする。合計の場合と同様にオート SUM のボタンをクリックして，一覧から「平均」を選択してクリックする。計算結果が D12 セルに表示される

(Fig.9-12)。D12セルをダブルクリックしてみると,「=AVERAGE(D3:D8)」となっている。

以上のように，SUMは合計，AVERAGEは平均を求めるためのツールであり，このようなツールをEXCELの関数という。かっこの中には，合計を求めたいデータを入力したセルの範囲を書くが，始まりと終わりのセル記号をコロン（:）で区切れば，始まりから終わりまでのセルの範囲を指定したことになる。例えば，D3:D8はD3セルから始まってD8セルまでの範囲を表す。

|課題| 身長のデータについても，オートSUMを用いて合計と平均を求めなさい。

パターン2 ツールボタンを用いずに直接EXCELの関数を入力する

オートSUMを使わずとも，直接セルに，数式を入力してEnterキーを押せば合計と平均を計算することができる。C13に「合計(Excelの関数)」，C14に「平均(Excelの関数)」と入力した後，D13セルに「=SUM(D3:D8)」，D14セルに「=AVERAGE(D3:D8)」と入力する。そうすると，同様に結果が出る(Fig.9-13)。

平　均	70.5	176.3
合計(ツール)	423	1058
平均(ツール)	70.5	176.3
合計(Excelの関数)	423	
平均(Excelの関数)	70.5	

Fig.9-13　関数直接入力

Excelの関数はたくさんあるが，オートSUMにあるものは限られている。また，「数式」タブの数式ライブラリから選ぶこともできるが，見つけ出すのも大変である。そこで，よく使うものに関しては，関数を覚えておき，直接打ち込んだほうが楽な場合もある。なお，関数を打ち込むときは，Enterキーを押すと，自動的に大文字になるため，大文字で打ち込んでも小文字で打ち込んでもかまわない。

さらに，「=」のあとに，参照したいセル番号を打てば，セルを指定することができるが，「=」のあとであれば，マウスカーソルをもっていき，クリックをすることで選ぶことができるので，覚えておくとよい。

|課題| 身長のデータについても，直接，Excelの関数を入力して合計と平均を求めなさい。

(5) データの追加

今まで編集してきた表の中に，2名のデータを追加することとする。だが，合計と平均を計算した後なので，データの追加する欄がない。それでもExcelではセル，セルの行，セルの列などを間に挿入することができる。やり方は，セルを「挿入」するというやり方である。

まず，入力したい(追加したい)セル範囲(この場合は，B9からE10)をドラッグして選択状態にする。値などが既に入力されているがかまわず選択状態にする(Fig.9-14)。そして，「ホーム」タブの位

6	松井	64	175
	合計	423	1058
	平均	70.5	176.3
	合計(ツール)	423	1058
	平均(ツール)	70.5	176.3
	合計(Excelの関数)	423	1058
	平均(Excelの関数)	70.5	176.3

Fig.9-14　挿入1

Fig.9-15　挿入2

置で「挿入」ボタンをクリックする (Fig.9-15)。そうすると，空白のセルが2行×4列挿入される。そこに，新しいデータを入力する (Fig.9-16)。

合計値と平均値の修正をしなければならないので，最初の合計 (D11セル) はダブルクリックして「＝76＋68＋78＋75＋62＋64＋66＋63」と修正する。また，平均 (D12セル) もダブルクリックして＝552/8と修正する。

6	松井	64	175
7	島田	66	172
8	矢澤	63	169
合計		423	1058
平均		70.5	176.3
合計(ツール)		423	1058
平均(ツール)		70.5	176.3
合計(Excelの関数)		423	1058
平均(Excelの関数)		70.5	176.3

Fig.9-16　追加データ

課題　身長のデータについても，合計 (E11セル) と平均 (E12セル) を修正しなさい

次に，ツールやExcelの関数で求めた値の修正方法を説明する。数字を打ち込んで計算をしたものと違って，関数を使った計算の場合，セルの左上にエラーインジケーター (緑の三角) が現れる (Fig.9-17)。このエラーインジケーターが現れた

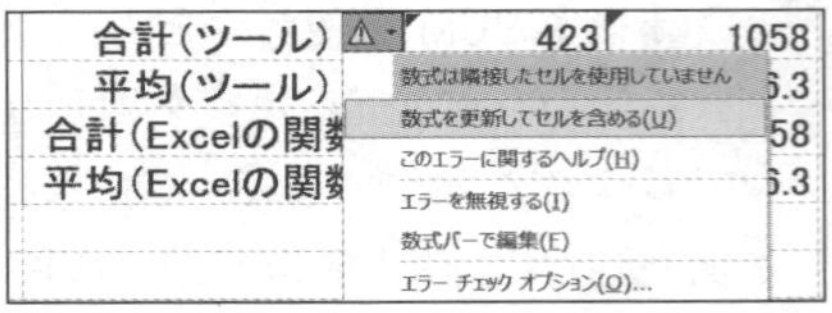

Fig.9-17　エラーマーク

セル上にポインタを置くと，エラーマーク (△！：三角で囲われたビックリマーク) が現れるが，このエラーマークから修正することが可能である。例えば，D13セルの値を修正するには，D13セルにポインタを置くと，エラーマーク (△！) が現れるので，下向三角 (▼) を押すとポップアップが現れる。「数式は隣接したセルを使用していません」となっているので，「数式を更新してセルを含める」を選び，クリックする。そうすると，自動的に隣接したセルを選んで，修正される。その他の箇所 (全部で7か所) も同様にして修正する。これで修正ができた。

(6) セル記号を用いた計算式の入力

01 (5)では，データ範囲をD3：D8のようにセル記号を用いて指定することができることをみたが，加減乗除 (Table 9-1) などの計算式もセル記号を用いて行うことができる。

例として，体重と身長から算出される肥満度を表す指数であるBMI (Body Mass Index) を計算してみることとする。なお，BMIの計算式は

$$BMI = 体重(kg) \div 身長(m) \div 身長(m) = 体重(kg) \div 身長(m)^2$$

である。例えば，上でつくった表のNo.1森本氏のBMIは，体重が76kgで，身長が180cmなので，＝76/(180/100)^2で計算できるが，これを76が書いてあるD3，180が書いてあるE3を用いてセル参照とし，＝D3/(E3/100)^2と書き，Enterキーを押す (Fig.9-18)。表示は小数点以下の桁数を2桁になるようにしておく (Fig.9-5)。

	C	D	E	F
2	氏名	体重(Kg)	身長(cm)	BMI
3	森本	76	180	=D3/(E3/100)^2
4	本田	68	170	

Fig.9-18　セル番号を用いた計算式

計算式をセル記号でつくると，コピーをすることでセル番号が相対的に変わるので，自動

的に計算が可能である．例えば，F3セルをコピーしてF4セルに貼り付けてみると，行が一つ移動したのでセル記号を使った数式も行が一つ移動して＝D4/(E4/100)^2となる．これを相対参照という．

具体的にやってみると，まず，F3セルにセルポインタを置いてから，右クリックで「コピー」を選択する．（この際，Ctrl＋Cや，タブ「ホーム」のコピーを用いてもよい）次に，F4セルをクリックしてから，右クリックで「貼り付け」を選択してクリックする．（この際，Ctrl＋Vや，タブ「ホーム」の貼り付けを用いてもよい）．なお，このように1セルずつペーストする方法もあるが，一度に複数のセルに貼り付けるには，貼り付けるセルを一度に選択状態（F4：F9）にしてから，貼付けを行えばよい．なお，同じものの貼り付けを終了する場合には，Escキーを押す．あるいは，右クリックで「貼り付け」を行わずに，Enterキーを押すだけでも貼り付けと貼り付け終了を同時に行うことができる．

|課題| BMIの合計と平均をそれぞれF13セルとF14セルにツールボタンを用いて求めなさい．

(7) グラフを描画

グラフは，グラフ化したいセル範囲を選んだ後に2通りの描き方がある．1つ目は，タブ「挿入」のグループ「グラフ」から，書きたいグラフのアイコンを選べばよい．これは，すでにどのグラフを使うか決めているときである．2つ目は，タブ「挿入」から，グループ「グラフ」の「おすすめのグラフ」をクリック（あるいは，ダイアログボックス（⬔）を起動でも同じポップアップが開く）する．ポップアップ「グラフの挿入」のタブ「すべてのグラフ」を選ぶ．左の窓にグラフの種類の一覧が出てくるので，書きたいグラフの種類を選び，右側から，グラフの形を選ぶ．これは，どのグラフを使うか明確に決まっていないときに使える．つまり，自分の主張に沿う形を目で選べばよい．

ここでは，散布図を作ることとする（p.203, Fig.9-26）．まず，身長と体重のデータの範囲である，D2：E10セル範囲をドラッグして選択状態にする．次に，メニューバーのタブ「挿入」をクリックして，グラフの一覧から「散布図」の点のみの散布図を選ぶ（Fig.9-19）．これで散布図自体はできる．

次に，グラフの中にタイトルや軸ラベルを入れてみる．グラフが選択された状態では，グラフの「コンテキストツール（コンテキストタブ）」（Fig.9-20）が現れる．（ヴァージョンに

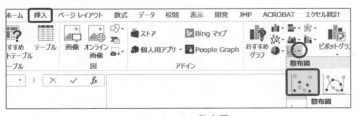

Fig.9-19　散布図

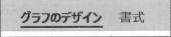

Fig.9-20　コンテキストタブ

Fig.9-21　クイックレイアウト

よって，コンテキストツールが現れる場所が少し違う。Excel2019からはコンテキストツールはツールバーの右側にまとめて表示されるようになった。それ以前は，右側ではない。）その中から，タブ「グラフのデザイン（あるいは，デザイン）」を選び，その中のグループ「グラフのレイアウト」の「クイックレイアウト」から「レイアウト1」を選ぶ(Fig.9-21)。そうすると，タイトルや軸ラベルを入れられるようになるので，タイトルを「体重と身長の関係」，横軸ラベル名を「体重(kg)」，縦軸ラベル名を「身長(cm)」と修正する。なお，表のレイアウトを変える方法として，デスクトップ版（アプリ版）のExcelであれば，グラフをクリックすると右上に「＋」が出てくる。ここから追加することなどができる。ただし，この方法は，オ

ンライン版のExcelや，Mac版のExcelではできないので，注意が必要である。

次に，凡例が現在「身長(cm)」となっているので，これを訂正する。グラフの上で右クリックして「データの選択」を選ぶ(Fig.9-22)と，「データソースの選択」がポップアップする。その中から，左側にある「身長(cm)」を選択してから「編集」ボタンをクリックする(Fig.9-23)。系列の編集の画面で「系列名」に入力され

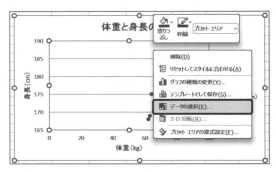

Fig.9-22　データの選択

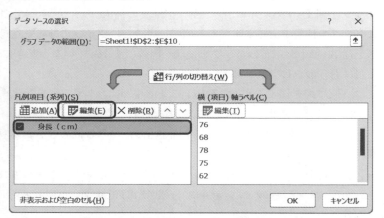

Fig.9-23　データソースの選択

ている＝Sheet1!$E$2をBackSpaceキーかDeleatキーで消してから，「8人の体重と身長のデータ」と入力して「OK」をクリックする。(Fig.9-24)データソースの選択の画面に戻るので右下の「OK」をクリックすればよい。凡例の枠線の形状は変えられるので適宜変える。

最後に，グラフの目盛りを変えることとする。現状でもグラフとして成り立っている

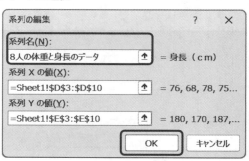

Fig.9-24　系列の編集

が，これでは狭い範囲にデータが集まっているため，細かいデータが見にくい。そこで，60 kg 以下のデータがなく80 kg 以上のデータもないので，横軸の目盛りの最小値を60，最大値を80，そして目盛り間隔を2と変更することにする。軸の書式設定から変更することができる。軸の書式設定は，横軸目盛りの上でダブルクリック（あるいは，横軸目盛りで右クリックをして「軸の書式設定」）をすると右側に現れる（Fig.9-25）。なお，この際，カーソルアウトして「自動」が「リセット」という表示に代わることを確認する。「自動」のままでは図の枠の大きさを変更すると最小値・最大値・目盛間隔などの数値が自動で変更されてしまうためである。

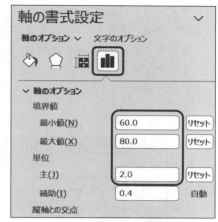

Fig.9-25　軸の書式設定

以上で散布図ができた（Fig.9-26）。

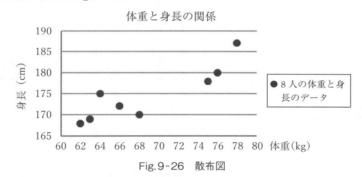

Fig.9-26　散布図

■練習問題1　＊　＊　＊　＊　＊　＊　＊

Sheet1のまま，Fig9-27のようにデータを入力して，空欄を埋めなさい。

また，D20：E25セル範囲を選択して散布図を描きなさい。タイトル・軸ラベル名などは上記と同じとし，横軸の最小値・最大値・目盛間隔を56・82・2としなさい。

なお，セルに斜線をひくには，該当のセルを選択して（複数セルを選択可能），選択状態

	A	B	C	D	E	F
19						
20		番号	氏名	体重(Kg)	身長(cm)	BMI
21		1	U A	72	168	
22		2	S H	58	172	
23		3	T O	66	175	
24		4	Y O	62	166	
25		5	G K	80	185	
26			合計			
27			平均			
28			合計(ツール)			
29			平均(ツール)			
30			合計(関数入力)			
31			平均(関数入力)			

Fig.9-27　練習問題

のセルの上で右クリックし，ポップアップから「セルの書式設定」を選ぶ。(もちろん，タブ「ホーム」のグループ「フォント」の中の「田」から，「その他の罫線」を選んでもよい)セルの書式設定の画面が表示されたら，「罫線」タブをクリックして右下がりの斜め線の箇所をクリックする。プレビューで確認して，よければ「OK」をクリックすれば該当セルに右下がりの斜め線が入る(Fig.9-28)。

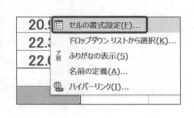
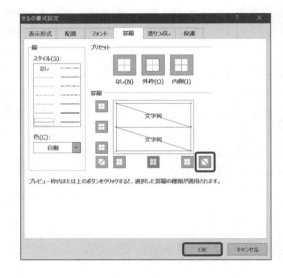

Fig.9-28 斜　線

■練習問題2と条件分岐(if文)　　*　　*　　*　　*　　*　　*

もう一つ表(Fig.9-29)をつくり，今までと同じ方法で練習を行い，さらにif文を使って，条件分岐をし，判定をすることとする。

なお，表中の身長(m)は「"身長(m)"="身長(cm)"/100」で求められ，

標準体重は「"標準体重"="身長(m)"×"身長(m)"×22」で求められる。

D41(身長(m))は「=B41/100」，E41(BMI)は「=C41/D41^2」(=C41/D41/D41や，=C41/(B41/100)^2なども可能)，F41(標準体重)は「=D41＊D41＊22」となる。D，E，F列は小数点以下の桁数を2に表示変更する。

判定は，IF関数を使う。IF関数は，条件を分岐し，判定式に合致したものは真の場合の反応を返し，判定式に合致しない場合は偽の場合の反応を返す。式は，「=IF(判定式，"判定式が真の場合の実行式"，"判定式が偽の場合の実行式")」の形が基本で，これを組み合わせたものも使用できる。

今回は，BMIでTable9-3のように，肥満度を判定することにする。第1段階として，18.5未満の人をやせ，それ以外をやせではないと判定するとする。式は，「=IF(E41＜18.5，"やせ"，"やせではない")」となる。この式は，E41の値が18.5より小さければ，このセル(IF文を入力しているセル)に"やせ"を出力し，18.5以上ならば"やせではない"と出力することになる。第2段階として，"やせ"か"やせではない"かだけではなく，"やせでない人"を"普通"と"肥満"に分けることにする。"やせではない"をさらに分類して，25未満なら"普通"，25以上なら"肥満"と出力するようにするには「=IF(E41＜18.5，"やせ"，IF(E41＜

	A	B	C	D	E	F	G
38	【練習問題2】						
39							
40	番号	身長(cm)	体重(Kg)	身長(m)	BMI(肥満度)	標準体重	判定
41	1	165.5	66.3				
42	2	168	50.2				
43	3	159	53.5				
44	4	162	56				
45	5	164.2	68.5				
46	6	160	58.8				
47	7	166.5	53.4				
48	8	171	73.3				
49	9	156	42.4				
50	10	167.3	59.5				
51	11	154.5	40.4				
52	12	167.5	90.5				
53	13	173	66.5				
54	14	165	57.6				
55	15	158.5	65				
56	16	157.5	41.2				
57	17	166.5	54.5				
58	18	149.5	46.4				
59	19	155	56.5				
60	20	163.5	72.4				
61	合計						
62	平均						

Fig.9-29　練習問題2

25,"普通","肥満"))」とすればよい。つまり，"やせではない"と判断した後に，もう一段階 IF 文を入れ，さらに条件を分岐させる。なお，終わりの括弧は IF 文が2つあるので，それぞれの終了を表す括弧閉じを意味する。最後に，"肥満"をさらに分類して，30未満なら"肥満度1"，30以上なら"高肥満度"と出力するようにするには「＝IF(E41＜18.5,"やせ",IF(E41＜25,"普通",IF(E41＜30,"肥満度1","高肥満度")))」とすればよい。Table9-3のような判定ができることとなる。この式をG41に入力する。

Table9-3　BIMの判定

BMI	肥満度の判定
18.5未満	やせ
18.5以上25未満	普通
25以上30未満	肥満度1
30以上	高肥満度

　これですべての数式が出揃ったので，D41：G41セル範囲をコピーして，D42：G60に貼り付ける。さらに，それぞれの合計と平均を出せば，練習問題2は完成する。

02 Excelのグラフの描き方

　表計算ソフトの高度な機能の一つが，作成した表から簡単にグラフを作成することである。これは，表形式では分かり難いデータ群の特徴を第三者に視覚的に伝えることが目的である。グラフの種類は種々（棒，折れ線，円，面，散布図，株価チャートなど）ある。最新のExcelでは17種類のグラフをつくることができる。それぞれ，グラフの特徴を考え，表現したい点などに応じて適切に選択し利用する必要がある。

（1）散布図と近似曲線

　散布図は 01 (7)で扱ったが，ここで，近似曲線の挿入も含めて，もう一度取り上げることとする。

　散布図は，横(x)軸，縦(y)軸の2つの数値軸が使われるグラフで，x値とy値の組み合わせを一つのデータ要素とし，該当箇所にプロットする。数値データを表示，あるいは比較する場合によく使われる。近似直線の追加ができるのは散布図である。

　Fig.9-30のデータに対して散布図（p.210，Fig.9-39）を描くこととする。

手順1　まず，散布図の点をプロットすることとする。A2：B18セル範囲をドラッグして選択状態にする。次に，メニュー・バーのタブ「挿入」からグループ「グラフ」の「散布図」をクリック（Fig.9-31）する。

手順2　次に，レイアウトの変更を行う。まず，プロットした結果が，Fig.9-32-(1)である。このグラフをクリックすると，メニューバーにコンテキストタブ（p.201，Fig.9-20）が現れるので，その中から「グラフのデザイン」をクリックし，「クイックレイアウト」をクリックし，一覧から「レイアウト1」（p.201，Fig.9-21）を選ぶ。これで，横軸ラベル，縦軸ラベル，凡例が追加される（Fig.9-32-(2)）。なお，「レイアウト8」を選んでもよい。「レイアウト8」を選んだ場合は，グラフのデザインから「グラフ要素の追加」とクリックし，軸ラベルや凡例を追加すればよい。

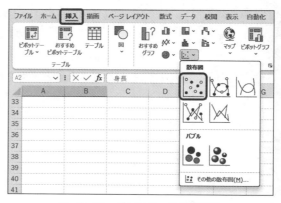

	A	B
2	身長	体重
3	166	58
4	157	56
5	170	60
6	178	68
7	159	49
8	180	75
9	169	65
10	165	60
11	149	49
12	168	69
13	171	62
14	157	60
15	192	86
16	146	50
17	152	53
18	169	65

Fig.9-30　散布図のデータ

Fig.9-31　グラフツールの散布図

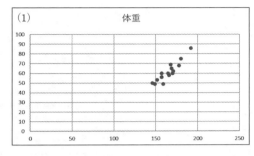
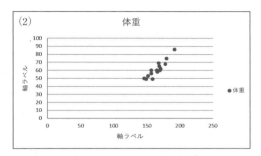
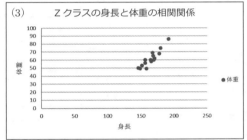
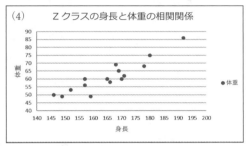

Fig.9-32　散布図途中経過

手順3　次に，グラフタイトルや軸ラベル名の入力，軸ラベルの目盛りの調整，およびタイトル名の変更を行う。軸ラベル名やグラフタイトルの修正の際は，入力されている文字「軸ラベル」の最後をクリックして BackSpace キーを何回か押して文字を消す。そして必要なラベル名を入力する。必ず，該当のラベル（タイトル）をクリック（これで実線状態）し，さらにもう1回クリックして破線状態にして，文字を編集できる状態にすること（Fig.9-33）。今回は，横軸ラベルは身長，縦軸ラベルは体重，グラフタイトルはZクラスの身長と体重の相関関係とする。Fig.9-32-(3)のようになる。

Fig.9-33　軸ラベルの編集

次に，軸目盛の調整を行う。軸の目盛の調整時の参考には，xの値とyの値それぞれの最小値と最大値を求めておくとよい。今回は，D3から，身長と体重の最小値と最大値をもとめることにする（Fig.9-34）。D3に最小値，D4に最大値，E2に身長，F2に体重とうちこみ，表を作る。

最小値は「＝MIN（範囲）」，最大値は「＝MAX（範囲）」で求められるので，E3セルに「＝MIN（A3：A18）」，F3セルに「＝MIN（B3：B18）」，E4セルに「＝MAX（A3：A18）」，F4セルに「＝MAX（B3：B18）」と打ち込み，それぞれの最小値と最大値を求める。これを参考にしてグラフの横軸のメモリと縦軸のメモリを決めることとする。今回は横軸の最小値を140，最大値を200，メモリ間隔を5とし，縦軸の最小値を40，最大値を90，メモリ間隔を5に変更することとする。横軸でダブルクリックするか，横軸目盛りの上で右クリックし「軸の書式設定」で，軸の書式設

D	E	F
	身長	体重
最小値	146	49
最大値	192	86

Fig.9-34　最小値・最大値

定を出す。「軸のオプション」タブをクリックして軸のオプションを Fig.9-35 のように修正する。すでに設定したい値が入力されている場合でも，右隣の表示が「自動」となっている場合は，それを消して再び同じ値を入力してからカーソルアウトして「リセット」に変更する。「自動」のままだとグラフの大きさを変えると自動的に目盛りを変えられてしまうので，それを避けるためである。縦軸目盛りについても同様に行うと，Fig.9-32-(4)のようになる。

手順4 次に，凡例項目名の変更を行う。凡例に関しては，軸ラベルやグラフタイトルと異なり，凡例の箇所を直接編集することはできない。そこで，グラフの空白の部分で右クリックし「データの選択」をクリック（p.202, Fig.9-22）する。データソースの選択の画面が表示されたら，「編集」をクリックする。系列の編集の画面の「系列名」に入力されているものをすべて消してから「身長と体重」と入力して，（なお，入力時に "=" を入れなく

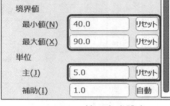

Fig.9-35 軸の書式設定

ても自動的に入力されるので不要である），「OK」をクリックする。データソースの画面で再び「OK」をクリックする（Fig.9-36）。

手順5 最後に近似直線を挿入する。散布図の点（プロット）をクリックして選択し，選択された点の上で右クリックする。この際，点を少しでも外すと選択が解除されてしまうので，解除されたら点（プロット）の選択からやり直す。ポップアップから「近似曲線の追加」をク

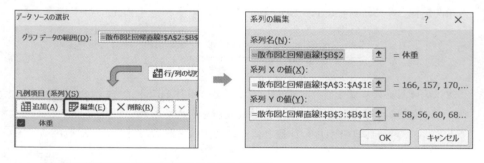

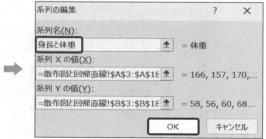

Fig.9-36 凡例の編集

リック(Fig.9-37-(1))すると，右側に，近似曲線の書式設定の画面が現れる。「近似曲線のオプション」タブから近似曲線のオプションのところで「線形近似」を選択する(Fig.9-37-(2))。

次に，下にスクロールして「予測」のところで「グラフに数式を表示する」にチェックを入れる。これで近似直線の数式がグラフの中に表示される。

さらに，デフォルトの近似直線は，実際に数字がある部分しか線が引かれないため，前方補外と後方補外に数字を入れ，線を伸ばす。前方補外はグラフの右側(＋の方向)に線を伸ばす役割をもっており，後方補外はグラフの左側(－の方向)に線を伸ばす役割をもっている。今回は，前方補外の欄に8，後方補外の欄に6を入力する(Fig.9-37-(3))。前方補外と後方補外の決め方は，前方補外は右側なので，最大値を考えればよい。横軸目盛の最大値－データの最大値より 200－192＝8，後方補外は左側なので，最小値を考えればよい。横軸目盛の最小値－データの最小値より 140－146＝－6，で決まる。なお，絶対値なので，マイナスはつけなくてよい。

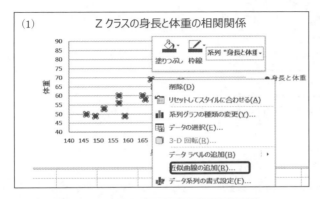

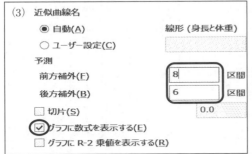

Fig.9-37　近似直線の追加

最後に，近似曲線の線の書体を変更しておく。同じく，近似直線の書式設定の中の「塗りつぶしと線(バケツマーク)」タブをクリックして，「線(単色)」をクリックし適宜「色」を変える。次に，下にスクロールして「実線／点線」のところで「実線」を選ぶ。「幅」も適宜変えておく。ポイントを上げれば太くなる(p.210, Fig.9-38)。

以上で，散布図と近似直線が出来上がる(p.210, Fig.9-39)。

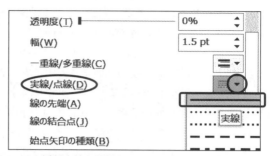

Fig.9-38　近似直線の関係

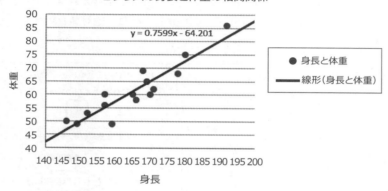

Fig.9-39　散布図の仕上げ

(2) ヒストグラム

ヒストグラムとは，縦棒グラフの一種で，棒と棒の間の隙間がないものをいう。（p.213, Fig.9-48）のようなヒストグラムを描く。

まず，Fig.9-40のデータをExcelに入力する。表の中の0～5，5～10などの値は，階級という。例えば，階級の最小値がaで最大値がbであったとすると，a～bとはa以上b未満であることを示す。また，階級a～bの階級値とは(a+b)/2の値のことをいう。さらに，その階級の間に入るデータの個数を度数という。例えば，階級5～10の階級値は7.5であり，その階級に含まれる度数は4個，ということを右の表は示している。その4個のデータの具体的な点数はわからないが，その真ん中の値の階級値で代表して考えるのである。グラフにするときは，階級値7.5が4個あるとして縦棒グラフにすることで，実際の点数を近似して表している。

	A	B	C	D	E
1	\multicolumn{5}{c	}{Z大学の試験の点数分布}
2	階　　級			階級値	度　数
3	0	～	5	2.5	2
4	5	～	10	7.5	4
5	10	～	15	12.5	8
6	15	～	20	17.5	12
7	20	～	25	22.5	15
8	25	～	30	27.5	16
9	30	～	35	32.5	21
10	35	～	40	37.5	24
11	40	～	45	42.5	32
12	45	～	50	47.5	38
13	50	～	55	52.5	42
14	55	～	60	57.5	35
15	60	～	65	62.5	31
16	65	～	70	67.5	22
17	70	～	75	72.5	16
18	75	～	80	77.5	12
19	80	～	85	82.5	8
20	85	～	90	87.5	6
21	90	～	95	92.5	4
22	95	～	100	97.5	2

Fig.9-40　ヒストグラムのデータ

手順1 まず，縦棒グラフを描く。度数の部分であるE2：E22セル範囲を選択状態にしてからメニューバーのタブ「挿入」をクリックし，グループ「グラフ」から，「2-D縦棒」の「集合縦棒」(Fig.9-41)をクリックすると，縦棒グラフが描かれる(Fig.9-42)。

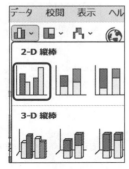

Fig.9-41　集合縦棒

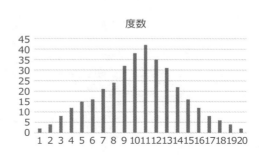

Fig.9-42　縦棒グラフ

手順2 次に，レイアウトの変更を行う。グラフ上でクリックするとメニューバーに「コンテキストタブ」の「グラフのデザイン」が現れるのでクリックする(Fig.9-20)。左側にある「クイックレイアウト」の一覧から「レイアウト8」(Fig.9-43)を選ぶと，Fig.9-44のようになる。

「レイアウト8」を選ばなくても，グラフの要素の間隔を0にすることはできる。方法は，縦棒グラフを選択したのちに，棒グラフの上で右クリックし，「データ系列の書式設定」をクリックする。右側に出てくる「系列のオプション」の「要素の間隔(W)」を「0%」にすればよい。この方法は，後述する。

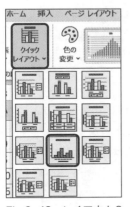

Fig.9-43　レイアウト8

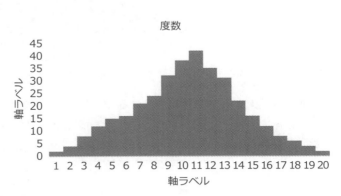

Fig.9-44　ヒストグラム1

手順3 次に，軸ラベル名の入力，横軸ラベルの目盛りの変更，およびグラフタイトル名の変更をする。横軸ラベル名を階級値，縦軸ラベル名を度数，タイトルをZ大学の試験の点数分布，と修正する。具体的な方法は 02 (1)の散布図の該当箇所を参照のこと。

横軸ラベル名を階級値としたが，現在の目盛りは階級値になっていない(1-20になっている)ので，階級値に修正することとする。これを行うには，グラフの上で右クリックして「データの選択」をクリックする。「データソースの選択」がポップアップされるので，右にある「横(項目)軸ラベル」の「編集」をクリックする。軸ラベルの範囲のところにD3：D22セル範囲

を，ドラッグ（カーソルで左クリックをしながらなぞる）で指定すればよい。「OK」をクリックし，データソースの画面でもう一度「OK」をクリックすると，横軸目盛りが階級値に変更される（Fig.9-45）。

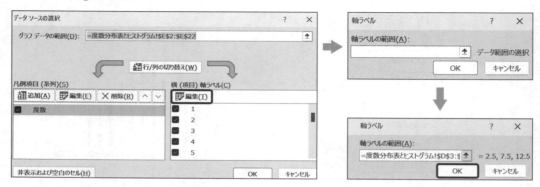

Fig.9-45　階級値の編集

表示範囲が狭い場合，横軸目盛りが縦に表示れる場合があるが，その場合は，グラフ自体を大きくすれば，表示されるようになる（Fig.9-46）。

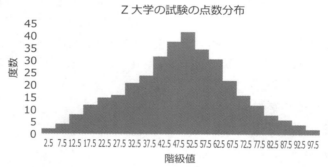

Fig.9-46　ヒストグラム2

手順4　最後に，縦棒に枠線を入れることとする。グラフは既にヒストグラムになっているが，縦棒に枠線が入っていないので，データとデータの境目がわかりにくい（Fig.9-46）。そこで，縦棒に枠線を入れてわかりやすくする。縦棒の上で右クリックして「データ系列の書

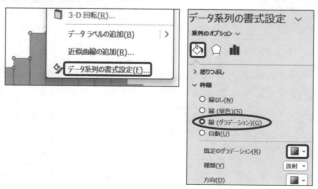

Fig.9-47　データ系列の書式設定

式設定」を選ぶ(Fig.9-47)。データ系列の書式設定の画面で「塗りつぶしと線」タブをクリックして,「枠線」のところで「線(グラデーション)」を選び,「規定のグラデーション」で適宜選ぶと,ヒストグラムが完成する(Fig.9-48)。

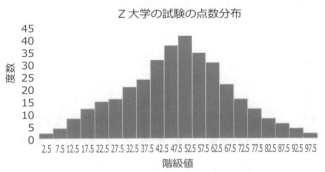

Fig.9-48 ヒストグラムの仕上げ

なお,この際の注意点としては,縦棒グラフを選択するときに一つだけ選択してしまうと「データ要素の書式設定」が表示されて一つだけに変更が適用されてしまう。もし,一要素だけが選ばれてしまった場合は,一旦,要素以外のところでクリックした後に,もう一度グラフの要素を1回だけクリックすると,縦棒全体が選択される。

(3) 複合グラフ

複合グラフとは性質の違う2種類のデータ,あるいは大きさの違う2種類のデータを同一のグラフに描くもので,それぞれ縦軸の数値が異なるので,左右に軸の目盛りを分けて(2軸を使って)作成したものをいう。今回の場合は,気温と売上高を同じグラフ内に書く。Fig.9-49のデータをExcelに入力する。

手順1 まず,データをグラフ化する。データのA2：C14セル範囲を選択状態し,メニューバーのタブ「挿入」をクリックして,「おすすめグラフ」をクリックする(Fig.9-50)。「グラフの挿入」の画面で「すべてのグラフ」タブをクリックし,1番下の「組み合わせ」をクリックする。右の画面下でグラフの種類が気温は「集合縦棒」,売上高は「折れ線」になっていることを確認し,なっていない場合は変更する。そして,売上高の「第2軸」のところに☑を入れ,「OK」をクリックする(Fig.9-51)と,複合グラフの原型ができる(Fig.9-52)。

	A	B	C
1		平均気温と売上高	
2		気温（度）	売上高（百万円）
3	1月	6.2	150
4	2月	6.9	147
5	3月	9.7	120
6	4月	14.5	112
7	5月	18.8	80
8	6月	22.4	70
9	7月	26.5	60
10	8月	27.3	53
11	9月	23.9	65
12	10月	18.6	85
13	11月	13.4	100
14	12月	8.5	120

Fig.9-49 複合グラフのデータ

Fig.9-50 おすすめグラフ

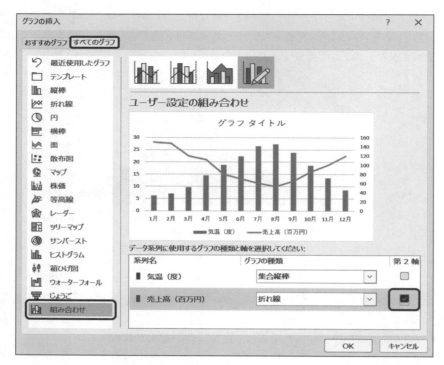

Fig. 9-51　組み合わせ

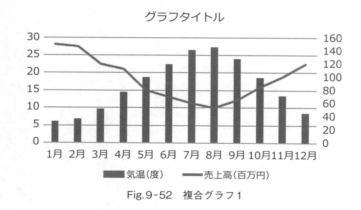

Fig. 9-52　複合グラフ1

手順2　次に，縦軸ラベルの追加とラベル名の入力，およびグラフタイトル名の変更を行う。グラフ(Fig. 9-52)をクリックすると，メニューバーにコンテキストタブ(p. 201, Fig. 9-20)が現れるので，その中から「グラフのデザイン」をクリックする。次に，その「グラフのデザイン」をクリックして「グラフ要素を追加」をクリックする。縦軸ラベルは左右2つ必要であるので，左右とも追加する。まず左(第1軸)から追加するために，「軸ラベル」→「第1縦軸」とクリックする(第1横軸と間違えないように注意)。同様にして，「第2縦軸」を追加する(Fig. 9-53)。第1縦軸ラベル名を気温(度)，第2縦軸ラベル名を売上高(百万円)，グラフタイトル名を平均気温と売上高とする(Fig. 9-54)。

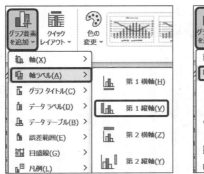 

Fig.9-53　軸ラベル

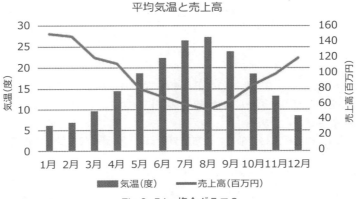

Fig.9-54　複合グラフ2

手順3　折れ線グラフにマーカーを入れる（Fig.9-55）。以上でグラフはできているが，さらに折れ線グラフ上の点を強調するために，マーカーのオプションを変更することとする（Fig.9-56）。まず，折れ線の上で右クリックして「データ系列の書式設定」をクリックする。右側に出てくる「データ系列の書式設定」の画面で，「塗りつぶしと線」タブをクリックして「マーカー」→「マーカーのオプション」とクリックして，「組み込み」のところをチェックして「種類」から四角形を選ぶ。さらに，「サイズ」を「7」にする。

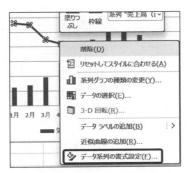 

Fig.9-55　マーカーを入れる 1　　　Fig.9-56　マーカーを入れる 2

以上で，複合グラフ（Fig.9-57）が完成する。

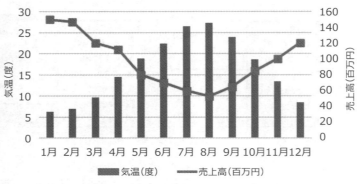

Fig.9-57　複合グラフの仕上げ

■練習問題1　＊　＊　＊　＊　＊　＊　＊

Fig.9-58-(1)，Fig.9-58-(2)のそれぞれについて散布図を描きなさい。

軸ラベル名，グラフタイトル名は例1と同様にしなさい。凡例の名前は横軸名と縦軸名を合わせたものにしなさい。

また，近似直線を挿入し，前方・後方補外を追加し，実線に変更し，数式を表示させなさい。

(1) 食品のカロリーと炭水化物保有量

食品名（参考）	x：カロリー（kcal）	y：炭水化物（g）
かぼちゃ	37.0	7.8
キャベツ	25.0	4.8
きゅうり	11.0	1.7
グリーンピース	94.0	15.4
ごぼう	77.0	16.3
そらまめ	109.0	15.6
たけのこ	27.0	4.4
とうもろこし	93.0	16.9
トマト	17.0	3.4
なす	19.0	3.5
にら	20.0	2.9
にんにく	135.0	26.4
ねぎ	28.0	6.0
はくさい	13.0	1.8
ブロッコリー	44.0	6.8
ほうれんそう	26.0	3.9
もやし	38.0	2.4
れんこん	67.0	15.2
玉ねぎ	36.0	7.7
人参	34.0	6.4

Fig.9-58-(1)　散布図

(2) 人口増加率と高齢化率

件名（参考）	x：人口増加率	y：高齢化率
北海道	47.06	53.40
青森県	35.04	57.53
岩手県	38.52	57.75
宮城県	55.75	40.77
秋田県	30.45	70.61
山形県	38.32	58.80
福島県	36.40	51.89
茨城県	52.70	44.97
栃木県	52.24	41.69
群馬県	51.62	47.63
埼玉県	66.36	37.44
千葉県	65.31	41.34
東京都	78.00	28.29
神奈川県	67.62	33.63
新潟県	44.47	55.86
富山県	47.16	57.91
石川県	53.88	47.96
福井県	46.88	50.62
山梨県	43.91	50.20
長野県	46.65	56.13
岐阜県	48.37	49.12
静岡県	51.11	48.27
愛知県	65.44	33.13
三重県	49.57	48.23
滋賀県	62.90	35.22
京都府	54.77	46.85
大阪府	58.98	42.16
兵庫県	55.26	45.75
奈良県	47.60	52.11
和歌山県	40.01	59.18
鳥取県	44.03	54.89
島根県	42.11	65.02
岡山県	53.21	51.12
広島県	55.08	47.21
山口県	43.09	63.58
徳島県	40.96	59.83
香川県	49.06	56.36
愛媛県	43.55	58.44
高知県	36.37	66.37
福岡県	61.00	41.45
佐賀県	48.06	47.86
長崎県	41.16	55.44
熊本県	49.80	51.79
大分県	48.70	57.95
宮崎県	46.85	55.01
鹿児島県	42.88	54.05
沖縄県	71.77	19.20

Fig.9-58-(2)　散布図

■練習問題２　＊　＊　＊　＊　＊　＊　＊

Fig.9-59-(1)，Fig.9-59-(2)のそれぞれについてヒストグラムを描きなさい。軸ラベル名，グラフタイトル名は例２と同様にしなさい。

(1) Aクラスの試験の点数分布

階	級		階級値	度数
0	～	10	5	3
10	～	20	15	7
20	～	30	25	15
30	～	40	35	23
40	～	50	45	35
50	～	60	55	44
60	～	70	65	35
70	～	80	75	20
80	～	90	85	14
90	～	100	95	4

Fig.9-59-(1)　ヒストグラム

(2) Aクラスの試験のシミュレーション

階	級		階級値	予測値
0	～	5	2.5	0.04
5	～	10	7.5	0.13
10	～	15	12.5	0.46
15	～	20	17.5	1.48
20	～	25	22.5	4.07
25	～	30	27.5	9.53
30	～	35	32.5	19.08
35	～	40	37.5	32.65
40	～	45	42.5	47.68
45	～	50	47.5	59.48
50	～	55	52.5	63.36
55	～	60	57.5	57.63
60	～	65	62.5	44.77
65	～	70	67.5	29.69
70	～	75	72.5	16.82
75	～	80	77.5	8.14
80	～	85	82.5	3.36
85	～	90	87.5	1.18
90	～	95	92.5	0.36
95	～	100	97.5	0.09

Fig.9-59-(2)　ヒストグラム

■練習問題３　＊　＊　＊　＊　＊　＊　＊

Fig.9-60-(1)，Fig.9-60-(2)のそれぞれについて複合グラフを描きなさい。最初の項目は集合縦棒で，２番目の項目は折れ線で描き，縦軸ラベルも例３と同様に追加してラベル名を入力しなさい。

(1) 東京都の平均気温と降水量

月	平均気温（度）	降水量（mm）
1月	5.2	52.3
2月	5.7	56.1
3月	8.7	117.5
4月	13.9	124.5
5月	18.2	137.8
6月	21.4	167.7
7月	25	153.5
8月	26.4	168.2
9月	22.8	209.9
10月	17.5	197.8
11月	12.1	92.5
12月	7.6	51

Fig.9-60-(1)　複合グラフ

(2) 総人口と国民総医療費（平成）

年度	総人口（千人）	国民総医療費（千万）
H1	123205	197290
H2	123611	206074
H3	124101	218260
H4	124567	234784
H5	124938	243631
H6	125265	257908
H7	125570	269577
H8	125859	284542
H9	126157	289149
H10	126472	295823
H11	126667	307019
H12	126926	301418
H13	127316	310998
H14	127486	309507
H15	127694	315375
H16	127787	321111
H17	127768	331289
H18	127901	331276
H19	128033	341360
H20	128084	348084
H21	128032	360067
H22	128057	374202
H23	127834	385850
H24	127593	392117
H25	127414	400610
H26	127237	408071
H27	127095	423644
H28	126933	421381
H29	126710	430710
H30	126443	433949
H31/R1	126167	443895
R2	126146	429665

Fig.9-60-(2)　複合グラフ

03　2種類のデータ間の相関関係と相関係数

(1) グラフを描く

Fig.9-61は，成人男性15人の体重・身長および体脂肪率のデータである。このデータを使い，体重と身長からBMIを計算して，BMIと体脂肪率の間の関係を調べたい。BMIと体脂肪率は互いに関連する因子であると予想できる。その関係を相関関係とよぶ。その関係が具体的にわからなくとも，相関関係の強さを調べる方法があり，その強さの度合いを数値にしたものを相関係数とよんでいる。

今回，BMIを変数xとし，体脂肪率を変数yとして，BMI(x)と体脂肪率(y)の間の相関係数を求める。

手順1　BMIを求める。BMIの求め方は前述 **01** (6)の通りだが

$$\text{BMI} = 体重(\text{kg}) \div 身長(\text{m}) \div 身長(\text{m})$$
$$= 体重(\text{kg}) \div 身長(\text{m})^2$$

B	C	D	E
体重(kg)	身長(cm)	BMI(kg/m^2)(x)	体脂肪率(%)(y)
65	168.5		19.2
81	170		24.2
88	167		27.8
84	178		24.5
56	172		17.1
52	169		15.3
75	175.5		21.1
59	174		19.3
62	165		19.6
80	169		22.8
82	167		24.1
65	182		17.4
70	178		18.9
78	168		22.3
75	177		21.4

Fig.9-61　相関関係のデータ

である。

まず，D2セルに「=B2/(C2/100)/(C2/100)」と入力し，小数点以下の桁数を2にする。D2セルをコピーしてD3:D16セル範囲に貼り付ける。

手順2　グラフ化を行う。今回は散布図を描くこととする。詳しい散布図の描き方は，**02** を参照すればよいが，簡単に説明を行う。

今回は，D1:E16のデータを使う。該当のセル範囲を選択状態にして，タブ「挿入」から「散布図」の「散布図（マーカーのみ）」をクリックして，グラフ化する。グラフを選び，コンテキストタブの「グラフのデザイン（デザイン）」から，「クイックレイアウト」の一覧の「レイアウト1」を選ぶ。縦と横の軸ラベルが追加されるので，横軸ラベルには「x：BMI(Kg/m^2)」，縦軸ラベルには「y：体脂肪率(%)」と入力する。タイトルは「BMIと体脂肪率の相関関係」と修正する。

凡例の項目名は「BMIと体脂肪率」と入力しなおす。これは，図の上で右クリックして「データの選択」をクリックし，ポップアップした「データソースの選択」から左側の「編集」で，系列名を「BMIと体脂肪率」と入力して「OK」を2回クリックすればよい。

次に，目盛りを変更する。横軸の目盛りの上で右クリックして「軸の書式設定」の画面を表示させてから，最小値を15，最大値を35，目盛間隔を5に設定する。縦軸も同様に，最小値を10，最大値を30，目盛間隔を2に設定する。

最後に縦軸ラベルを水平に表示させる。この方法に関しては **02** では言及していないため，

詳しく説明を行う。縦軸ラベル（y：体脂肪率（%））の枠線上でダブルクリックするか，あるいは縦軸ラベル上で右クリックして「軸ラベルの書式設定」を表示させる。「サイズとプロパティ」タブをクリックし，「文字列の方向」の下三角ボタンをクリックして一覧から「横書き」をクリックする（Fig.9-62）。

手順3 縦軸ラベルを水平にするとグラフ領域が狭くなるので修正が必要である。縦軸ラベルの枠線の上にポインタを合わせてドラッグすれば縦軸ラベルを移動できるので，⇔（p.198, Table9-2）で上部に移動する。次に，グラフのプロットエリア（Fig.9-63）でクリックして右図の状態になったら，白丸にポインタを合わせてポインタの形状が白い双方向矢印（Table9-2-(H)の形状）に変わったらドラッグして適当な大きさに修正する（Fig.9-64）。

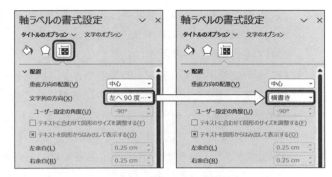

Fig.9-62　軸ラベルの書式設定

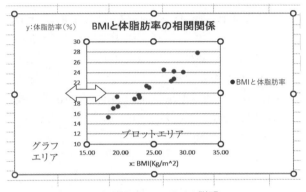

Fig.9-63　エリアの説明

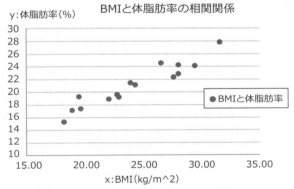

Fig.9-64　プロットエリアの調整

(2) 分散，共分散および標準偏差

相関係数を定義して求めるための準備として，分散，共分散および標準偏差を定義して，それらを求める。体重のデータを $x = \{x_1, x_2, \cdots, x_n\}$ とし，体脂肪率のデータを $y = \{y_1, y_2, \cdots, y_n\}$ とするとき，x の分散，$V(x)$，y の分散，$V(y)$，x と y の共分散 $COV(x, y)$ は，次の定義で与えられる。

$$V(x) = \frac{1}{n} \sum_{j=1}^{n} (x_j - E(x))^2, \ V(y) = \frac{1}{n} \sum_{j=1}^{n} (y_j - E(y))^2,$$

$$COV(x, y) = \frac{1}{n} \sum_{y=1}^{n} (x_j - E(x))(y_j - E(y))$$

上記式において，$E(x)$ は体重のデータの平均値，$E(y)$ は体脂肪率のデータの平均値を表

す。x の標準偏差と y の標準偏差は，それぞれ，$S(x) = \sqrt{V(x)}$，$S(y) = \sqrt{V(y)}$ と書く。

また，$COV(x, y) = COV(y, x)$，$COV(x, x) = V(x)$，$COV(y, y) = V(y)$ が成り立つ。

これらを，Excelで求める。まず，Fig.9-65のように，F1に「x の偏差」，G1に「y の偏差」，H1に「x の偏差平方」，I1に「y の偏差平方」，J1に「x の偏差と y の偏差の積」と書き，A17に平均と書く。そして，B17～E17セルに各B列，C列，D列，E列の平均値を計算しておく。小数の桁数が多くなった場合は小数点以下2桁にしておく。次に，F列に「x の偏差」，G列に「y の偏差」を計算して，H列に「x の偏差平方」，I列に「y の偏差平方」，J列に「x の偏差と y の偏差の積」をそれぞれ計算する。偏差とは，ある母集団に属する数値と，母集団の平均との差のこと，平方とはある数を2乗することを指す。母集団の平均は標本の平均値（17行目の平均）で代用する。

F2セルは，「=D2-\$D\$17」，G2セルは「=E2-\$E\$17」，H2セルは「=F2^2」，I2セルは「=G2^2」，J2セルは「=F2*G2」とする。F2からJ2をコピーして，F3：J16に張り付ける。17行目に各列の平均値を計算する。F列とG列の平均は母平均との差の平均なので，0になるはずだが，まれに「*****E-16」などと表示される場合がある。例えば「7.10543E-16」などとなった場合は，7.10543×10^{-16} と読むが，これは誤差である。理論上は0にならなければならないので，0と修正してよい。偏差平方の合計を偏差平方和といい，偏差平方の平均を分散という。つまり，H17が x の分散，I17が y の分散，J17が共分散である。これについてコメントを入れておくと，後々に見直したときに便利である。

	A	B	C	D	E	F	G	H	I	J
1		体重(Kg)	身長(cm)	BMI(Kg/m^2)(x)	体脂肪率(%)(y)	x の偏差	y の偏差	x の偏差平方	y の偏差平方	x の偏差と y の偏差の積
2		65	168.5	22.89	19.2					
3		81	170	28.03	24.2					
4		88	167	31.55	27.8					
5		84	178	26.51	24.5					
6		56	172	18.93	17.1					
7		52	169	18.21	15.3					
8		75	175.5	24.35	21.1					
9		59	174	19.49	19.3					
10		62	165	22.77	19.6					
11		80	169	28.01	22.8					
12		82	167	29.40	24.1					
13		65	182	19.62	17.4					
14		70	178	22.09	18.9					
15		78	168	27.64	22.3					
16		75	177	23.94	21.4					
17	平均									

Fig.9-65　表のつけ足し

なお，コメント（メモ）の挿入の仕方は，コメント（メモ）を入れたいセルを右クリックして，その中からコメント（メモ）を選べば書き込める。コメントとメモの違いは，メモがExcelの旧ヴァージョンからある単発のもので，コメントは複数の編集者とスレッド化できたり，そのコメントが書かれた日時までわかるものである。印刷も可能である。なおメモもコメントも修正が後でできる。また，タブ「校閲」からも設定が可能である。

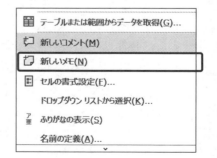

Fig.9-66　メモとコメント

今回はメモを使う。H17セルの値が$V(x)$なので，メモを入れる。H17セルをクリックしてから，その上で右クリックして「新しいメモ」をクリックする(Fig.9-66)。そして，出てきた黄色の枠の中に，「これがxの分散$V(x)$」と入れておく。この際，文字サイズを「12」にしておけば見やすい。以後は，ポインタをH17セルの上にもっていくとメモがみられるようになる(Fig.9-67)ので，セル内の数値が何を表しているかを判断するヒントになる。同様にして，I17セルに「これがyの分散$V(y)$」，J17セルに「これがxとyの共分散$COV(x,y)$」を挿入する。メモを修正したい場合は，メモを入れたセルの上で右クリックして「メモの編集」をクリックして修正すればよい。

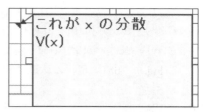

Fig.9-67 メモ

次に，K列に「xの2乗」，L列に「yの2乗」，M列に「xy」の値を計算する(Fig.9-68)。K2セルに「=D2^2」，L2セルに「=E2^2」，M2セルに「=D2*E2」と入力して，K2からM2までをコピーし，K3からM16まで貼り付ける。17行目にK，L，M各列の平均を求める。

分散や共分散は，以下の公式でも求められるため，検算を行う。

$$V(x) = E(x^2) - (E(x))^2$$
$$V(y) = E(y^2) - (E(y))^2$$
$$COV(x,y) = E(xy) - E(x) \times E(y)$$

$E(x^2)$はK17セルに，$E(y^2)$はL17セル

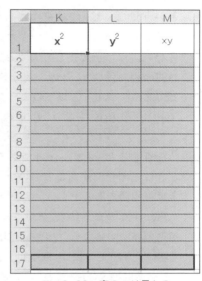

Fig.9-68 表のつけ足し2

Fig.9-69 表のつけ足し3

に，$E(xy)$はM17セルに，$E(x)$はD17セルに，$E(y)$はE17セルに，それぞれ求められているので，そちらを使う。H20セルに，「$E(x^2) - (E(x))^2$」の値を計算する。

	A	B	C	D	E	F	G	H	I	J	K	L	M
1		体重(Kg)	身長(cm)	BMI(Kg/m^2) (x)	体脂肪率(%) (y)	xの偏差	yの偏差	xの偏差平方	yの偏差平方	xの偏差とyの偏差の積	x²	y²	xy
2		65	168.5	22.89	19.2	-1.33563	-1.8	1.7839	3.24	2.404128015	524.116	368.64	439.5566
3		81	170	28.03	24.2	3.79848	3.2	14.4285	10.24	12.15514777	785.551	585.64	678.2699
4		88	167	31.55	27.8	7.32446	6.8	53.6477	46.24	49.80633592	995.633	772.84	877.1917
5		84	178	26.51	24.5	2.28261	3.5	5.2103	12.25	7.989121283	702.876	600.25	649.5392
6		56	172	18.93	17.1	-5.30005	-3.9	28.0905	15.21	20.67018366	358.313	292.41	323.6885
7		52	169	18.21	15.3	-6.02255	-5.7	36.2711	32.49	34.32854958	331.482	234.09	278.5617
8		75	175.5	24.35	21.1	0.12125	0.1	0.0147	0.01	0.01212537	592.944	445.21	513.7945
9		59	174	19.49	19.3	-4.74182	-1.7	22.4848	2.89	8.061085906	379.758	372.49	376.1065
10		62	165	22.77	19.6	-1.45601	-1.4	2.1200	1.96	2.038416205	518.618	384.16	446.3545
11		80	169	28.01	22.8	3.78103	1.8	14.2962	3.24	6.805846345	784.573	519.84	638.6331
12		82	167	29.40	24.1	5.17308	3.1	26.7607	9.61	16.03653347	864.494	580.81	708.5948
13		65	182	19.62	17.4	-4.60596	-3.6	21.2149	12.96	16.58147067	385.071	302.76	341.4443
14		70	178	22.09	18.9	-2.13603	-2.1	4.5626	4.41	4.485658653	488.108	357.21	417.5609
15		78	168	27.64	22.3	3.40686	1.3	11.6067	1.69	4.428913369	763.752	497.29	616.284
16		75	177	23.94	21.4	-0.28972	0.4	0.0839	0.16	-0.115886797	573.089	457.96	512.3049
17	平均	71.47	172	24.23	21	0	0	16.17176748	10.44	12.37917529	603.226	451.44	521.1923
18													
19								xの分散	yの分散	共分散			
20								16.17176748	10.44	12.37917529			

Fig.9-70 分散・共分散結果

これは，上の公式より x の分散 $V(x)$ に等しい。同様にして，I20セルに「$E(y^2)-E(y)^2$」の値を計算して，$V(y)$ に等しいことを確かめ，さらに，J20セルに「$E(xy)-E(x)\times E(y)$」の値を計算して，x と y の共分散 $COV(x,y)$ に等しいことを確かめておく（Fig.9－69）。現状の結果はFig.9-70のようになる。

(3)　相関係数

x と y が独立であるとき，$E(xy)=E(x)\times E(y)$ が成立する。そこで，$E(xy)-E(x)\times E(y)$ という量は x と y が独立な場合には0になる。上で見たように，この値は x と y の共分散 $COV(x,y)$ である。共分散の値はいくらでも絶対値が大きくなり得る。そこで絶対値が1を超えないように正規化しておくと x と y の間の関連性が数値として理解しやすくなる。x と y の間の相関係数 ρ_{xy} とは，共分散の値を x の標準偏差と y の標準偏差の積で割ったもののことである。つまり，以下のような式となる。

$$\rho_{xy}=\frac{COV(x,y)}{\sqrt{V(x)V(y)}}=\frac{COV(x,y)}{S(x)S(y)}$$

そうすると $-1\leqq\rho_{xy}\leqq 1$ であることが2次方程式の判別式を利用するとわかる。$\rho_{xy}>0$ のときは正の相関があるといい，$\rho_{xy}<0$ のときは負の相関があるという。さらに，$\rho_{xy}=0$ のときは無相関であるという。

Fig.9-71のように表をつくる。B20セルに x の標準偏差を求めよう。標準偏差は，分散の平方根なので，B20セルに「＝SQRT(H17)」と入力して，x の標準偏差 $S(x)$ を求める。同様にしてB21セルに y の標準偏差を求める。B21セルに「＝SQRT(I17)」と入力し，y の標準偏差 $S(y)$ を求める。次に，B22セルに「＝J17」と入力して，x と y の共分散 $COV(x,y)$ の値を転記する。最後に，B23セルに x と y の相関係数を求める。B23セルに「＝B22/(B20＊B21)」と入力して，x と y の相関係数を計算する。相関係数の値は0.9527…となる。

	A	B	C
18			
19			EXCEL関数
20	x の標準偏差		
21	y の標準偏差		
22	xとyの共分散		
23	xとyの相関係数		
24	回帰係数		
25	切片		

Fig.9-71　表のつけ足し4

(4)　近似直線（回帰直線）を挿入して回帰直線の方程式を求める

最初に描画した散布図に近似曲線を挿入する。すでに 02 で詳しい説明はしてあるので，以下は簡単に説明する。

散布図のグラフの点（プロット）をクリックするとすべての点が選択された状態になる。その状態で，点（プロット）の上で，右クリックをして「近似曲線の追加」をクリックする。（なお，Windowsのデスクトップ版の場合，グラフを選択して，右側に出てくる「＋」からも近似曲線は追加できる）。近似曲線のオプションで「線形近似」が選択されているか確認する。違う場合は線形近似に変更する。さらに，近似曲線の書式設定の画面を縦にスクロールして「予測」のところで，前方補外を「3.45」，後方補外を「3.21」に設定する（Fig.9-72）。これは x の最大値が31.55なので35－31.55＝3.45から，前方補外は3.45である。同様に最小値は18.21なので18.21－15＝3.21から，後方補外は3.21である。近似曲線の線形近似を回帰直線とい

う。回帰直線が点線になっている場合は，実線に変更する。以上から，グラフができた(Fig.9-73)。

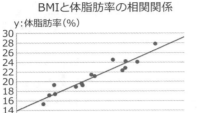
Fig.9-73 相関関係のグラフ

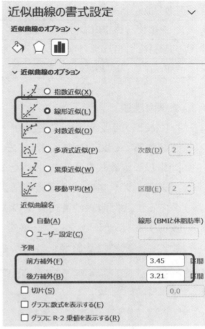
Fig.9-72 近似直線の設定

〔注意〕 BMIの目盛りの表示を小数点以下の桁数が2にすると，グラフ化したときに目盛りの小数点以下00が付いてしまう。これを修正するには目盛りの上でダブルクリックして「軸の書式設定」→「軸のオプション」とクリックし，「表示形式」のカテゴリ欄のところを「標準」に変更すればよい。

回帰直線を $y = ax + b$ と表すと（x は BMI(kg/m^2)，y は体脂肪率(%)を表す），係数 a と b は以下の式で求められることができる。a を回帰係数，b を切片という。

$$a = \frac{COV(x, y)}{V(x)} \quad b = E(y) - a \times E(y)$$

課題
① B24セルに上の公式を利用して回帰係数を求めよう(Fig.9-74)。
② B25セルに上の公式を利用して切片を求めよう(同上)。

	A	B	C
19			EXCEL関数
20	x の標準偏差	4.02141	
21	y の標準偏差	3.23110	
22	xとyの共分散	12.37918	
23	xとyの相関係数	0.95271	
24	回帰係数		
25	切片		

Fig.9-74 公式による計算

(5) Excelの関数

以上の概念を数値だけ，手っ取り早く求めるためにExcelの関数(Table 9-4)が用意されている。

Table 9-4 Excel関数

概念の名称	EXCELの関数	使用例
標準偏差	STDEVP(データセル範囲)	=STDEVP(D2:D16)
分　散	VARP(データセル範囲)	=VARP(E2:E16)

第9章　Excelの統計学への応用

共分散	COVAR（データ1のセル範囲，データ2のセル範囲）	=COVAR（D2：D16, E2：E16）
相関係数	CORREL（データ1のセル範囲，データ2のセル範囲）	=CORREL（D2：D16, E2：E16）
回帰係数	SLOPE（データyのセル範囲，データxのセル範囲）	=SLOPE（E2：E16, D2：D16）
切片	INTERCEPT（データyのセル範囲，データxのセル範囲）	=INTERCEPT（E2：E16, D2：D16）

■**練習課題**　＊　＊　＊　＊　＊　＊　＊

　Excelの関数を用いて，B20，B21，B22，B23，B24，B25で求めた数値が正しいことを確認する。C20，C21，C22，C23，C24，C25セルは上の表の使用例を参考に関数を入力して計算し，定義式を用いて求めたB20：B25セルの値と一致しているか確認する（Fig.9-75）。

　また，グラフの近似直線を選択状態にして右クリックして「近似曲線の書式設定」をクリックする。近似曲線の書式設定の画面で，「近似曲線のオプション」の画面で，「グラフに数式を表示する」にチェック・マークを入れる「閉じる」ボタンをクリックする。その後，グラフ上の数式と，求めた数値が正しいかを確認する（近似値が表示されるので多少の誤差はある）。

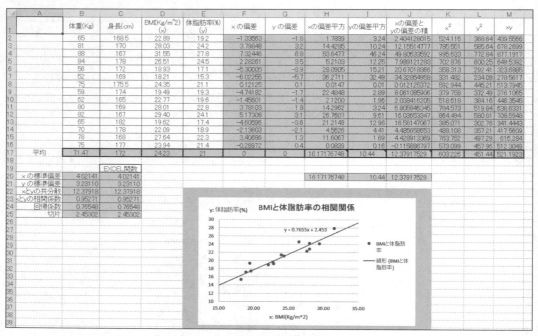

Fig.9-75　相関関係

04　データの処理（最大値・最小値），度数分布表とヒストグラム

（1）データの処理，最大値と最小値

　Fig.9-76のデータ（40個，A1からH5に入力）は成人男子40人の収縮期血圧を測定したものである。このデータを血圧値の範囲分けをして分類することを考える。

　J1に「データ数」，J2に「最大値」，J3に「最小値」，J4に「範囲R」，J5に「階級の数k」，J6

	A	B	C	D	E	F	G	H
1	124	113	111	132	106	98	94	135
2	114	116	116	144	150	118	128	144
3	126	133	141	121	121	104	122	128
4	130	155	133	148	106	113	113	132
5	158	142	125	102	103	110	130	155

Fig.9-76　度数分布表のデータ

に「階級の幅w」，J7に「初めの値」，と入力し，それぞれの値を求める（Fig.9-77）。

	J	K
1	データ数	=COUNT(A1:H5)
2	最大値	=MAX(A1:H5)
3	最小値	=MIN(A1:H5)
4	範囲 R	=K2-K3
5	階級の数 k	=ROUNDUP(SQRT(K1),0)
6	階級の幅 w	=ROUNDUP(K4/K5,0)
7	初めの値	90

まず，①データ数（n）はCOUNT関数で求めるので，K1は「=COUNT(A1:H5)」。②最大値はMAX関数で求めるので，K2は「=MAX(A1:H5)」。③最小値はMIN関数で求めるので，K3は「=MIN(A1:H5)」。④範囲Rは最大値－最小値で求めるので，K4は「=K2-K3」。⑤階級の数kは$\sqrt{n}$を切り上げた整数であり，平方根はSQRT関数，切り上げはROUNDUP関数で求められる

	J	K
1	データ数	40
2	最大値	158
3	最小値	94
4	範囲 R	64
5	階級の数 k	7
6	階級の幅 w	10
7	初めの値	90

Fig.9-77　表の追加

ので，K5は「=ROUNDUP(SQRT(K1),0)」。⑥階級の幅wはR/kを計算して，データの測定単位の整数倍の値とする。よって，K6は「=ROUNDUP(K4/K5,0)」。ただし，次の「初めの値」で決まる最後の階級に最大値が入るようにwの値を調節しなければならない。⑦初めの値は，階級の始めの値を決める（最小値よりも小さい区切りのよい数値）ので，最小値より小さい整数として，K7は「90」とする。こうすると最大値「158」は最後の階級に入る（Table9-5）。

Table9-5　Excel 関数2

MAX（セル範囲）	セル範囲の数値中の最大値を求める
MIN（セル範囲）	セル範囲の数値中の最小値を求める
ROUNDUP（小数値, p）	小数値を小数点以下の桁数がpになるように切り上げる

(2) 累積度数，度数，累積相対度数，相対度数

Fig.9-77の⑤階級数7，⑥階級の幅10，⑦初めの値90を用いて，Fig.9-78を作成する。

まず，B10セルに「階級」と入力する。B11セルに「90」と入力し，C11セルに「〜」，D11セルに「100」と入力する。同様にして，「150」，「〜」「160」まで入力する。この時，オートフィル機能を使ってもよい。（B11に90，B12に100と打ち込んだ後に，その2つを選んで，右下に出てくる■にカーソルを合わせ，＋マーク（Table9-2-(B)のカーソル）下までひっ張れば，自動的に，110，120と続いて入力される。）

第9章　Excelの統計学への応用

	B	C	D	E	F	G	H	I
	階級			階級値	累積度数	度数	累積相対度数	相対度数
	90	~	100					
	100	~	110					
	110	~	120					
	120	~	130					
15	130	~	140					
16	140	~	150					
17	150	~	160					
18					合計		合計	

Fig.9-78　表の作成

次にE10セルに「階級値」と入力して，各階級の階級値を求める。2.2のヒストグラムでも述べたが，階級値とは，各階級の中央値のことである。

この場合，E11セルに「=(D11+B11)/2」と入力する。E11セルをコピーして，E12～E17セルまで貼り付ける。

次に，F10に「累積度数」と入力して，各階級の累積度数を求める。累積度数とは，各階級の度数を順に加算したものである。これは，Excelの関数，COUNTIFを用いる。COUNTIF関数は，指定された範囲内で条件に当てはまるセルの数をカウントするという関数で，「=COUNTIF(範囲，条件)」というように書き表す。今回は，F11セルに「=COUNTIF($A$1:$H$5, "<"&D11)」と打ち込む。なお，不等式＜は半角英数字で入力しないと，エラーが出る。このように入力すれば，A1～H5セルの範囲に入力されている数値の中で，例えば，条件 "<100" を満たすもの，すなわち100未満の数値の個数を数えるという形になる。また，データを入力したセル範囲に"$"記号をつけたのは，コピーして使うときに，動かないようにするためである。$の後の列指定や行指定は，コピーしても相対的に動かない。これを絶対指定という。F11セルの式をコピーしてF12セル～F17セル範囲に貼り付ければ，各階級の累積度数を求めることができる。そうすると，最後の階級の累積度数（F17）はデータ数40に一致する。なお，最後の階級の累積度数は，160に最大値が一致する場合には，F17セルをダブルクリックして式を表示した後，不等式"<"（未満）を，等号付き不等式"<="（以下）に変更する必要がある。上記の例では最大値が158であるためその必要はない。

次に，G10に「度数」と入力して，各階級の「度数」を求める。まず，最初の階級（90～100）は，累積度数＝度数となるので，G11セルには「=F11」と入力すればよい。だが，それ以下（100～110以下）は，"各階級の度数"＝"各階級の累積度数"－"1つ前の階級の累積度数"という関係があるので，これを利用すると度数が求めやすい。そこで，G12セルには「=F12－F11」と入力する。その後，G12セルをコピーしてG13～G17セルまで貼り付ければ各階級の度数を求めることができる。G18セルに度数の合計値をSUM関数を利用して計算する。これは40になる。

次に，H10に「累積相対度数」と入力して，各階級の「累積相対度数」を求める。累積相対度数とは，累積度数を全度数（=40）で割ることにより求められる，0以上1以下の小数値である。H11セルに「=F11/G$18」と入力する。行番号18の前に$記号を付けたのは，コピーしても合計値の行番号が変化しないようにするためである。このように列のみや行のみを$

で固定する方法を，複合参照という。H11セルをコピーしてH12～H17セルまで貼り付ける。最後の累積相対度数(H17セルの値)は1になる。

　I10に「相対度数」と入力して，各階級の「相対度数」を求める。相対度数とは度数を全度数(＝40)で割ること」により求められる0以上1以下の小数値であるが，これは，度数の場合と同様に，累積相対度数を利用して求めることができる。

　すなわち，"各階級の相対度数"＝"各階級の累積相対度数"－"1つ前の階級の累積相対度数"により求められる。I11セルには「＝H11」と入力し，I12セルには「＝H12－H11」と入力する。I12セルをコピーしてI13セル～I17セル範囲に貼り付ける。I18セルには相対度数の合計値を，SUM関数を用いて求めておく。これは1になる。

　これらの過程で，エラーインジゲーター(セルの左上に出る緑の三角)が出た場合は，クリックして△！から，「エラーを無視する」を選ぶとよい。以上の式をすべて入れるとFig.9-79のような度数分布表となる。

	A	B	C	D	E	F	G	H	I
9									
10			階級		階級値	累積度数	度数	累積相対度数	相対度数
11		90	～	100	95	2	2	0.05	0.05
12		100	～	110	105	7	5	0.175	0.125
13		110	～	120	115	16	9	0.4	0.225
14		120	～	130	125	24	8	0.6	0.2
15		130	～	140	135	31	7	0.775	0.175
16		140	～	150	145	36	5	0.9	0.125
17		150	～	160	155	40	4	1	0.1
18						合計	40	合計	1

Fig.9-79　表の仕上がり

(3) ヒストグラムの作成

作成した表の度数の部分だけを度数分布表とよぶ。この度数分布を取り出してグラフにする。度数の文字を入力したセルも含めてG列のG10～G17セル範囲をドラッグして選択状態にする。このとき，合計値40のセル(G18)は選択しないように注意する。

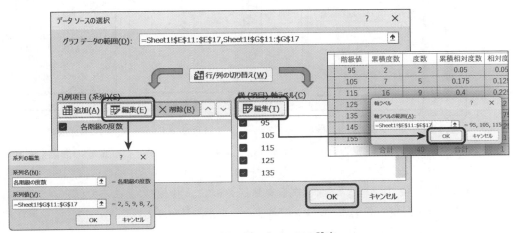

Fig.9-80　データソースの設定

メニューバーのタブ「挿入」をクリックしてグループ「グラフ」から，「縦棒」をクリックして，「2-D縦棒」の最初をクリック。グラフをクリックし，出てきたコンテキストタブの「グラフのデザイン（デザイン）」から，クイックレイアウトでレイアウト9を選ぶ。（なお，今回は，02(2)で選んだレイアウト8を選ばない方法を説明する。後述すると書いた「要素の間隔(W)」を「0%」にするという方法である。）

まず，系列や度数の編集をする。これは，02(2)で説明したものと同様である。グラフの上で右クリックして「データの選択」をクリックする。「編集」ボタンをクリックする。系列の編集の画面で「系列名」に「各階級の度数」と入力しなおして「OK」をクリックする。引き続き，データソースの選択の画面で，横（項目）軸ラベルの「編集」をクリックする。軸ラベルの画面でsheet1内のE11：E17セル範囲をドラッグして選択する。データソースの選択の画面でもう一度「OK」をクリックする（Fig.9-80）。

課題　Fig.9-81のようなグラフに設定せよ。タイトルは「収縮期血圧のヒストグラム」，横軸ラベル名は「階級値」，縦軸ラベル名は「度数」とする。縦軸ラベルは水平にしてグラフ領域の大きさも調整すること。

Fig.9-81はまだヒストグラムではない。各階級値の間の度数は考えないので，棒グラフの隙間をなくしたものをヒストグ

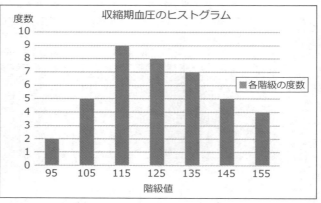

Fig.9-81　タイトルやラベルの設定

ラムとよぶ。よって，棒グラフの隙間をなくさなければならない。棒グラフの棒の上で右クリックし「データ系列の書式設定」をクリックする（Fig.9-82）。

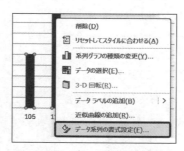

Fig.9-82　データ系列の書式設定

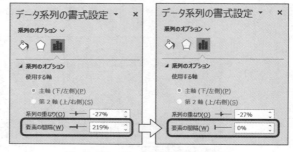

Fig.9-83　データ系列の書式設定2

データ系列の書式設定の画面が現れたら，「系列のオプション」で「要素の間隔」を「0%」にする。ボタンをドラッグするか，0と打ち込めばよい（Fig.9-83）。さらに，「データ系列の書式設定」で「塗りつぶしと線」タブをクリックして，「枠線」のところで「線（グラデーション）」を選び，既定のグラデーションで適当な色を選ぶ（Fig.9-84）。

以上でヒストグラムが出来上がる（Fig.9-85）。

Fig. 9-84　データ系列の書式設定3

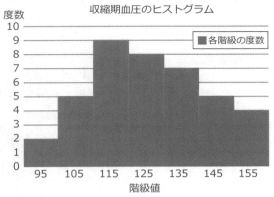

Fig. 9-85　ヒストグラムの完成

(4) 四分位数

四分位数とは，ヒストグラムの面積を $\frac{1}{4}$ ずつに分割する点のことである。分散や標準偏差は，一般にデータの散らばり具合を表す代表値とよばれるものの例であるが，四分位数も同様である。データが正規分布に従っているか，あるいは，正規分布に近い分布をしている場合には，平均，分散，標準偏差という代表値に意味がある。一方で，データが正規分布から外れている場合や，データ数が少ない場合には，これらの代表値の代わりに，中央値や，より一般に四分位数とよばれる数値がデータの分布を把握するうえで重要な代表値となる。

- 第1四分位数（25%点）……小さい方から並べて25%のところにある値
- 第2四分位数（50%点）……小さい方から並べて50%のところにある値。これをとくに中央値（Median）という。
- 第3四分位数（75%点）……小さい方から並べて75%のところにある値

これらの値を実際に求めてみる。B21～B23セル範囲に「25%点」，「50%点」，「75%点」とそれぞれ入力する（Fig.9-86）。

C21セルには25%点の値を計算する。表（Fig.9-79）から，累積相対度数の値をみると，25%点は110～120の階級に入ることがわかる。（その前の階級100～110で0.175，110

	A	B	C
20			
21		25%点	
22		50%点	
23		75%点	
24			

Fig. 9-86　四分位数の表

～120で0.4のため，0.25は110～120の間に入る。）次に，相対度数の値をみると，この階級には全体の22.5%（I13セル）が入っているが，一つ前の階級までの累積相対度数は17.5%（H12セル）であるから，つまり，あと7.5（=25-17.5）%分を，この階級から比例配分で類推する。階級の幅は10であるから，=110+10*(25-17.5)/22.5と入力すれば求めることができる。セル記号を用いるとC21セルは，「=110+10*(0.25-H12)/I13」となる。これを参考にして，50%点のC22セルは「=120+10*(0.5-H13)/I14」，75%点のC23セルは「=130+10*(0.75-H14)/I15」により求めることができる。最初の項の選び方は，25%点，50%点，75%点が，それぞれどの階級に入っているかを見極めることで決定することができる。50%点が階級120～130に入っていることは，この階級の累積相対度数が0.6であることと階級

110～120の累積相対度数が0.4（＜0.50）であることからわかる。75％点についても同様である。

■練習問題　＊　＊　＊　＊　＊　＊　＊
(1) 以下の度数分布表（Fig. 9-87）をもとに，データ全体の25％点，50％点，75％点を，それぞれ求めなさい。値は小数点以下2桁目を四捨五入して小数点以下1桁までで答えなさい。

(1) Aクラスの試験の点数分布

階		級	階級値	度　数	累積相対度数	相対度数
0	～	10	5	3	0.015	0.015
10	～	20	15	7	0.05	0.035
20	～	30	25	15	0.125	0.075
30	～	40	35	23	0.24	0.115
40	～	50	45	35	0.415	0.175
50	～	60	55	44	0.635	0.22
60	～	70	65	35	0.81	0.175
70	～	80	75	20	0.91	0.1
80	～	90	85	14	0.98	0.07
90	～	100	95	4	1	0.02

Fig. 9-87　練習問題1

(2) 以下の度数分布表（Fig. 9-88）をもとに，データ全体の25％点，50％点，75％点を，それぞれ求めなさい。値は小数点以下2桁目を四捨五入して小数点以下1桁までで答えなさい。

(2) Aクラスの試験のシミュレーション

階		級	階級値	予測値	累積相対度数	相対度数
0	～	5	2.5	0.04	0.00	0.00
5	～	10	7.5	0.13	0.00	0.00
10	～	15	12.5	0.46	0.00	0.00
15	～	20	17.5	1.48	0.01	0.00
20	～	25	22.5	4.07	0.02	0.01
25	～	30	27.5	9.53	0.04	0.02
30	～	35	32.5	19.08	0.09	0.05
35	～	40	37.5	32.65	0.17	0.08
40	～	45	42.5	47.68	0.29	0.12
45	～	50	47.5	59.48	0.44	0.15
50	～	55	52.5	63.36	0.59	0.16
55	～	60	57.5	57.63	0.74	0.14
60	～	65	62.5	44.77	0.85	0.11
65	～	70	67.5	29.69	0.93	0.07
70	～	75	72.5	16.82	0.97	0.04
75	～	80	77.5	8.14	0.99	0.02
80	～	85	82.5	3.36	1.00	0.01
85	～	90	87.5	1.18	1.00	0.00
90	～	95	92.5	0.36	1.00	0.00
95	～	100	97.5	0.09	1.00	0.00

Fig. 9-88　練習問題2

05 データの整理：列の追加，データの種類別ソート，データの並べ替え

(1) Sheet1のデータの入力

この章内の説明でも何度かでてきているが，肥満度を示す尺度としてBMI（Body Mass Index）がよく用いられており，BMI ＝ 体重（kg）÷ 身長（m）^{2} であらわされる。

肥満者の中には，心臓病の危険因子を多くもっている人（高血圧，高脂血症，糖代謝障害を合併してMultiple Risk Factor症候群：MRS）と，これらの危険因子がない単純肥満者がいる。

まず，Fig.9-89のデータは肥満者10人に対して，身長，体重，MRSか単純肥満，を調査したデータである。このデータをExcelのsheet1に入力する。

Fig.9-89　sheet1のデータ

まず，A12に「平均」と打ち込んだのち，B列（身長）とC列（体重）の平均値をそれぞれ，B12とC12に求める。AVERAGE関数を用いればよい。よって，B12セルは「＝AVERAGE(B2：B11)」，C12セルは「＝AVERAGE(C2：C11)」とすればよい。

(2) 列を追加して，BMIを計算

ここでは列を挿入する方法を示す。すでに 01 (5)でセルを挿入する方法は示したが，ほぼ同じようなやり方でできる。

今回は，BMIを計算する列を「体重(Kg)」の列と「MRSか単純肥満」の列の間に挿入したい。マウスポインタを列記号Dのところにもっていくと，Table9-2-(D)のような形状（↓）になるので，その状態で左クリックする。そうすると，D列全体が選択状態になるので，そのままメニューバーのタブ「ホーム」で「挿入」をクリックする。そうすると，C列と元のD列の間に新しく空白のD列が挿入される。これにより，元のD列はE列となる（Fig.9-90）。

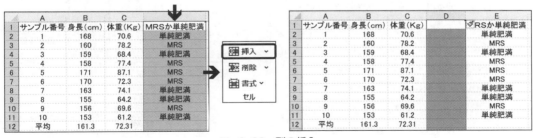

Fig.9-90　列の挿入

なお，今回は列を挿入したが，行の場合も同じように挿入したい場所の行にマウスポインタをもっていき，Table9-2-(C)の形状（→）になったら，その状態で左クリックをし，「挿入」をクリックすればよい。

課題　D1セルに「BMI」と入力して，各サンプル1～10についてBMIを計算しなさい。D2セルには，セル記号を用いてBMIの計算式を入力し，小数点以下の桁数を1桁にする。残り（D3：D11）はそれをコピーして貼り付けなさい。D12セルに平均を計算しなさい。

	D
1	肺部縦横径比
2	0.91
3	0.65
4	0.74
5	0.56
6	0.65
7	0.75
8	0.79
9	0.76
10	0.67
11	0.73
12	

Fig.9-91　sheet1 データ2

さらに列を追加してもう一つの体格指数を入力することとする。胸部X線写真で横隔膜の高さの指数である肺部縦横径比（肺尖より横隔膜の高さを肺部最大横径で割った値）を上記の10人の肥満者について調べた。「体重（Kg）」の列と「BMI」の列の間に一つ列を挿入して，新しく挿入されたD列のD1セルに「肺部縦横径比」と入力して，サンプル1～10までの数値データを入力する（Fig.9-91）。これについても，平均をD12セルに計算すること。また，ここでデータ入力も完了なので，列幅を自動調整しておくこと。

以上より，Fig.9-92のデータとなる。E列（BMI）と12行（平均）は必ず計算で求めること。

	A	B	C	D	E	F
1	サンプル番号	身長(cm)	体重(Kg)	肺部縦横径比	BMI	MRSか単純肥満
2	1	168	70.6	0.91	25.0	単純肥満
3	2	160	78.2	0.65	30.5	MRS
4	3	159	68.4	0.74	27.1	単純肥満
5	4	158	77.4	0.56	31.0	MRS
6	5	171	87.1	0.65	29.8	MRS
7	6	170	72.3	0.75	25.0	MRS
8	7	163	74.1	0.79	27.9	単純肥満
9	8	155	64.2	0.76	26.7	単純肥満
10	9	156	69.6	0.67	28.6	MRS
11	10	153	61.2	0.73	26.1	単純肥満
12	平均	161.3	72.31	0.72	27.8	

Fig.9-92　sheet1 データ3

（3）フィルター（MRSか単純肥満か）でデータを分類

Sheet1のデータには，10人中MRSが5人，単純肥満が5人いるが，それぞれを別々に分類して表にすることとする。分類するため，フィルターをかける。フィルターはタブ「データ」のグループ「並べ替えとフィルター」の中の「フィルター」（Fig.9-93-(A)）をクリックするか，あるいは，タブ「ホーム」のグループ「編集」の中の「フィルター」をクリックする（Fig.9-93-(B)）。

まず，F1：F11セルを選択状態にしてから，タブ「データ」のグループ「並べ替えとフィルター」の中の「フィルター」

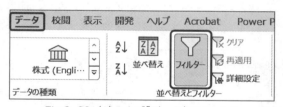

Fig.9-93-(A)　タブ「データ」のフィルター

Fig.9-93-(B)　タブ「ホーム」のフィルター

	A	B	C	D	E	F
1	サンプル番号	身長(cm)	体重(Kg)	肺部縦横径比	BMI	MRSか単純肥満
2	1	168	70.6	0.91	25.0	単純肥満
3	2	160	78.2	0.65	30.5	MRS
4	3	159	68.4	0.74	27.1	単純肥満
5	4	158	77.4	0.56	31.0	MRS
6	5	171	87.1	0.65	29.8	MRS
7	6	170	72.3	0.75	25.0	MRS
8	7	163	74.1	0.79	27.9	単純肥満
9	8	155	64.2	0.76	26.7	単純肥満
10	9	156	69.6	0.67	28.6	MRS
11	10	153	61.2	0.73	26.1	単純肥満
12	平均	161.3	72.31	0.72	27.8	

Fig.9-94 フィルターのかかった状態

(Fig.9-93(A))をクリックする。「ホーム」のグループ「編集」の中の「フィルター」をクリックしてもよい(Fig.9-93-(B))。F1に下三角(▼)が現れれば，フィルターがかかったことになる(Fig.9-94)。

実際にフィルターでデータを分類する。まず，F1の下三角(▼)をクリックして下に現れた一覧で「MRS」だけチェックを残して他はチェックを外し，「OK」をクリックする(Fig.9-95)。これでフィルターがかかり，「MRS」のデータだけが見えるようになる(Fig.9-96)。

この状態で，表全体を選択状態(Fig.9-97-(A))にしてから，表の上で右クリックして「コピー」選択する(Fig.9-97-(B))。セル番号が途切れるところで緑の点線で囲われれる状態が正し

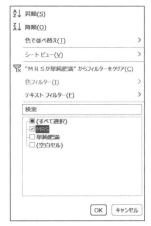

Fig.9-95 フィルター

	A	B	C	D	E	F
1	サンプル番号	身長(cm)	体重(Kg)	肺部縦横径比	BMI	MRSか単純肥満
3	2	160	78.2	0.65	30.5	MRS
5	4	158	77.4	0.56	31.0	MRS
6	5	171	87.1	0.65	29.8	MRS
7	6	170	72.3	0.75	25.0	MRS
10	9	156	69.6	0.67	28.6	MRS

Fig.9-96 フィルターでMRSだけにした状態

	A	B	C	D	E	F
1	サンプル番号	身長(cm)	体重(Kg)	肺部縦横径比	BMI	MRSか単純肥満
3	2	160	78.2	0.65	30.5	MRS
5	4	158	77.4	0.56	31.0	MRS
6	5	171	87.1	0.65	29.8	MRS
7	6	170	72.3	0.75	25.0	MRS
10	9	156	69.6	0.67	28.6	MRS

Fig.9-97-(A) 全選択

	A	B	C	D	E	F
1	サンプル番号	身長(cm)	体重(Kg)	肺部縦横径比	BMI	MRSか単純肥満
3	2	160	78.2	0.65	30.5	MRS
5	4	158	77.4	0.56	31.0	MRS
6	5	171	87.1	0.65	29.8	MRS
7	6	170	72.3	0.75	25.0	MRS
10	9	156	69.6	0.67	28.6	MRS

Fig.9-97-(B) コピー

いコピーの状態である。

別のsheetのA1セルをクリックする。別のsheetがない場合は+ボタンをクリックして新しいsheetを追加する。まず、列幅と書式を貼り付けてから値の貼り付けを行う。

まず「貼り付け」の「形式を選択して貼り付け(Fig.9-98-(C)の下の部分)」をクリックしてから「列幅」をクリックして「OK」をクリックする(Fig.9-98-(A))。再び、「形式を選択して貼り付け」から「書式」をクリックして「OK」をクリックする(Fig.9-97-(B))。最後に「貼り付け」から「値の貼り付け」をクリックする(Fig.9-98-(C))。形式を選択して値だけを貼り付けたのは、BMIの値は、他のセルを参照して計算して出したものであるため、参照先のセルの値(いまの場合は身長と体重のデータ)が削除されてしまった場合に、値が消えてしまう。肥満度を調べるときに、BMIと肺部縦横径比だけを取り出す場合などで、このような状況が起こり得る。その場合でも値が消えたりエラー・メッセージが出てしまったりしないように「値だけの貼り付け」を行った。

Fig.9-98-(A) 列幅の貼り付け

Fig.9-98-(B) 書式の貼り付け

Fig.9-98-(C) 値の貼り付け

Fig.9-99のようになる。行番号が1〜6になっている点に注意すること。

	A	B	C	D	E	F
1	サンプル番号	身長(cm)	体重(Kg)	肺部縦横径比	BMI	MRSか単純肥満
2	6	170	72.3	0.75	25.0	MRS
3	9	156	69.6	0.67	28.6	MRS
4	5	171	87.1	0.65	29.8	MRS
5	2	160	78.2	0.65	30.5	MRS
6	4	158	77.4	0.56	31.0	MRS

Fig.9-99 新しいシートに貼り付け

単純肥満についても先ほど追加したsheetのA10:F15セルに貼り付ける。元のsheet(フィルターをかけたsheet)に戻り、同じように、F1セル下三角(▼)をクリックして表示される画面で「単純肥満」だけを選択して「OK」をクリックする(Fig.9-100)。「単純肥満」のデータだけが見えるようになったら、改めてA1から表全体を選択状態にしてから、右クリックして「コピー」をクリックする。単純肥満だけのデータにしたときに、選択が残っているが単純肥満全体が選択されていない場合があるので、コピーするときに単純肥満(タイ

トル行も含めて）全体を選択し直してからコピーをする必要がある。次に，先に MRS のデータだけを貼り付けた sheet を表示させてから，A10 セルをクリックして，「値のみ貼り付け」ボタンをクリックして貼り付ける（列幅・書式などは MRS のものが継承される）。貼り付け実行後は Fig.9-101 のようになっている。

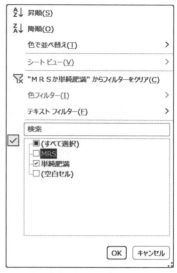

Fig.9-100　フィルター 2

	A	B	C	D	E	F
1	サンプル番号	身長(cm)	体重(Kg)	肺部縦横径比	BMI	MRSか単純肥満
2	6	170	72.3	0.75	25.0	MRS
3	9	156	69.6	0.67	28.6	MRS
4	5	171	87.1	0.65	29.8	MRS
5	2	160	78.2	0.65	30.5	MRS
6	4	158	77.4	0.56	31.0	MRS
7						
8						
9						
10	サンプル番号	身長(cm)	体重(Kg)	肺部縦横径比	BMI	MRSか単純肥満
11	1	168	70.6	0.91	25.0	単純肥満
12	10	153	61.2	0.73	26.1	単純肥満
13	8	155	64.2	0.76	26.7	単純肥満
14	3	159	68.4	0.74	27.1	単純肥満
15	7	163	74.1	0.79	27.9	単純肥満

Fig.9-101　貼り付けたデータ

その後，フィルターは解除しておく。「並べ替えとフィルター」から「フィルター」とクリックすればフィルターが解除される。

(4) 並べ替え（データの BMI の数値による並べ替え）

「MRS」のデータと「単純肥満」のデータのそれぞれについて，「BMI」の数値が小さい順にデータの並べ替えを行う。まず，「MRS」のデータについて行う。MRS と単純肥満を分けて貼り付けた sheet で行う。タブ「データ」のグループ「並べ替えとフィルター」の中の「並べ替え」（Fig.9-102-(A)）をクリックするか，あるいは，タブ「ホーム」のグループ「編集」の中の「ユーザー

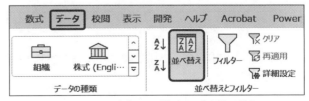

Fig.9-102-(A)　タブ「データ」の並べ替え

設定の並べ替え」をクリックする(Fig.9-102-(B))。

A1：F6セル範囲をドラッグして選択状態にしてから，タブ「データ」のグループ「並べ替えとフィルター」の中の「並べ替え」(Fig.9-102-(A))をクリックする。もちろん，「ホーム」のグループ「編集」の中の「ユーザー設定の並べ替え」をクリックしてもよい(Fig.9-102-(B))。

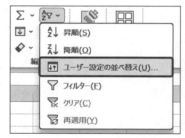

Fig.9-102-(B)　タブ「ホーム」のユーザー設定の並べ替え

そうすると，「並べ替え」の画面がポップアップされる。①右上にある「先頭行をデータの見出しとして使用する」にチェックが入っているかを確認する。入っていなかったら☑を入れる。②次に，最優先されるキーは一覧から「BMI」を選ぶ。③順序が昇順(あるいは「小さい順」)になっているかを確認する。なっていなければ，昇順(小さい順)に変える。④レベルの追加をクリックし，並べ替えの項目(次に優先されるキー)を増やす。⑤「次に優先されるキー」が表示されたら一覧から「肺部縦横径比」を選び，③と同じく，昇順(あるいは小さい順)になっているかを確認する。なっていなければ変える。⑥「OK」をクリックする(Fig.9-103)。

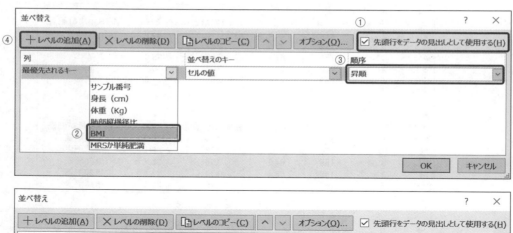

Fig.9-103　並べ替えの設定

課題　同様にして，単純肥満についても並べ替えを行いなさい。

■練習課題　＊　＊　＊　＊　＊　＊　＊

sheet「課題」を作り，Fig.9-104に示すNo.1～No.50までのデータを入力したうえで，以下の課題を行いなさい。

① No.1～50の「BMI」の値を計算しなさい。

② 身長，体重，肺部縦横径比，BMIの各列の平均値を52行目に計算しなさい。

③ 「MRS」のデータと「単純肥満」のデータに分類して，シート「課題（グループ分け後）」を作り，そのシートに，A1：F26セル範囲にMRSのデータを，A31：F56セル範囲に単純肥満のデータをそれぞれ貼り付けなさい。

④ MRSと単純肥満の表についてそれぞれ，優先されるキー「BMI」の値が小さい順に，次に優先されるキー「肺部縦横径比」の値が小さい順にデータの並べ替えを行いなさい。

⑤ G1セルとG31セルに「判別得点」と入力しなさい。

　判別得点 = −38.9752 ×（肺部縦横径比）+ 0.0041 ×（BMI）+ 27.4297

	A	B	C	D	E	F
1	サンプル番号	身長(cm)	体重(Kg)	肺部縦横径比	BMI	MRSか単純肥満
2	1	156	62.4	0.73		単純肥満
3	2	168	70.8	0.74		単純肥満
4	3	172	82.6	0.77		単純肥満
5	4	158	77.4	0.56		MRS
6	5	171	87.1	0.65		MRS
7	6	170	72.3	0.75		MRS
8	7	163	74.1	0.79		単純肥満
9	8	155	64.2	0.76		単純肥満
10	9	156	69.6	0.67		MRS
11	10	153	61.2	0.73		単純肥満
12	11	165	70.2	0.73		単純肥満
13	12	172	82.8	0.76		単純肥満
14	13	162	70.9	0.69		MRS
15	14	158	65.8	0.55		MRS
16	15	171	87.4	0.65		MRS
17	16	168	70.6	0.91		単純肥満
18	17	160	78.2	0.65		MRS
19	18	159	68.4	0.74		単純肥満
20	19	170	76.5	0.66		MRS
21	20	173	77.8	0.65		MRS
22	21	168	74.2	0.75		単純肥満
23	22	171	80.7	0.75		単純肥満
24	23	164	73.1	0.73		単純肥満
25	24	166	73.2	0.66		MRS
26	25	165	71	0.91		単純肥満
27	26	168	73.6	0.75		単純肥満
28	27	161	78.3	0.66		MRS
29	28	162	70.9	0.55		MRS
30	29	177	80.5	0.65		MRS
31	30	162	64.3	0.88		単純肥満
32	31	173	78.2	0.65		MRS
33	32	166	71.5	0.71		単純肥満
34	33	165	63.8	0.87		単純肥満
35	34	168	72.2	0.91		単純肥満
36	35	170	74.2	0.75		単純肥満
37	36	178	78.3	0.64		MRS
38	37	160	78.1	0.65		MRS
39	38	165	70.2	0.74		単純肥満
40	39	164	70.6	0.71		MRS
41	40	158	68.4	0.74		単純肥満
42	41	162	74.2	0.76		単純肥満
43	42	155	62.2	0.73		単純肥満
44	43	154	68.3	0.53		MRS
45	44	172	77.2	0.67		MRS
46	45	175	88.1	0.66		MRS
47	46	170	71.4	0.68		MRS
48	47	158	66.5	0.55		MRS
49	48	155	68.3	0.53		MRS
50	49	175	80.1	0.76		単純肥満
51	50	167	71.2	0.66		MRS
52	平均値					

Fig.9-104　課題5.1のデータ

により判別得点を定める。MRSと単純肥満の表の各データについて，判別得点をG列（G2：G26とG32：G56）に求めなさい。

⑥ A27セルとA57セルに「平均値」と入力しなさい。MRSと単純肥満の表それぞれについて，身長，体重，肺部縦横径比，BMIの平均値を27行目（B27：E27）と57行目（B57：E57）に計算しなさい。

なお，判別得点とは，下記直線の方程式の左部分である。

直線の方程式：$-38.9752X + 0.0041Y + 27.4297 = 0$

なお，X＝肺部縦横径比の値，Y＝BMI の値である．

出してもらった判別得点からも予測可能だが，判別得点が正の値のときに直線の上側，負の値のときに直線の下側になっている．その絶対値は直線との距離の定数倍である．

（5）グラフ化

sheet「課題（グループ分け後）」を開く．2種類に分類した2つのグループ，「MRS」と「単純肥満」を同一のグラフ（散布図）に描いてグループがはっきり分かれることをみる（Fig.9-105）．さらに，MRS と単純肥満の境界線（肺部縦横径比と BMI の値を横軸と縦軸にとった座標の直線）からの距離に比例した量により，基礎的健康診断データから MRS と単純肥満を判別する方法を学ぶ．

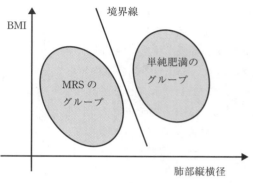

Fig.9-105 グラフのイメージ

具体的には，MRS のデータの散布図を描き，その後，単純肥満のデータをその散布図の中に付け加える．

手順1 MRS のデータを散布図にする．

まずは，「MRS」のデータを散布図にする．詳しくは，02 (1)の説明をみること．D1：E26 セル範囲を選択状態にしてから，メニューバーのタブ「挿入」から「散布図」の中の「散布図（マーカーのみ）」をクリックする．グラフをクリックすれば，コンテキストタブの「グラフのデザイン」（あるいは「デザイン」）が現れるので，クイックレイアウト中の「レイアウト1」をクリックする．ラベル名を入力する前に縦軸ラベルを水平に配置するように変更しておく（p.219, Fig.9-62 を参照）．横軸ラベル名を「肺部縦横径比」，縦軸ラベル名を「BMI」，タイトルを「2種の体格指数による散布図」と修正する．

次に凡例の名前を変更する．グラフの上で右クリックして「データの選択」をクリックし，凡例項目の「編集」をクリックする．系列の編集画面で，系列名のところをクリックして，表示されている文字を BackSpace キーで削除する．そして「MRS」と書き込む．「OK」を2回クリック．以上で，凡例の名前が変更される．

以上で，「MRS」のデータの「肺部縦横径比」と「BMI」に関する散布図が完成したが，ついでに目盛りの調整もしておく．描画したグラフの横軸の目盛りの数値の上にポインタをもっていき，右クリックして「軸の書式設定」を選択してクリックする．「軸の書式設定」の画面が表示されたら，「軸のオプション」のところで「最小値」を「0.5」，最大値は「1.0」とする．右のボタンが「自動」から「リセット」に変わっていることを確認する．次に，縦軸の目盛りの最大値と最小値を変更する．グラフの縦軸の目盛りの数値の上にポインタをもっていき右クリックして「軸の書式設定」を選択してクリックする．「軸のオプション」のところで最小値を「23」，最大値を「32」と入力する．軸の書式設定の画面を閉じる．

以上により，グラフは Fig.9-106 のようになる．

この後「単純肥満」のデータを追加して描画するため，右上側は空いている．これは，両

データの最小値・最大値を見て軸の最小値と最大値を決めたためである。

手順2 単純肥満のデータの散布図を追加して同一のグラフに描画する。

ここから先は，同一グラフ内に複数のデータを挿入するという新しい方法のため，詳しく説明を行う。

「単純肥満」のデータについても同様に散布図を作成するが，「MRS」の散布図との比較がしやすいように同一のグラフに2種類の散布図を併せて描画したい。そこで，先ほど作成したグラフに「単純肥満」の散布図を追加して描画する方法を考える。

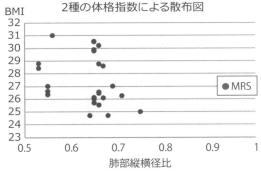

Fig.9-106 グラフ化の手順①

① 先ほど作成したグラフ上（グラフの枠内で何も描画されていない部分がよい）で右クリックして「データの選択」をクリックする。

「データソースの選択」がポップアップしたら，「追加」をクリック（Fig.9-107）して，「系列の編集」画面で，系列名に「単純肥満」と書き込む。次に，「系列 X の値」の空白部分をクリックし，単純肥満の肺部縦横径比のデータ部にあたる「D32：D56」を左クリックしながらドラッグして選ぶ。マウスの形状は，Table 9-2 (p.198) の ✚ である。選ぶと自動的に系列 X の値のところに入力される。次に「系列 Y の値」の四角の部分をクリックして，「={1}」を BackSpace キーで消す。その後，単純肥満の BMI のデータ部に当たる「E32：E56」をドラッグして選択すると，X の値と同様に自動的に入力される。その後 OK を押し，データソースの選択に戻り，「OK」をクリックする（Fig.9-108）。「データソースの選択」の画面でもう一度「OK」をクリックする。

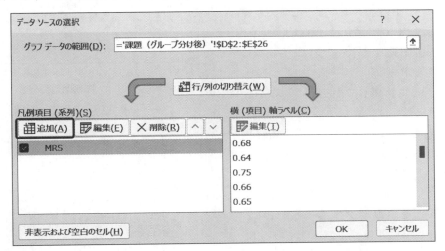

Fig.9-107 凡例を追加

② 散布図の点の形状が2種類（MRSと単純肥満）で同じ場合は，片方の形状を変えたほうが両者の見分けがつきやすいので，変える。これを行うには，例えば，MRSの散布図の点の上で右クリックして「データ系列の書式設定」を選ぶ。データ系列の書式設定の画面で「塗りつぶしと線」タブをクリックして，「マーカー」の「マーカーのオプション」のところで「組み込み」にチェックをして「種類」から三角形を選ぶ。サイズや色を変更することもできるので，同時に変えるとよい（Fig.9-109）。Fig.9-110のようになればよい。

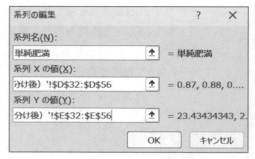

Fig.9-108　データの追加

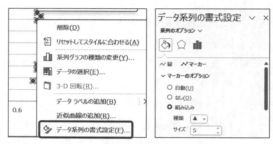

Fig.9-109　マーカーの変更

③ 次に，2種類の体格指数の平均の点をMRS，単純肥満それぞれについて追加する。

まず，A27セルに「平均」と入力してから，B27セルに「＝AVERAGE（B2：B26）」と入力して平均を求める。同様にして，C列，D列，E列について求める。B27セルをコピーしてセル範囲C27：E27に貼り付ければよい。また，単純肥満のデータについても同様に平均を求める。

セル範囲B57：E57に平均を計算する。

今回，使用するのは肺部縦横径比とBMIの平均値である。先ほど作成したグラフ上で右クリックして「データの選択」をクリックする。「凡例項目」のところで「追加」をクリックする（Fig.9-107を参照）。「系列名」のところに，「平均（MRS）」と入力してから系列Xの値のところをクリックしてD27セル（MRSの肺部縦横径比の平均値），系列Yの値のところは「＝

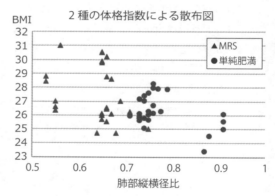

Fig.9-110　マーカーの変更

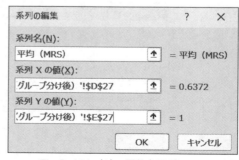

Fig.9-111-(A)　平均（MRS）

{1}」を消してE27セル（BMIの平均値）を入力し，OKをクリックする（Fig.9-111-(A)）。

引き続き，単純肥満の平均値を追加する。再び，「凡例項目」のところで「追加」をクリックし，「系列名」のところは「平均（単純肥満）」と入力してから系列Xの値にはD57セル（単純肥満の肺部縦横径比の平均値），系列Yの値にはE57セル（単純肥満のBMIの平均値）を入力して，「OK」をクリックする

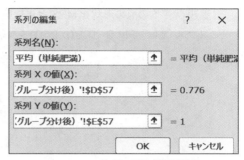

Fig.9-111-(B)　平均（単純肥満）

（Fig.9-111-(B)）。「データソースの選択」の画面の「OK」をクリックする（Fig.9-112）。

Fig.9-113のようになっていればよい。なお，わかりやすいように既に下記課題を実行し，平均値のマークを，平均（MRS）をひし形，平均（単純肥満）を四角に変えている。

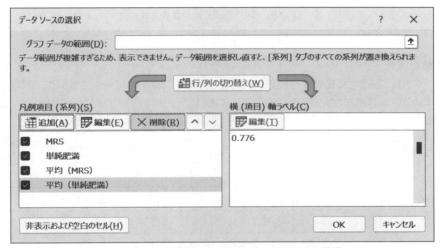

Fig.9-112　平均値を入力したデータソースの選択

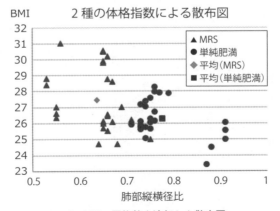

Fig.9-113　平均値を追加した散布図

〔注意〕BMIの目盛りが**.0となった場合は，03 (4)の〔注意〕（p.223）に従って修正する。

課題　平均の点の形状をMRSと単純肥満のそれぞれで適宜変更しなさい（Fig.9-114）。変え方については，Fig.9-109（p.240）を参照すること。

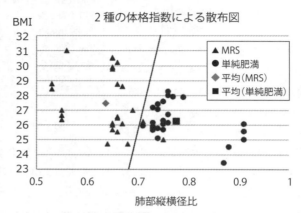

Fig.9-114　判別直線を書き入れた散布図（参考）

■練習課題　＊　＊　＊　＊　＊　＊　＊

A60：G63セル範囲を用いて，以下の3人のモニターのデータについて，BMI，判別得点を求めて，単純肥満かMRSかの判定をしなさい（Fig.9-115）。ただし，判別得点は上記の式で計算するものとする。

モニター	身長(cm)	体重(Kg)	肺部縦横径比	BMI	判別得点	判定
No.1	164	75	0.66			
No.2	175	78	0.77			
No.3	159	71.2	0.71			

Fig.9-115　練習課題（2）

索　引

あ

A Mathematical Theory of
　　Communication……………13
ARPANET………………4, 7, 116
RGB…………………………137
IEEE……………………………79
IAA……………………………46
ISP………………………117, 118
IX……………………………118
IME…………………………146
iOS……………………………71
IoT…………………………6, 127
ICMP…………………………119
IC チップ………………………71
IT 革命………………………128
Identity………………………46
IP……………………………119
IP アドレス…………………120
IPA……………………………49
IP パケット…………………119
IMAP…………………………16
アクティブセル……………194
アドレス………………………89
アナログ……………………133
アニメーション……………189
AVERAGE……………………199
アラン・チューリング………3
アルゴリズム…………………86
Android………………………71

い

イーサネット………………119
E - mail…………………16, 18
1 Gbps………………………125
1 次資料………………………65
IF 関数………………………204
インタプリタ方式……………84
インデント…………………181
Impact Factor…………………63
information……………………11
引用……………………………65

う

Wikipedia………………………40
Windows………………………71

え

ARP……………………………119
HTML…………………………116
HTTP……………………119, 121
HTTPS………………………121
AD 変換……………………133
API……………………………70
エイリアシング（Aliasing）……134
AI…………………………5, 6, 25
EXIF 情報……………………54
Excel…………………………194
エコーチェンバー………35, 59
SSL……………………………121
TLS……………………………121
SNS…………………………2, 53
SNS 乗っ取り…………………44
SMS……………………………17
SMTP……………………16, 119
SYA……………………………46
SYH……………………………46
SYK……………………………46
X（旧 Twitter）………………56
N 進位取り記数法……………73
FFP……………………………38
FTP……………………………119
FPS……………………………139
MS 明朝………………………145
MMS…………………………16
エラーインジゲーター……200
LMS……………………………2
LTE…………………………126
遠隔操作ウイルス……………44
演算装置………………………68
炎上……………………………57
エントロピー……………100, 103

お

OS……………………………70
ONU…………………………117
Authorization…………………46
オート SUM 機能…………198
Office リボン………143, 162, 163
オブジェクト指向プログラミン
　　グ言語………………………85
音声データ量………………136

か

回帰直線……………………222
階級…………………………210
階級値…………………210, 226
解像度………………………137
外部リンク……………160, 181
改ページ……………………154
COUNTIF……………………226
学術機構リポジトリ…………63
確証バイアス……………35, 59
箇条書き……………………181
画素…………………………137
かな漢字変換………………148
可用性…………………………47
完全性…………………………47

き

記憶装置………………………68
機械学習………………………28
疑似科学………………………36
技術的ネットワーク………114
基礎演算子…………………196
機密性…………………………47
キュレーションメディア……37
強化学習………………………28
教師あり学習…………………28
共分散………………………219
近似曲線……………………206
近似直線……………………208

く

クイックアクセスツールバー……162
Google ドライブ……………21
グラフ要素の追加…………206
グレース・ホッパー…………4

索引

クロード・シャノン …………… 3, 11

け
罫線 ……………………… 197, 204
系列名 ………………………… 241
結合 …………………………… 176
検索ボックス ………………… 162

こ
公衆無線 LAN ………………… 52
後方補外 ……………………… 209
5 G ……………………………… 126
コンテキストツール ………… 202
コンパイラ言語 ……………… 85
コンパイラ方式 ……………… 84
コンピュータリテラシー …… 35

さ
最終著者 ……………………… 61
最小化ボタン ………………… 143
最大化ボタン ………………… 143
サイバー空間 ………………… 41
サイバーセキュリティ基本法 … 48
サイバー犯罪 ………………… 41
サイバネティックス ………… 26
雑音 (noise) …………………… 101
SUM …………………………… 199
サムネイルペイン …………… 163
算術演算子 …………………… 90
散布図 ………………………… 201

し
CSS …………………………… 116
C# ……………………………… 85
C/++ …………………………… 85
CC ……………………………… 19
CPU ………………………… 69, 71
GUI ……………………………… 85
JPEG ……………………… 55, 138
JUNET ………………………… 4, 7
Gemini ………………………… 30
ジオタグ情報 ………………… 55
軸の書式設定 ………………… 203
自然言語解析 ………………… 27
自然言語処理 ………………… 29
実数型 ………………………… 76

シフト JIS ……………………… 79
四分位数 ……………………… 229
社会的ネットワーク ………… 114
斜体文字 ……………………… 150
Java …………………………… 83
周辺確率分布 ………………… 105
終了 (×) ボタン ……………… 163
16 進法 ………………………… 5
主記憶装置 …………………… 69
10 進法 ………………………… 72
出力装置 ……………………… 68
順次構造 ……………………… 88
条件付き確率 ………………… 106
情報 …………………………… 11
情報オーバーロード ………… 60
情報科学 ……………………… 2
情報化社会 …………………… 6
情報社会 ……………………… 7
情報処理 ……………………… 3
情報ネットワーク …………… 114
情報リテラシー …………… 15, 34
情報量 ……………… 13, 100, 103
情報理論 ……………………… 13
ジョン・バッカス …………… 4
ジョン・フォン・ノイマン … 4
ジョン・マッカーシー ……… 4
信義則 ………………………… 15
シンギュラリティ …………… 31
神経回路網理論 ……………… 26
人工知能 …………………… 8, 25
シンボルグラウンディング問題 … 29

す
数値計算 ……………………… 94
スクリプト言語 ……………… 84
図形のグループ化 …………… 157
図形の書式設定 ……………… 171
SmartArt ……………………… 187
スモールワールド現象 ……… 58
スライドサイズ ……………… 165

せ
生起確率 ……………………… 103
制御装置 ……………………… 68
脆弱性 ………………………… 48
整数型 ………………………… 76

生成 AI ………………………… 30
正の相関 ……………………… 222
生物的 (生態系) ネットワーク … 113
整列 (ソート) ………………… 94
世界最古のアルゴリズム …… 98
セキュリティホール攻撃 …… 42
セル …………………………… 194
セルの書式設定 ……………… 196
セルポインタ ………………… 195
線形近似 ……………………… 209
線形探索 ……………………… 93
選択構造 ……………………… 88
選択状態 ……………………… 196
選択ソート …………………… 96
前方補外 ……………………… 209

そ
相関関係 ……………………… 218
相互情報量 …………………… 108
相対エントロピー …………… 107
相対度数 ……………………… 227
挿入ソート …………………… 97
Social media ………………… 53
ソースコード ………………… 84
Society 5.0 …………………… 9
ソフトウェア ………………… 68

た
第一次人工知能ブーム ……… 26
第 1 縦軸 ……………………… 214
第 3 次産業革命 ……………… 4
第三次人工知能ブーム ……… 28
タイトルスライド …………… 161
第二次人工知能ブーム ……… 27
第 2 縦軸 ……………………… 214
第 4 次産業革命 …………… 4, 8
タスクバー …………………… 142
縦軸目盛り …………………… 208
WWW ………………………… 115
段落番号 ……………………… 181

ち
チェックイン ………………… 57
チャールズ・バベッジ ……… 4
中央揃え ……………………… 151
チューリング・テスト …… 26, 29

索引

チューリング・マシン ……………… 26

つ

通信路 ……………………………… 101
通信路符号化 ……………………… 101
通信路符号化定理 ………………… 102
通信路容量 …………………… 101, 111

て

DIKW モデル ……………………… 12
DNS ………………………………… 123
DNS サーバー ……………………… 123
TCP/IP ……………………… 116, 119
ディープフェイク ………………… 30
ディープラーニング ……………… 28
DA 変換 …………………………… 133
DSS ………………………………… 127
TLS ………………………………… 121
定常無記憶情報源 ………………… 100
dpi ………………………………… 139
データソースの選択 ……………… 241
データ通信 ………………………… 115
データの選択 ……………………… 208
データ要素の書式設定 …………… 213
テーブルデザイン ………………… 176
テキストエディタ ………………… 142
テキストボックス ………………… 178
デジタル …………………………… 133
Digital Divide …………………… 10
電信 ………………………………… 115
電話 ………………………………… 115

と

To …………………………………… 19
同時エントロピー ………………… 105
同時確率分布 ……………………… 105
同質性 ………………………… 35, 59
度数 ………………………………… 210
度数分布表 ………………………… 227
トップレベルドメイン …………… 123
ドメイン …………………………… 123
トロイの木馬 ……………………… 49
ドロー系ソフト …………………… 137
DropBox …………………………… 21

な

内部リンク ………………………… 160
並べ替え ……………………… 235, 236
なりすまし ………………………… 44

に

2 次資料 …………………………… 65
2 進法 ………………………… 5, 73
2 値エントロピー ………………… 104
2-D 縦棒 …………………………… 211
二分探索 …………………………… 95
ニューラルネットワーク ………… 28
入力装置 …………………………… 68
2 要素認証 ………………………… 47
認知バイアス ……………………… 37

ぬ

塗りつぶしと線 …………………… 213

ね

ネチケット ………………………… 14
ネットワーク ……………………… 113

の

ノイマン型コンピュータ ………… 4
Node ……………………………… 113
ノートペイン ……………………… 164
ノーバート・ウィーナー ………… 3

は

ハードウェア ……………………… 68
ハートレイ ………………………… 102
Python ……………………………… 83
binary digit ……………………… 75
ハイパーリンク …………………… 184
パケット …………………………… 119
パケット通信 ……………………… 119
バブルソート ……………………… 95
PowerPoint ……………………… 160
範囲 ………………………………… 225
反復構造 …………………………… 89
凡例 ………………………………… 202
凡例項目 …………………………… 241

ひ

BMI ………………………………… 200
PCM 信号 ………………………… 135
BCC ………………………………… 19
PDF プリンタードライバー …… 193
PPP ………………………………… 119
非可逆圧縮形式 …………………… 138
ヒストグラム ………………… 210, 228
ビッグデータ ……………………… 10
ビット (bit) ……………………… 71, 103
筆頭著者 …………………………… 61
批判的思考能力 …………………… 34
標準偏差 …………………………… 219
表の作成 …………………………… 155
表のスタイル ……………………… 176
標本化 (sampling) ……………… 134
ピン留め …………………………… 161

ふ

ファイアウォール ………………… 51
Firefly …………………………… 30
ファクトチェック ………………… 38
フィッシング ……………………… 42
フィッシング詐欺 ………………… 43
フィルター ………………………… 232
Facebook ………………………… 57
FORTRAN ………………………… 85
フォント …………………………… 150
フォントサイズ …………………… 152
復号 ………………………………… 100
複合グラフ ………………………… 213
符号化 ……………………………… 100
符号シンボル ……………………… 100
不正アクセス行為の禁止等に
　関する法律 ……………………… 47
浮動小数点 ………………………… 79
負の相関 …………………………… 222
Flow ……………………………… 113
フローチャート …………………… 89
プログラミング …………………… 81
プログラミング言語 ……………… 84
プログラム ………………………… 83
プログラム内蔵方式 ……………… 26
プロトコル ………………………… 119
分散 …………………………… 219, 220

文節変換·····················148

へ

平均情報量··············100, 103
平方·························220
ペイン·······················163
ベクタ画像··················137
ベストエフォート方式······119
ヘッダーの挿入···············154
偏差·························220
偏差平方和··················220
変数··························89

ほ

補数··························76
Box···························21
POP 3····················16, 119

ま

マーカー·····················215
Microsoft OneDrive············21
Macintosh OS··················71
MAX··························207
MAX 関数····················225
マルウェア············41, 44, 49

み

水飲み場型攻撃···············42
MIN··························207
MIN 関数····················225

む

無相関·······················222

め

メールマナー·················19
メディアリテラシー···········35

も

モールス信号·················102
文字コード····················79
文字の中央揃え···············172
文字列探索····················94
モデム·······················117
問題解決能力··················81

な

URI··························121
ユークリッド互除法············98
UTF-8·························79
UTF-16························79
UDP··························119
UUCP·························117
Unix···························71

よ

横(項目)軸ラベル············211
横軸目盛り···················207
4 G··························126

ら

ラスタ画像····················137
LAN··························117
ランサムウェア············44, 50

り

リアルスペース···············41
離散型確率変数··············103
Linux··························71
リハーサル機能···············169
量子化(Quantization)········134
Link··························113

る

累積相対度数·················226
累積度数······················226
ルーター·····················117
ルビ(読み方)················151

れ

レイアウト····················175
レイテンシ····················125
latency·······················125
レーザーポインター··········169

ろ

録画機能······················169
6次の隔たり···················58
60進法························72
ロボティクス···················6
論文··························60
論理的思考力··················82

わ

Word·························142
ワードアート·················173
ワードアートの挿入··········154
ワードプロセッサー··········142
ワーム·························49
ワンクリック詐欺··············44

執筆者紹介

編著者
谷口　哲也(たにぐち　てつや)
　　　　日本大学医学部医系人文・社会・情報科学分野　准教授
　　　　主要図書：「エクセル統計学」改訂新版(分担執筆)アイ・ケイコーポレーション

執筆者
宇田川誠一（うだがわせいいち）　日本大学医学部医系自然科学分野　教授
田中　有希（たなか　ゆき）　日本大学医学部社会医学系公衆衛生学分野　助教
宮田洋一郎（みやた　よういちろう）　日本大学医学部医系自然科学分野　兼任講師

（五十音順）

情報科学

初版発行　2025年3月30日

編著者ⓒ　谷口　哲也

発行者　　森田　富子
発行所　　株式会社　アイ・ケイコーポレーション
　　　　〒124-0025　東京都葛飾区西新小岩4-37-16
　　　　　　　　　　I&Kビル202
　　　　　　　　　Tel 03-5654-3722, 3723
　　　　　　　　　Fax 03-5654-3720

表紙デザイン　㈱エナグ　渡部晶子
組版　㈲ぷりんてぃあ第二／印刷所　㈱エーヴィスシステムズ
ISBN978-4-87492-399-3 C3004